C. DUVAL

Député de la Haute-Savoie, Maire de Saint-Julien

L'INVASION

DE

LA SAVOIE

PAR

L'ARMÉE SARDE

En 1793

MÉMOIRES & DOCUMENTS

SAINT-JULIEN

IMPRIMERIE S. MARIAT

1892

L'INVASION DE LA SAVOIE
PAR L'ARMÉE SARDE
EN 1793

C. DUVAL

Député de la Haute-Savoie, Maire de Saint-Julien

L'INVASION

DE

LA SAVOIE

PAR

L'ARMÉE SARDE

En 1793

MÉMOIRES & DOCUMENTS

SAINT-JULIEN

IMPRIMERIE S. MARIAT

—

1892

A Monsieur Ch. de Freycinet

Ministre de la Guerre

Monsieur le Ministre,

J'ai l'honneur de vous dédier la présente publication relative aux opérations militaires qui ont eu lieu en Savoie en 1793, peu de temps après la réunion de ce pays à la France.

Cette publication a pour but d'appeler de nouveau votre attention et celle du Gouvernement sur la situation particulière de notre pays au point de vue de la défense nationale.

Comme vous le savez, Monsieur le Ministre, le département de la Haute-Savoie tout entier et quelques communes du département de la Savoie ont été neutralisés par les traités de 1815, comme le territoire de la Confédération suisse.

A diverses reprises, les sénateurs et députés de la Haute-Savoie vous ont signalé cette situation particulière de leur département, sur laquelle les événements de 1793 peuvent fournir plus d'un enseignement.

A cette époque, la France républicaine, menacée sur toutes ses frontières par les armées de la coalition européenne, déchirée à l'intérieur par la guerre civile, fit preuve d'une énergie véritablement extraordinaire, parvint à faire face à tous les périls et finit par vaincre et par écraser cette multitude innombrable d'ennemis qui menaçaient de l'anéantir.

Un des plus graves dangers que notre patrie eut à courir à cette époque fut certainement le retour offensif de l'armée sarde en Savoie, au moment où la ville de Lyon et une grande partie du midi de la France étaient en insurrection.

Il est facile de se rendre compte des conséquences que pouvait avoir le succès de l'armée sarde occupant

la ville de Lyon, coupant pour ainsi dire la France en
deux, et cela au moment où Toulon était livré aux
Anglais.

Le péril fut conjuré, grâce au génie de Kellermann,
à la valeur des troupes républicaines et au concours
patriotique de la plus grande partie des habitants de
la Savoie.

La défense fut facilitée aussi par le fait que l'armée
ennemie pénétra par les vallées de la Maurienne et
de la Tarentaise.

Il en fut autrement en 1814 et 1815 : deux fois l'armée
autrichienne, violant la neutralité du territoire suisse,
pénétra victorieusement jusqu'à Lyon et à Grenoble par
cette route d'invasion, ouverte et facile, qui comprend
précisément le territoire neutralisé de la Haute-Savoie.

C'est ce qu'a fait ressortir avec beaucoup de force
l'auteur d'un ouvrage récemment publié à Grenoble et
dont je mets le passage suivant sous vos yeux (1) :

« Dans les travaux de défense que, depuis vingt ans,
« on a multipliés dans notre région des Alpes, on a
« obéi à un plan qui peut être bon, mais qui me
« semble, à moi profane, n'être pas le meilleur. —
« Sans mesurer les murs, ni compter les approvision-
« nements, on a fortifié, à toutes leurs issues, nos
« vallées que protégeait leur profondeur. Je ne blâme
« rien, mais assurément il faudrait qu'il n'y eût plus
« une ombre d'armée dans nos pays pour qu'un enne-
« mi, quelque hardi qu'il fût, osât aventurer des
« troupes redoutables dans les vallées de Queyras, de
« la Durance, du Drac, de la Romanche ou descendre
« par le Mont-Cenis, dans la vallée de l'Isère. Des
« guerres comme on en faisait au XVIIe siècle ou au
« XVIIIe, avec un petit nombre de soldats, pourraient
« s'y renouveler ; pourtant, en toute sincérité, est-ce
« là un spectacle que nous reverrons ? Les armements
« nouveaux, la puissance titanesque de nos projectiles,
« cette facilité qu'ont quelques compagnies d'artillerie
« alpines de jeter, du haut des flancs des montagnes,
« des obus qui ravagent d'un coup les routes, les
« chemins, les sentiers par où les envahisseurs sont
« condamnés à passer ; tout cela ne nous rassure-t-il
« pas contre les périls d'invasions du côté de la ligne
« des Alpes ? La chose paraît si vraie que de toutes

_____

(1) *L'Invasion de la Savoie et du Dauphiné par les Autrichiens
en 1813 et 1814*, par X. Roux. — Introduction, pages IX à XVI.

« parts on est porté à croire que les forts si nombreux
« qui entourent Briançon, Grenoble et bientôt Modane,
« sont des magasins d'approvisionnements pour l'armée
« française, destinée, l'heure venue, à envahir la Haute-
« Italie.

« Quoi qu'il en soit, cependant, il est une autre route
« d'invasion qui menace notre pays, route presque
« ouverte et route facile. A notre avis, ce sera celle
« que suivra l'envahisseur de demain, si le malheur
« de notre patrie permet encore une invasion. Elle
« vient de Genève et aboutit par Chambéry, d'un côté
« au fort Barraux et de l'autre aux chemins qui mettent
« en communication la vallée du Bourget avec la vallée
« du Guiers. Elle a été suivie par l'ennemi en 1814! Or,
« rien ne l'empêcherait de la prendre de nouveau. On
« peut même assurer, par ce que l'on sait des dispo-
« sitions de la Triple-Alliance, que c'est par ce chemin
« que les armées d'Italie et de l'Allemagne se dirige-
« raient sur Lyon et sur Grenoble.

« Pourquoi donc n'a-t-on pas prévu l'éventualité
« d'une attaque par ce côté de nos frontières ? Pourquoi
« donc a-t-on parsemé de forts les routes de Briançon
« ou de Modane à Grenoble sans rien construire sur
« les routes d'invasion indiquées par l'envahisseur de
« 1814 ?

« A la vérité, entre Genève et Chambéry, il y a le
« territoire de la Savoie neutralisée par les traités
« de 1815. » ....
....

Personne ne songe à contester les avantages de la
neutralité du territoire de la Haute-Savoie, assimilée à
celle de la Confédération suisse. Tout le monde sait
que le Gouvernement fédéral et le peuple suisse font
tous leurs efforts pour être en mesure de faire respecter
leur propre neutralité, et on ne peut que souhaiter de
voir ces efforts couronnés de succès.

Mais, en ce qui concerne la Haute-Savoie, nous ne
pouvons oublier qu'en 1793, comme en 1813 et en 1815,
cette neutralité a été violée très facilement, et c'est ce
qui a permis aux troupes autrichiennes de pénétrer
jusqu'à Lyon en tournant les forces françaises considérables commandées par le prince Eugène dans la
Haute-Italie et dont l'action fut absolument nulle pour
la défense du territoire français.

Nous estimons donc qu'il y aurait une imprudence
extrême à compter absolument sur le bénéfice de la
neutralité pour croire notre pays à l'abri de toute

surprise ; et comme on n'est jamais bien servi que par soi-même, nous avons aussi le droit de compter sur la France pour notre sauvegarde.

Au surplus, dans les polémiques retentissantes provoquées par une récente publication italienne sur la neutralité de la Suisse, si tout le monde a été à peu près d'accord pour reconnaître que cette neutralité faisait partie du droit public européen, garanti par toutes les puissances, personne n'a songé à conseiller à la Suisse de s'en rapporter à cette garantie et à contester son droit absolu d'organiser son armée, d'élever des fortifications, en u. mot, de prendre toutes les précautions militaires pour défendre elle-même son territoire.

Le gouvernement fédéral suisse, par l'organe de son président, M. Hauser, a revendiqué avec énergie le droit de la Suisse de compter surtout sur elle-même pour sa défense.

Voici comment s'est exprimé M. Hauser, au tir fédéral de Glaris, en présence de toutes les autorités fédérales et du corps diplomatique accrédité en Suisse :

« Fermement décidés à vivre en paix avec tous nos voisins et de remplir nos devoirs d'Etat neutre absolument et entièrement, avec le concours de toutes nos forces armées, nous demandons à être dispensés de ces conseils, de ces indications, de ces offres d'alliance, — d'où qu'elles viennent. Nous voulons être maîtres dans notre pays, et nous savons très bien — sans les suggestions de l'extérieur — ce que nous avons à faire et à laisser. Ce n'est pas inutilement que nous n'avons reculé devant aucun sacrifice pour former notre armée selon les exigences des sciences militaires modernes et pour la pourvoir d'une excellente arme de guerre, conforme aux progrès de la technique des armes. Ce n'est pas inutilement que nous avons dépensé des millions pour les fortifications du Gothard.

« Nous avons ainsi manifesté notre ferme volonté de sauvegarder notre neutralité et de nous opposer, les armes à la main, à quiconque tenterait de traverser nos frontières. Et si, à la suite d'une attaque de l'extérieur, nous devons sortir de notre position neutre et purement défensive, si, contre notre volonté, nous étions entraînés dans le tourbillon des événements d'une guerre, nous réserverions derechef notre droit absolu de libre disposition de nous-mêmes et de nous allier avec ou contre qui il nous conviendra. »

Ces paroles ne prouvent-elles pas d'une manière

éclatante que la Suisse n'a pas une confiance absolue dans la garantie des puissances européennes? Et pourrait-on nous contester, après cela, à nous habitants de la zone neutralisée savoyarde, le droit de nous préoccuper aussi de notre sécurité et de notre sort, et de compter, le cas échéant, sur notre armée, dans laquelle sont incorporés tous nos concitoyens jusqu'à l'âge de quarante-cinq ans.

Nous avons d'autant plus ce droit que, sans toucher au principe de la neutralité, le Gouvernement français peut, sans conteste, établir des garnisons, faire stationner et manœuvrer les troupes françaises dans le territoire neutralisé partout où il le jugera convenable.

Aussi, c'est avec une pénible surprise que les populations des trois arrondissements limitrophes de l'Italie et de la Suisse ont vu supprimer les garnisons militaires qui ont existé de tout temps dans ces arrondissements.

Cette suppression leur a causé des appréhensions faciles à concevoir, d'autant plus que, soumises à toutes les exigences du service militaire, toujours prêtes à remplir leur devoir envers la patrie française comme par le passé, il leur paraîtrait excessif et vraiment extraordinaire de compter seulement sur le concours d'une nation amie, mais étrangère, pour leur défense.

La Suisse, du reste, n'a jamais fait connaître, ni voulu faire connaître les mesures qu'elle entendait prendre à cet égard, et nos concitoyens ne peuvent oublier que le territoire neutralisé de la Haute-Savoie confine directement avec l'Italie, engagée dans la Triple-Alliance, et qu'il est possible aux troupes alpines de cette nation d'accéder dans la Haute-Savoie sans emprunter le territoire suisse. Cela s'est fait en 1793 avec des moyens très rudimentaires; cela pourrait se produire de nouveau avec plus de facilité par des troupes organisées et entraînées spécialement pour la guerre des montagnes.

Ce sont, Monsieur le Ministre, ces préoccupations de nos concitoyens dont nous nous sommes fait l'écho auprès de vous et qui ont inspiré les mémoires que mes collègues et moi vous avons remis à diverses reprises.

Les documents qui forment l'objet de la présente publication vous démontreront que nos craintes sont justifiées par les événements du passé, lesquels se sont produits dans des circonstances ayant la plus grande analogie avec celles que nous pouvons redouter.

Aussi, c'est avec confiance que notre pays compte sur vous pour assurer la défense de cette partie de notre frontière, maintenant que vous avez pourvu avec tant de soin, de succès et de compétence à celle des autres points les plus importants et les plus menacés.

Le récent voyage que vous avez fait dans le département de la Haute-Savoie, l'accueil enthousiaste qui vous a été fait par les patriotiques populations dont nous sommes les représentants, nous donnent pleine confiance, certains que l'inspection des localités vous aura démontré la légitimité de nos réclamations et la nécessité d'y faire droit.

Saint-Julien, le 25 août 1892.

C. DUVAL,

Député de la Haute-Savoie,
Maire de Saint-Julien.

AVANT-PROPOS

La publication d'une *Notice sur l'Invasion du Faucigny par l'Armée sarde en 1793* nous a procuré la communication d'un nombre considérable de documents relatifs aux opérations militaires dont la Savoie a été le théâtre pendant cette même année.

Ce sont ces documents qui font l'objet du présent ouvrage.

Ils proviennent en grande partie des Archives historiques du Ministère de la guerre et du Ministère des affaires étrangères.

Nous avons divisé ces documents en six catégories :

La première comprend un précis raisonné et un mémoire historique de la campagne de 1793, avec pièces à l'appui, rédigés par le général Kellermann, commandant en chef les armées des Alpes et d'Italie.

Le précis raisonné a été adressé au Ministère de la guerre immédiatement après la campagne ; mais le mémoire historique a été rédigé dans le courant de l'année 1795, sur la demande du général Clarcke, chargé, à la fin de 1794, de l'organisation du bureau topographique, devenu plus tard le Dépôt de la guerre.

La deuxième partie comprend la correspondance générale et les rapports d'ensemble sur les opérations militaires qui ont eu lieu dans quatre zones distinctes : le Faucigny, la Tarentaise, la Maurienne et le camp de Valloire.

La situation des troupes a été composée au moyen des divers états existant aux archives, en assez petit nombre d'ailleurs. A l'état des troupes le 30 juillet 1793, on a ajouté les corps qui sont venus ultérieurement; en sorte que cette pièce présente un résumé des principaux mouvements. Les chiffres indiqués sont ceux de l'effectif et non ceux des présents sous les armes, qui sont notablement inférieurs, ainsi que l'on peut s'en convaincre par l'examen des situations spéciales à la Tarentaise et à Valloire.

La troisième partie comprend les pièces particulières au Faucigny. Il n'a pas été possible de trouver une situation spéciale pour les troupes qui ont combattu dans cette région.

Nous signalons particulièrement dans cette partie le rapport du citoyen Chastel, procureur-syndic du district de Carouge, et la correspondance diplomatique échangée entre la France et la Suisse au sujet de la violation du territoire valaisan par la troupe piémontaise commandée par le comte de Revel, dont la relation est reproduite également, ainsi qu'une notice sur la vallée d'Abondance.

Les trois dernières parties comprennent les pièces particulières relatives aux opérations en Tarentaise, en Maurienne et autour de Valloire, notamment le journal du marquis de Cordon, général au service du Piémont.

Ces documents font la lumière la plus complète sur les événements militaires qui se sont produits en Savoie il y a bientôt un siècle; nous espérons que leur publication sera accueillie favorablement par tous ceux qui s'intéressent à cette époque mémorable.

En terminant, nous exprimons toute notre gratitude à M. le commandant Krebs, chef d'escadron d'artillerie attaché à l'état-major général de l'armée, pour l'extrême obligeance qu'il a mise à rechercher et à communiquer les documents les plus importants contenus dans cette publication.

C. D.

L'INVASION DE LA SAVOIE

PAR

L'ARMÉE SARDE

En 1793

PREMIÈRE PARTIE

PRÉCIS RAISONNÉ

DE LA

Campagne de 1793 sur la frontière des Alpes

Par le Général KELLERMANN

Lorsque les troupes piémontaises eurent pénétré dans le département du Mont-Blanc par le col de Valmeinier, le Mont-Cenis, le Petit-Saint-Bernard et la vallée de Chamonix, il fallut s'opposer à l'invasion totale de ce département avec le peu de forces qui restaient sur la frontière des Alpes, après ce qui avait été retiré de cette longue ligne depuis Entrevaux jusqu'au lac de Genève, tant pour l'augmentation de l'armée des Pyrénées-Orientales que pour combattre les rebelles de Marseille et de Lyon. Pour réussir à arrêter la marche rapide des ennemis, il fallait faire mouvoir les troupes qui me restaient de manière à rassembler des troupes suffisantes dans les points que l'ennemi attaquait. Il s'en fallait bien que nous puissions en opposer partout un nombre égal aux siennes; mais, par la rapidité et la succession des marches, on pouvait lui en imposer : c'est ce que j'ai tenté et exécuté avec succès.

La partie du haut pays de Nice, c'est-à-dire le ci-devant comté de Beuil, depuis le col de Cestrières jusqu'à Puget-Théniers, était défendue par six bataillons, en y comprenant les garnisons des places de Colmars et d'Entrevaux, qui ferment les deux débouchés qu'on vient de nommer.

L'ennemi ne peut pénétrer par ce pays en corps d'armée, car il n'y a aucun chemin praticable pour l'artillerie, qui lui serait nécessaire pour soumettre ces places qu'il ne pourrait pas laisser derrière lui. Ces places sont du genre de celles qu'il faut surtout mettre à l'abri du mineur; et les moyens de défense à cet égard avait été ordonnés et exécutés, ainsi que le placement d'un camp volant qui devait en défendre les avenues. Il avait été prescrit, en outre, au général de l'armée d'Italie de faire constamment approvisionner ces deux places par l'arsenal d'Antibes, dont elles sont plus à portée que de Mont-Lyon ou Briançon.

Le camp de Tournoux couvre le chemin des Hautes-Alpes et de la forteresse de Mont-Lyon par le col de Vars. Ce camp a été calculé pour douze bataillons; mais les observations des plus judicieux militaires, qui ont bien étudié le pays, ont démontré depuis quelque temps que, pour rendre inutiles toutes les tentatives de l'ennemi, on devait le garder au moins avec quinze bataillons, ce camp ayant beaucoup de postes additionnels. Cependant les divers démembrements de l'armée des Alpes n'ont permis d'y rassembler que neuf bataillons, encore fut-on obligé d'en retirer un pour le corps assemblé contre Lyon.

L'ennemi avait beaucoup de troupes dans la vallée de Sture, depuis Démont jusqu'au col de l'Argentière, ce qui rendait très important d'occuper Tournoux et de le conserver.

La vallée de Queyras était défendue par deux bataillons contre les incursions qui pouvaient être tentées par les troupes ennemies et les Vaudois des vallées de Château-Dauphin, de Pô, de Luzerne et de Saint-Martin.

Les places de Mont-Lyon, Embrun et Briançon étaient forcément réduites aux plus faibles garnisons. Ce qui restait de troupes disponibles, et en très petit nombre dans cette partie des Hautes-Alpes, gardait le grand débouché de Mont-Genèvre et les cols qui, de la vallée de Neuvache, versent dans celle de Bardonnèche.

Des détachements gardaient les montagnes de Valloire, qui font la communication du département des Hautes-Alpes avec celui du Mont-Blanc.

La vallée de Maurienne, au pied du Mont-Cenis, n'était défendue, à l'époque de l'entrée des Piémontais, que par sept bataillons. Dans la vallée de Tarentaise, au pied du Petit-Saint-Bernard, nous n'avions que six bataillons.

Deux bataillons et deux compagnies de chasseurs Rochelois composaient les forces du Faucigny où l'ennemi avait pénétré par le bas Valais et la vallée de Chamonix.

Dans le nombre des bataillons que nous venons de compter sur toute cette ligne de défense, il y en avait quatre formés par la réunion des compagnies de grenadiers ; ce qui diminuait l'effectif des bataillons, et ceux-ci étaient, de plus, à cette époque, affaiblis par les maladies.

L'ennemi avait pénétré avec plus de 20,000 hommes dans le département du Mont-Blanc, et, en s'avançant, il armait de gré ou de force les habitants de ce pays, dans lequel, d'ailleurs, il avait des intelligences. Il se manifesta même des insurrections partielles comme à Annecy et dans le haut Chablais. *Les gardes nationales des districts de Chambéry, de Carouge, d'Annecy, de Thonon et de Gex marchèrent avec beaucoup de dévouement et de courage.* Les gardes nationales de l'Isère furent requises et s'avancèrent avec zèle. Ces nouvelles forces ne pouvaient former qu'une deuxième ligne. Il fallait augmenter le nombre des bataillons pour manœuvrer devant l'ennemi, arrêter sa marche, l'attaquer ensuite, afin de le chasser du territoire de la République; en conséquence, des ordres furent donnés.

Le sixième bataillon de la Gironde partit du camp devant Lyon pour augmenter les forces du Faucigny.

Le poste essentiel d'Ugine, le cours de l'Arly et le chemin de Beaufort étant bien gardés, présentaient une barrière imposante aux troupes ennemies qui avaient fait l'invasion de la Tarentaise.

Un bataillon passa du camp de l'Hôpital-sous-Conflans à la division de Maurienne, et l'occupation du col de Balmont assura la défense des deux vallées.

La vallée de la Maurienne était d'une défense plus difficile et plus importante que l'autre. Nos troupes, trop inférieures en nombre, l'avaient évacuée jusqu'à Aiguebelle. Si l'ennemi avait pu passer dans cette partie la rivière d'Arc et forcer le défilé de Charbonnières, il se serait porté sur Montmélian et sur l'Isère, il nous aurait obligés à lever précipitamment le camp de l'Hôpital et à nous retirer sous le fort Barraux, dans le département de l'Isère. L'ennemi alors se serait rendu maître de tout le Mont-Blanc, du district de Gex, de deux routes qui le menaient à Lyon et il aurait enveloppé les troupes du Faucigny, qui, ne pouvant être assez promptement averties d'un tel échec, n'auraient pas eu le temps de se retirer derrière le Rhône.

La division de Maurienne avait dû nécessairement envoyer deux bataillons à Valloire pour soutenir ce poste essentiel à conserver contre l'ennemi qui, de la vallée de Bardonnèche et de Notre-Dame-de-Charmaix, faisait successivement passer des renforts à ses troupes campées à Valmeinier. D'ailleurs, le plus grand nombre des communes de ce canton s'étaient déclarées et armées en faveur des Piémontais.

Dans la première course que je fis dans le Mont-Blanc, après l'entrée des Piémontais, il fut ordonné au

2ᵉ bataillon du 10ᵉ régiment de se rendre du camp de Tournoux en Maurienne, et, lorsque je partis une deuxième fois du camp devant Lyon pour le Mont-Blanc, sur la réquisition des représentants Simond et Dumas, il fut ordonné au 1ᵉʳ bataillon de grenadiers et au 1ᵉʳ bataillon des Basses-Alpes de se rendre, en marches forcées, de Tournoux à Aiguebelle.

Ces trois bataillons, retirés du camp de Tournoux, l'auraient trop affaibli devant un ennemi qui gardait encore avec beaucoup de forces la vallée de Sture et qui menaçait journellement la vallée de Barcelonnette. Aussi je jugeai qu'il était indispensable de mettre les troupes de la division d'Entrevaux sous les ordres du général de division qui commandait à Tournoux, afin que celui-ci pût renforcer l'un ou l'autre point, suivant les mouvements de l'ennemi. Les bataillons que le camp de Tournoux avait envoyés en Maurienne y furent remplacés par deux bataillons de la division d'Entrevaux, qui s'y rendirent en deux marches par la montagne d'Allos. Le général de l'armée d'Italie eut ordre de faire passer deux bataillons dans cette partie, de veiller sur la gauche, et les gardes nationales les plus braves et les mieux exercées furent mises en réquisition. Les troupes de la division furent rapprochées des deux places, particulièrement d'Entrevaux, pour en défendre les avenues et s'y jeter au besoin.

Lorsque les renforts arrivés en Maurienne eurent donné les moyens d'attaquer et de chasser l'ennemi retranché au col de la Madeleine et de gagner par là quatre lieues de terrain sur lui, aussitôt deux bataillons de cette division se rendirent en Tarentaise, où j'avais résolu de faire ma principale attaque. Elle fut heureuse : les ennemis furent culbutés dans leurs postes, battus partout au même moment et obligés de se retirer en abandonnant 12 canons et une partie de leurs équipages.

Je fus instruit, à peu près vers ce temps, que l'ennemi n'avait plus que 2,000 hommes dans la vallée de Sture; je donnai ordre au général de la division de Tournoux d'envoyer un bataillon à Entrevaux pour fortifier la gauche de l'armée d'Italie.

Lorsque, par des attaques simultanées sur quatre points, dans une étendue de 30 lieues, les Piémontais eurent été chassés du territoire du Mont-Blanc, je laissai, dans chaque vallée, le nombre des troupes nécessaires à sa défense et je formai au camp de Bois-Plan, près Chambéry, une réserve de cinq bataillons, prête à se porter partout où un secours deviendrait nécessaire.

Le général de l'armée d'Italie m'annonça, par un courrier extraordinaire, qu'il était menacé d'être attaqué par des forces supérieures et qu'il avait besoin de quelques renforts. La division d'Entrevaux venait d'être augmentée d'un bataillon et de gardes nationales en réquisition. Le général de l'armée d'Italie pouvait déjà y trouver du secours.

Deux bataillons du camp de Bois-Plan reçurent aussitôt l'ordre de se rendre à l'armée d'Italie, et les troupes de Tournoux l'auraient encore renforcée dès que les neiges auraient fermé le col de l'Argentière. Ce fut là le dernier acte de mon commandement.

On voit, par le précis de ces opérations, que ce n'est qu'en faisant mouvoir les troupes suivant les diverses tentatives de l'ennemi, en dégarnissant momentanément quelques points, surtout ceux où l'ennemi peut pénétrer le plus difficilement ou ceux qu'il sera toujours le plus facile de réoccuper, en réunissant, enfin, des forces suffisantes pour porter un coup décisif, que l'on peut parvenir à bien défendre une longue ligne. Ce coup, une fois porté, bientôt il ne reste plus rien à l'ennemi des avantages qu'un affaiblissement de troupes a pu lui faire obtenir dans quelques points; car si l'ennemi s'était porté en force sur Entrevaux, il aurait nécessairement dégarni son camp de la Madeleine; dans ce cas, celui de Tournoux aurait marché par le col d'Allos, à l'appui de Colmars et d'Entrevaux; il aurait suivi tous les pas de l'ennemi et aurait coupé ses subsistances.

Tels sont les vrais principes de la guerre et ceux qui, par leur bonne exécution, ont fait conserver toute la frontière des Alpes depuis le mont Jura jusqu'à la Méditerranée.

KELLERMANN.

MÉMOIRE HISTORIQUE

DE

LA CAMPAGNE DE 1793

PAR LES ARMÉES DES ALPES ET D'ITALIE

COMMANDÉES EN CHEF

Par le Général d'armée KELLERMANN (1)

Le premier plan des rois coalisés contre la France, en 1792, avait été d'y pénétrer par le nord et par la frontière du Rhin, et de se porter sur Paris, où il se flattaient d'arriver sans obstacle. Mais, arrêtés dans les plaines de Champagne, les ennemis furent forcés de se retirer et d'évacuer le territoire de la République.

Le plan des coalisés pour la campagne de 1793 fut plus vaste. Tandis qu'ils agissaient avec des forces nombreuses dans le nord et du côté du Rhin, une armée autrichienne était venue renforcer le roi de Sardaigne, sur lequel nous avions pris, la campagne précédente, une partie du comté de Nice et toute la Savoie. Les troubles les plus violents devaient éclater, et éclatèrent, en effet, dans le Midi, pendant le fort de la campagne, depuis Lyon jusqu'au département du Var. Lyon, Marseille et Toulon se mirent en pleine rébellion : il fallut faire le siège de Lyon et celui de Toulon, livré aux Anglais. Les ennemis attendaient l'instant où ces troubles, qu'ils

---

(1) Relation écrite en 1793.

préparaient dans le Midi par leurs intrigues, obligeraient de dégarnir la ligne de l'armée des Alpes et d'Italie, et d'en porter une partie sur les derrières les plus reculés contre les rebelles, pour agir offensivement contre le reste de l'armée, pénétrer dans l'intérieur et assurer les succès des rebelles par leur jonction avec eux.

Le roi d'Espagne devait attaquer avec toutes ses forces la partie occidentale du Midi. La rébellion devait se communiquer à Bordeaux. Le royalisme et le fanatisme attisaient le feu dans les départements de l'ouest, qui devaient se porter sur Paris, tandis que les ennemis du dehors chercheraient à y arriver par la frontière du Rhin et celle du Nord.

Les Anglais devaient couvrir les mers, anéantir notre commerce et alimenter la rébellion dans la Vendée et dans le Midi par des secours continuels.

Tel était le plan de la coalition pour la campagne de 1793. On sent que l'armée des Alpes et d'Italie, obligée de se dégarnir et ne pouvant compter sur aucun renfort, avait une tâche bien difficile à remplir.

Je pris le commandement de celle des Alpes au mois de décembre 1792. Le quartier général était à Chambéry. Mon premier soin fut de rappeler l'ordre dans les administrations : je fus parfaitement secondé par le commissaire général Alexandre, qui remonta avec célérité les différents services administratifs, qui étaient dans le plus grand désordre.

Pendant les mois de janvier et février, je fis une tournée qui avait le double objet de visiter les troupes et d'acquérir une exacte connaissance de la frontière. Je parcourus successivement, avec le général du génie La Peyrouse, les vallées de la Tarentaise et de Maurienne, les places de Grenoble, de Briançon et de Mont-Lyon. Je fis exécuter sous mes yeux les travaux nécessaires, réparer les chemins en mauvais état, percer le col de Vars et ouvrir de nouvelles communications avec le camp de Tournoux : il était urgent d'en former entre les vallées de Maurienne et de Tarentaise, ainsi qu'entre Savine et Embrun, pour faciliter le mouvement des troupes et le transport des munitions de guerre, et elles furent promptement établies. Par mes ordres, des ponts furent construits à Grésy sur l'Isère et à Savine sur la Durance. Je fis former des magasins, et les subsistances furent assurées jusqu'au mois de septembre et sur les points les plus essentiels à l'exécution de tous les mouvements que les circonstances pourraient nécessiter dans le courant de la campagne, soit pour l'offensive, soit pour la défensive.

Les bataillons de volontaires étaient dans un dénuement absolu. Ils n'avaient pas, comme les troupes de ligne, la ressource des masses. Ils furent pourvus des objets nécessaires ou reçurent des avances pour se les procurer. Les troupes de ligne furent pareillement autorisées à se procurer ce qui leur était nécessaire, de manière qu'à l'ouverture de la campagne rien ne manquait aux soldats.

Enfin, je fis toutes les dispositions pour la protection de la partie des frontières dont la défense m'était confiée. Je reconnus que la gauche, qui s'étendait au delà du Jura jusqu'à Besançon, était prolongée et que la droite était à découvert depuis que le département des Basses-Alpes avait été retranché de l'armée des Alpes pour faire partie de celle du Var: J'adressai mes observations à ce sujet au Comité de Salut public, le 4 mars, en lui rendant compte de mes dispositions défensives (1); et elles donnèrent lieu à l'ordre que je reçus vers la fin de mars, par une lettre du Pouvoir exécutif, de me rendre à Nice pour concerter avec le général Biron, commandant en chef l'armée du Var, le plan de nos opérations. Avant de partir, j'ordonnai que trente ba aillons reçussent sans délai leurs effets de campement, pour qu'au 16 avril il fut établi cinq camps d'instruction, le premier à Embrun, le deuxième à Grenoble, le troisième à Bois-Plan près Chambéry, le quatrième à Annecy et le cinquième à Carouge. Je fis aussi former cinq bataillons de grenadiers.

Je partis pour Nice dans les derniers jours de mars. Deux jours suffirent pour régler, avec Biron et les représentants du peuple, le plan de campagne, dont copie fut envoyée au Pouvoir exécutif.

Un décret de la Convention fixait la démarcation des deux armées des Alpes et d'Italie. Cette dernière avait la défense des départements du Var et des Basses-Alpes, en y comprenant les places d'Entrevaux, de Colmars, la vallée de Barcelonnette et le camp de Tournoux. Mais comme les troupes de l'armée des Alpes s'étendaient jusqu'à Entrevaux, et que l'armée d'Italie pouvait entrer en activité un mois plus tôt que celle des Alpes, nous convînmes avec Biron que je laisserais les troupes dans ces places jusqu'à l'ouverture de la campagne pour l'armée des Alpes; mais qu'à cette époque, je les retirerais pour faire nombre de la division qui occuperait le camp de Tournoux, dont il fut convenu que je me chargerais, quoique ce poste fut de son département. La position du camp de Tournoux couvrait la vallée de Barcelonnette et formait une réserve, qui devait verser sur les points d'attaque ou de défense dans l'étendue des deux armées. Dès que ces dispositions furent arrêtées, je revins à Chambéry surveiller l'établissement des camps et présider successivement à leur instruction.

---

(1) Ces observations et mes dispositions de défense forment le n° 1 des pièces jointes à ce mémoire.

Pendant que je n'étais occupé qu'à remplir les vues du gouvernement, des ennemis cachés travaillaient à ma perte. Peu satisfaits du succès de leurs dénonciations auprès du représentant du peuple à Chambéry, qui n'avaient servi qu'à mieux prouver ma franchise et mon attachement à la République, ils parvinrent cependant à donner des soupçons au gouvernement; et, le 30 avril, je reçus l'ordre de me rendre à Paris. Le compte que je rendis de ma conduite donna lieu à un décret portant que je n'avais cessé de bien mériter de la patrie, et je fus nommé au commandement en chef des armées des Alpes et d'Italie, qui furent réunies. Je partis de Paris vers la fin de mai pour me rendre à mon poste.

Le 1er juin, j'arrivai à Lyon, où régnait le plus grand désordre : une multitude effrénée gardait à vue les représentants du peuple Gauthier et Nioche; elle menaçait même d'attenter à leurs jours. Je fus conduit directement à la nouvelle municipalité, où s'étaient réunis tous les corps administratifs : ils voulurent entrer en explication sur ce qui s'était passé; je refusai de les entendre avant d'en avoir conféré avec les représentants du peuple; j'exigeai que ces derniers fussent présents aux délibérations. Je ne quittai plus les représentants jusqu'au lendemain, que je les menai à Grenoble. Les représentants Nioche et Gauthier ont rendu compte, dans le temps, de ce qui se passa dans ces séances orageuses.

Je ne restai qu'un jour à Grenoble, d'où je partis pour l'armée d'Italie, avec le général Saint-Remy, chef de mon état-major. Je visitai en passant les places du département des Hautes-Alpes où, dès le mois de février, j'avais ordonné des travaux, ainsi qu'au camp de Tournoux et à d'autres postes très essentiels. Je trouvai ces travaux très avancés par la vigilance et l'activité du chef de brigade La Peyrouse, directeur du génie des Hautes-Alpes. Enfin, j'avais ordonné de tenir prêt un train d'artillerie de siège dans les places de Briançon, Mont-Lyon et Grenoble; je trouvai mes ordres exécutés. Je fis occuper le camp de Tournoux, et je laissai les instructions nécessaires au général destiné à le commander (1).

Je visitai Barcelonnette, Gap, Sisteron, Digne, Castellane et Entrevaux. Cette dernière place, qui méritait une attention particulière, était dépourvue de vivres et de munitions de guerre; les ordres furent donnés sur-le-champ pour l'approvisionnement. Je trouvai à Antibes la même négligence; je fis approvisionner cette place et donner des fonds pour la continuation des ouvrages, qui étaient déjà avancés.

Arrivé à Nice, le 17 juin, j'en partis le lendemain, avec le

_____

(1) Ces instructions sont à la suite de ce mémoire, sous le n° 2.

général Brunet, pour examiner la position de l'armée d'Italie.

Le général Brunet m'expliqua, dans cette reconnaissance, les mouvements successifs qu'avaient faits les troupes de la République pour repousser l'ennemi des postes qu'il occupait très près de Nice. Les attaques faites par ses troupes, dans la journée du 8 juin, avaient été judicieusement conçues et furent parfaitement exécutées; mais celles du 12 avaient été mal combinées; de sorte que l'attaque du col de Raus manqua entièrement et nous causa beaucoup de pertes, tant en hommes qu'en désertions, suite de cette malheureuse affaire. Si cette attaque avait été bien dirigée, les suites en auraient été très avantageuses. Un succès complet aurait obligé l'ennemi à repasser le col de Tende : il eût été facile alors de le retenir au delà des monts, ou d'y passer nous-mêmes, suivant les circonstances. Mais, ce projet ayant manqué, l'on parvint cependant à occuper des postes importants, à resserrer l'ennemi et à faciliter les approches d'une opération combinée des deux armées.

L'armée d'Italie occupait un grand arc de montagnes, depuis la rivière de la Roya jusqu'auprès des sources de la Vésubia; elle était nécessairement séparée en plusieurs corps; mais ils furent liés par des postes qui s'opposaient à ce que l'ennemi pût percer entre eux et les attaquer séparément. Le camp de la droite, composé de huit bataillons, occupait la montagne et le col de Brouis, sur le chemin du col de Tende, et faisait face au fort Saorgio sur la Roya : un camp de cinq bataillons sur le mont Béolet couvrait la gauche de celui de Brouis et empêchait l'ennemi de tourner ce dernier par le col de Longué et de se placer sur le col de Pérus, pour couper sa retraite sur Sospello et Braous. Les avant-postes du camp de Béolet, de deux cents hommes, sur la montagne de Mangiabo, et cinq compagnies de grenadiers occupaient le prolongement de cette arête jusqu'à la montagne Ventabren; l'objet de ce poste était aussi de garder le col de Lignière et le vallon de Sambuc et le Moulinet. Dix compagnies de chasseurs occupaient le poste supérieur de la Chapelle et fermaient à l'ennemi le chemin de Pietra-Cava, qui se trouve en arrière des bois de la Mairis. Ces deux postes liaient la droite au centre.

Le centre de la position était le mont Fougasse, où étaient placés six bataillons : la tête de ce camp, à petite portée de canon des hauteurs de la Fourche occupée par l'ennemi, était garnie de retranchements et de batteries, ainsi que le mamelon en arrière qui enfermait la droite et protégeait la retraite des troupes sur le bois de la Mairis. Si le premier mamelon était forcé, deux bataillons, campés sur un plateau au revers nord-est de ces bois, étaient là pour soutenir les troupes du premier camp et empêcher l'ennemi de se porter, par la hauteur de Longueviste, dans les bois et sur les derrières du camp.

Des vallons très difficiles, et dont les hauteurs ont une forte aspérité, séparaient le centre de la gauche. L'ennemi ne pouvait arriver sur cette gauche que par le chemin de Villette, qui tombe sur Bollène; et cette extrémité de la ligne était défendue par neuf bataillons, dont un de grenadier, et par sept compagnies de chasseurs.

Les bataillons occupaient Lantosca, Bollène, Belvéder, le long de la Vésubia, et les troupes légères gardaient Saint-Vacha, Saint-Dalmas-du-Plan, Rimplas, sur le contrefort qui sépare les eaux de la Tinéa et celles de la Vésubia. L'objet était de couvrir la gauche, de préparer une communication avec les troupes du camp de Tournoux par le haut de la Tinéa, et d'observer ce qui pouvait venir par la vallée de Sture, par quelque passage de la grande chaîne et surtout par le col de Fenestre.

Sur le derrière de la droite, des troupes occupaient Sospello, la montagne de Guelzeu, le col de Braous, Castiglione; ce dernier poste maintenait les communications avec Monaco et le quartier général établi à Escarena sur la rivière de Paglione, à distance presque égale de la droite et du centre. Les troupes de Nice et du bord du Var soutenaient au besoin celles de gauche.

Cette disposition resserrait l'ennemi, dont les troupes occupaient, par leur droite, le col de Raus, le haut Capelet et Guiesard; au centre, l'Estrech et l'Authion, placé trop en avant dans les cartes du général Bourcet, la hauteur des Fourches; par la gauche, le mont Morigou, ayant un avant-poste sur la Giendola, enfin le fort Saorgio; enfin, en deuxième ligne, la Formagine, Fontay et le château de Tende.

Après avoir fait cette reconnaissance et rectifié la ligne, de retour à Nice, j'assemblai un conseil de guerre chez le général Brunet, où, après avoir discuté la position respective des deux armées, il fut reconnu que celle de la République pouvait se soutenir dans la position qu'elle occupait, en ce qu'elle avait le double avantage d'assurer une communication plus courte entre les armées des Alpes et d'Italie et de contraindre l'ennemi à de grands et successifs efforts, s'il voulait attaquer.

L'ennemi avait un corps de troupes campé à Saluces; il pouvait en deux marches se porter sur le col de Tende et entreprendre avec des forces supérieures de reconquérir le pays de Nice pour nous obliger à repasser le Var et tenter ensuite, avec le secours des flottes combinées d'Espagne et d'Angleterre, une invasion dans le département du Var. Il fallait donc examiner quelle position l'armée d'Italie devait et pourrait prendre si elle était forcée dans les camps actuels, quels secours l'armée des Alpes lui donnerait et par quel chemin on les ferait arriver, soit dans le pays de Nice, soit en arrière du Var; enfin, il fallait arrêter un projet défensif pour protéger Toulon et Marseille (1).

Après l'examen le plus approfondi, il fut reconnu que l'armée d'Italie devait rester dans ses positions.

Les bataillons de la droite de l'armée des Alpes, aux ordres du général de brigade Camillo Rossi, furent mis à la disposition du général Brunet et employés à la gauche de l'armée d'Italie pour pouvoir au besoin renforcer le centre.

L'ennemi ne pouvait agir offensivement que contre le centre ou la droite du général Brunet. Dans le cas où, par la supériorité du nombre, il parviendrait à forcer quelqu'un des points de cette ligne, une première position en arrière, qui couvrait toutes nos conquêtes, fut déterminée, et des retranchements furent préparés sur cette position.

Si cette première position, dans laquelle nous pouvions arrêter pendant longtemps un ennemi plus nombreux, venait cependant à être forcée par la grande supériorité du nombre, une seconde position en arrière, plus forte encore que la première, couvrait le pays de Monaco, Villefranche et Nice; et le temps qu'il faudrait à l'ennemi pour nous repousser successivement de ces deux positions devait donner nécessairement aux secours qu'on pourrait disposer celui de joindre l'armée d'Italie pour la mettre en état de reprendre l'offensive et de repousser à son tour l'armée piémontaise.

Mais, si les forces de l'ennemi étaient si nombreuses qu'il fallut encore abandonner cette seconde position avant l'arrivée des renforts et repasser le Var, un second pont devait être construit d'avance sur ce fleuve; et la position extrêmement forte de la rive droite du Var et ensuite celle de la montagne de l'Esterelle, continuant par la montagne de Grasse, mettaient le département du Var à l'abri de l'invasion des Piémontais.

Enfin, pour occuper l'ennemi, l'empêcher de porter de nouvelles forces au delà du col de Tende et le mettre même dans le cas de rappeler une partie de celles qui y étaient, l'armée des Alpes devait faire des mouvements de diversion sur le territoire ennemi.

Le 24 juin, il fut tenu un autre conseil chez les représentants du peuple, dans lequel il fut question de mettre en mer l'escadre de Toulon et de quelques autres objets y relatifs; et, comme ma présence à l'armée des Alpes devenait urgente, je partis pour Grenoble à l'issue du conseil, après avoir recommandé spécialement au général Brunet de veiller constamment sur Antibes et sur Grasse.

_____

(1) Ce plan forme la pièce n° 3, jointe à ce mémoire.

A mon arrivée à Gap, j'appris qu'une insurrection venait d'éclater dans le camp de Tournoux; les soldats, réunis aux citoyens, avaient arrêté le général Rossi; je crus nécessaire de m'y rendre très promptement.

D'après les diverses conférences que j'eus, je reconnus que nos troupes, après avoir battu les ennemis près le village d'Argentière, avaient été obligées de céder, le 24 juin, à la supériorité du nombre et que les Piémontais avaient profité de cette retraite pour mettre le feu à trois villages et à beaucoup d'objets abandonnés par le défaut de prévoyance du général. Aux yeux des citoyens et des soldats, le général Rossi passa pour l'auteur de l'échec et de la perte. Ils le conduisirent à Barcelonnette, d'où je le fis transférer à Grenoble pour y être jugé. La tranquillité rétablie, Gouvion, commandant temporaire de Briançon, eut ordre de se rendre à Tournoux et d'y commander en qualité de général de brigade. Ensuite, je me rendis à Grenoble.

A peine j'y fus arrivé que les représentants du peuple Dubois-Crancé et Gauthier me firent part des trames qui s'ourdissaient depuis Lyon jusqu'au fond du Midi. Tandis que les Lyonnais ne cachaient pas leurs projets de rébellion, les Marseillais s'étaient mis en marche pour se réunir aux rebelles Lyonnais. Cette armée devait se grossir en chemin de tous les partisans de la royauté et se porter sur Paris pour dissoudre la Convention nationale et rétablir le trône.

Il était essentiel d'arrêter dans sa source ce torrent prêt à déborder et dont les ravages auraient entraîné la République.

Les représentants Dubois-Crancé et Gauthier s'étaient hâtés d'envoyer leur collègue Albitte, avec le général Carteaux, à la tête de quatre bataillons et de la Légion des Allobroges, pour atteindre les Marseillais avant leur arrivée à Avignon, s'il était possible. De mon côté, j'envoyai sans délai au général Carteaux les instructions relatives à la mission dont il était chargé.

La situation de la ville de Lyon était faite pour donner des inquiétudes. Les autorités constituées et les habitants étaient en révolte déclarée : ils arrêtaient les transports des munitions de guerre et de bouche destinées aux armées; ils méconnaissaient ouvertement la Convention nationale et prétendaient que l'autorité des représentants du peuple ne s'étendait pas sur le département de Rhône-et-Loire; ils refusaient, en conséquence, de communiquer avec eux et calomniaient même leurs intentions.

Je crus devoir écrire sur-le-champ aux administrateurs de ce département pour leur témoigner ma surprise sur leur conduite; je leur rappelais le serment auquel ils devaient rester fidèles; leur réponse hypocrite annonçait le plus sincère attachement aux intérêts de la République; ils m'assuraient que, loin de mettre une entrave aux transports des munitions de guerre, ils s'empresseraient, au contraire, de les faciliter. Je profitai de la bonne volonté qu'ils manifestaient pour tirer de Lyon les munitions de guerre et de bouche. Il y avait dans cette ville une compagnie d'artillerie et un escadron de dragons du 9ᵉ régiment. J'envoyai l'ordre à ces deux troupes d'en partir et de se réunir à leurs corps respectifs ; mais les administrateurs s'opposèrent à leur départ ; ils m'écrivirent en leur priant de leur laisser ces troupes, qu'ils présentaient comme étant nécessaires à la garde de l'arsenal, ainsi qu'au maintien du bon ordre dans la ville et la campagne. Je leur signifiai qu'une plus longue obstination me ferait apprécier leur conduite, et je réitérai l'ordre aux deux corps de quitter Lyon et de s'ouvrir, en cas de besoin, un passage de vive force, quel que fut l'obstacle qu'on mit à leur départ. Ils partirent, enfin, sans opposition ; les approvisionnements n'éprouvèrent point d'entraves pendant quelque temps.

Cependant la situation de Lyon devenait de jour en jour si critique, qu'il fallut prendre les moyens de ramener cette ville à l'obéissance. Un décret de la Convention nationale me prescrivait de ne pas dégarnir les frontières, que la moindre diminution aurait exposées, ainsi que l'évènement l'a prouvé. Il fallait pourtant en imposer aux ennemis de l'intérieur. Les représentants, ainsi que moi, désiraient de ne rien hasarder dans une conjoncture aussi délicate. En conséquence, nous demandâmes, par un courrier extraordinaire, à la Convention nationale, un décret qui nous traça la conduite que nous avions à tenir. Pour être en mesure dans tous les cas, je parcourus de suite le Mont-Blanc, afin de m'assurer du nombre de bataillons que je pourrais extraire de cette partie de la République, sans trop en compromettre la sûreté. Je reconnus que je pouvais sur toute la ligne détacher douze bataillons, et je leur donnai l'ordre de se tenir prêt à marcher. Je donnai le même ordre au 5ᵉ régiment de cavalerie et au 9ᵉ dragons, seules troupes à cheval que j'avais à l'armée des Alpes.

Le 22 juillet, je reçus, à l'Hôpital-sous-Conflans, le décret qui m'ordonnait de concerter avec les représentants du peuple les moyens de faire marcher une force armée sur Lyon. De ce lieu même, j'expédiai l'ordre aux douze bataillons et aux troupes à cheval, qui étaient prêts à partir, de se mettre immédiatement en marche sur deux colonnes, l'une dirigée sur Bourgoin et l'autre sur Bourg. Il manquait à l'armée des Alpes huit cents chevaux d'artillerie pour le complètement du train ordinaire de campagne ; je tirai la moitié de ceux employés aux canons de position des vallées de Maurienne et de Tarentaise, que j'envoyai à Grenoble ; la même opération s'exécuta dans le département des Hautes-Alpes : avec ce faible secours, je fis diriger sur Lyon un train de siège assez considérable et je donnai le commandement de cette petite armée au général divisionnaire Dumuy.

Je me rendis, le 24, à Grenoble, pour faire part aux représentants du peuple de ces dispositions; mais ils me requirent de les suivre à Lyon pour surveiller les opérations du siège; je leur représentai, comme je me le devais, ainsi qu'au bien de la chose, que, dans une circonstance où j'étais forcé de dégarnir ma ligne depuis la rivière de Gênes jusqu'au lac de Genève, je devais être à la tête de l'armée, afin d'être en mesure de défendre la frontière et à portée de donner les ordres avec célérité pour une défensive aussi difficile. Ils insistèrent si fortement qu'il ne me fut plus possible de m'y refuser. Je laissai aux généraux les ordres et les instructions nécessaires pour toutes les mesures de sûreté et de défense sur toute la ligne (1). Je m'étais réservé d'ailleurs de leur faire passer mes ordres par des courriers extraordinaires : une correspondance très active fut établie de la droite de l'armée d'Italie jusqu'à la gauche de celle des Alpes et des points essentiels, directement sur Lyon.

Je partis ensuite avec les représentants du peuple pour nous rendre à Bourg. Les bataillons y arrivèrent, ainsi qu'une partie de l'artillerie.

Le 30 juillet et le 4 août, nous passâmes en revue ces troupes campées sous les murs de cette ville. Dix jours après l'arrivée du décret, les bataillons, disséminés sur une frontière immense, étaient rassemblés sur les deux points très éloignés qui leur étaient indiqués.

La position de Lyon avait nécessité la division de l'armée sur deux colonnes : j'en détachai de Bourg une troisième pour se joindre aux gardes nationales, dont le rassemblement se faisait à Mâcon. Cette opération préliminaire retarda les approches jusqu'au 8 août, jour où les trois colonnes se présentèrent devant Lyon. Une quatrième, composée des réquisitions de Saône-et-Loire et de quelques troupes aux ordres du général Nicolas, devait d'abord s'assurer de Saint-Étienne et de Montbrison, puis s'avancer sur Lyon et achever de cerner la ville.

Nous espérions que Lyon, à la vue de nos forces réunies, ouvrirait ses portes, que les patriotes feraient un effort pour secouer le joug des autorités constituées et qu'on nous épargnerait de verser le sang français. Pendant que je disposais les batteries, les représentants du peuple écrivirent, ainsi que moi, aux autorités rebelles, pour rendre à la République ce peuple qu'ils avaient égaré; mais les réponses évasives des chefs nous firent perdre tout espoir de succès. Dès lors, toute

---

(1) Ces instructions forment le n° 4 des pièces jointes à ce mémoire.

communication cessa et une artillerie formidable tonna sur la ville.

L'acharnement des habitants révoltés avait pour base l'espérance que les émigrés et les Piémontais forceraient la ligne du Mont-Blanc pour parvenir à une jonction qui, si elle eût été effectuée, aurait mis la République dans le plus grand danger.

Leurs espérances n'étaient que trop fondées, car bientôt les administrateurs et les généraux du Mont-Blanc me firent part de leurs inquiétudes, occasionnées par les mouvements de l'armée ennemie. Ces nouvelles alarmantes se confirmèrent peu de jours après : nos troupes, attaquées par des forces très supérieures, que secondaient les fanatiques des montagnes, se repliaient. Le canton du Valais avait même accordé passage aux troupes piémontaises par la vallée de Sallanches. Les administrateurs, voyant le danger accroître, déléguèrent des députés pour demander de prompts secours; mais, comme ils sentaient qu'il serait impossible de détacher un seul soldat des troupes qui faisaient le siège de Lyon, ils demandèrent au moins que je m'y rendisse en personne, dans la conviction que ma présence était nécessaire pour garantir le département du Mont-Blanc du danger dont il était menacé.

Je déclarai donc aux représentants du peuple que, leur ayant donné un général capable de commander le siège, mon poste était à l'armée et qu'il n'y avait plus un instant à perdre pour sauver la République; qu'en conséquence, j'allais me rendre dans le Mont-Blanc, où nos frères d'armes m'attendaient pour combattre à leur tête. Ne pouvant s'y refuser, ils prirent un arrêté qui me prescrivait de m'y rendre, mais à condition d'être devant Lyon dans trois fois 24 heures. Je partis, après avoir expédié, par des courriers extraordinaires, aux différents généraux, les ordres pour un mouvement général sur ma ligne; en conséquence, le général Garcaradec, qui commandait le camp de Tournoux, eut celui de détacher, par marches forcées, deux bataillons sur Valloire, et de les remplacer par deux autres qu'il tirerait de la division d'Entrevaux, que j'ordonnai en même temps au général Brunet de remplacer immédiatement par deux bataillons de l'armée d'Italie; je terminai ma lettre en lui recommandant de veiller avec attention sur sa gauche. Mes ordres expédiés, je me rendis à Chambéry avec le représentant du peuple Gauthier. Notre arrivée releva le courage des bons citoyens. Après nous être concertés avec les administrations réunies, je me rendis le même jour à la division de Tarentaise, campée à l'Hôpital-sous-Conflans. La malveillance y entretenait l'inquiétude: quoique l'ennemi y eut des forces considérables, elle les exagérait encore. Cette division avait renvoyé une partie de son artillerie de position avec les gros bagages. Il est vrai qu'il n'y restait plus que la moitié des chevaux nécessaires pour la traîner; le reste était devant Lyon.

Je rassemblai nos braves soldats républicains pour leur représenter que le salut de la République dépendait en ce moment de leur courage; qu'il fallait tenir ferme dans ce poste, et, plutôt que de l'abandonner, le rendre glorieux par la victoire ou la mort. Les braves défenseurs prononcèrent le serment, qu'ils tinrent, de se défendre jusqu'à la dernière extrémité. Dès ce moment, tout changea de face; les troupes prirent l'attitude la plus imposante; et, malgré la supériorité des deux tiers de l'ennemi, il n'osa plus entamer cette partie; je fis revenir l'artillerie et les équipages.

Le général de brigade Badelone commandait cette division; je lui ordonnai les positions qu'il aurait à prendre en arrière si, après avoir épuisé tous ses efforts, il se voyait forcé à la retraite. Rassuré sur ce point, je me rendis à la division de Maurienne, qui s'était repliée sur la Chapelle. Je rassemblai les généraux à Aiguebelle; je leur donnai les instructions pour une vigoureuse défensive en attendant que mes mesures fussent effectuées pour reprendre l'offensive. Les généraux promirent de soutenir les combats les plus longs et les plus opiniâtres avant de songer à un mouvement rétrograde et de suivre mes instructions sur les positions à prendre en arrière. Je revins ensuite à Chambéry pour rassurer le département, en lui faisant part des mesures ordonnées; et, dans la même nuit, je fus devant Lyon, suivant ma parole donnée aux représentants du peuple.

Je continuai à diriger les opérations du siège jusqu'au 31 août, jour où les représentants Simond et Dumaz arrivèrent de Paris, avec une mission pour les départements du Mont-Blanc, de l'Isère et des Hautes-Alpes; ils me requirent de me rendre avec eux dans le Mont-Blanc, où les dangers augmentaient d'un moment à l'autre.

Les Piémontais s'étaient avancés et nos troupes de la Maurienne avaient été forcées de se retirer jusqu'à Aiguebelle. Les ennemis, maîtres de la vallée de Sallanches, s'étaient avancés jusqu'à Bonneville, d'où ils menaçaient Annecy et Chambéry.

Dans cet état des choses, j'avais envoyé l'ordre au général Carteaux de s'avancer sur la Durance, après avoir chassé d'Avignon les rebelles Marseillais, et d'y rester sur la défensive jusqu'à nouvel ordre.

On n'était pas sans inquiétude sur Toulon. Les autorités constituées de cette ville, les chefs de la marine et une grande partie des habitants étaient coalisés avec Marseille et Lyon. Les escadres combinées d'Angleterre et d'Espagne ne quittaient pas ces parages. Les chefs des rebelles avaient des conférences avec les Anglais; et il était à craindre qu'ils ne leur livrassent Toulon, dont ils avaient corrompu une partie de la garnison. Il était donc important de jeter dans cette place des renforts, de la fidélité desquels on fût assuré, pour prévenir l'exécution d'un complot aussi funeste. En conséquence, j'ordonnai au général Brunet d'envoyer sur-le-champ quatre mille hommes à Toulon. Carteaux ne devait passer la Durance et prendre l'offensive contre les Marseillais que lorsqu'on aurait la certitude de l'arrivée de ce renfort dans la place.

Ce plan était d'autant plus nécessaire que les chefs de la rébellion n'osaient pas encore avouer publiquement leur projet de rétablir la royauté. Ils attendaient d'avoir des succès décisifs et surtout d'avoir opéré leur jonction avec les Lyonnais. Mais il était à craindre que, s'ils étaient poussés trop vivement par Carteaux, avant que Toulon fut mis à l'abri de leurs desseins perfides, ils ne se jetassent dans les bras des Anglais, et ne leur livrassent cette ville, dans l'espérance de relever leur parti par la possession de cette place importante. C'est ce qui arriva effectivement, parce que mes ordres ne furent pas suivis.

Carteaux, au lieu d'attendre de nouveaux ordres sur les bords de la Durance, passa cette rivière, d'après les instances d'Albitte. Mais, à peine ce passage fut-il effectué, qu'Albitte ne fut pas sans inquiétude, n'ayant plus la Durance entre lui et les Marseillais, qui étaient en nombre infiniment supérieur. Albitte témoigna ses craintes à son collègue Dubois-Crancé; et Carteaux, par le même courrier, me rendit compte qu'il avait passé la Durance. Je lui ordonnai de la repasser sur-le-champ et de se conformer à mes instructions.

Mais les Marseillais, malgré la supériorité de leur nombre et de leur artillerie, se laissèrent battre à Salons; ils se laissèrent pousser, sans se défendre, jusqu'aux gorges de Septèmes, près de Marseille, où ils se laissèrent forcer sans résistance, et l'armée républicaine entra dans Marseille.

Les débris de l'armée Marseillaise, une partie des chefs de la rébellion dans les diverses communes qu'elle avait occupées et qui fuirent avec elle pendant que Carteaux la poussait devant lui, une infinité de coupables marseillais se précipitèrent dans des bateaux, se rendirent auprès des escadres d'Angleterre et d'Espagne et entrèrent avec elles dans Toulon, où ils étaient attendus, et qui leur fut traîtreusement livré. Bientôt ces conspirateurs levèrent le masque et n'agirent plus qu'au nom de Louis XVII.

Le lendemain, le renfort de quatre mille hommes, envoyé de l'armée d'Italie, arriva près de Toulon. Un peu moins de précipitation dans la marche d'Albitte, ce secours serait arrivé à temps, et combien de malheurs auraient été prévenus!

Depuis le passage de la Durance, Carteaux ne m'écrivait plus. Il était entièrement sous la main d'Albitte, qui disposait de lui. Cependant, j'ai été informé longtemps après qu'à peine arrivé à Marseille, Carteaux voulait marcher sur Toulon pour sauver cette place, parce qu'il était public que les fuyards marseillais, de concert avec les rebelles toulonnais, voulaient la livrer aux Anglais; et il l'aurait effectivement sauvée si, par les ordres exprès d'Albitte, il n'avait perdu plusieurs jours dans la ville de Marseille à donner la chasse aux fugitifs. Lorsqu'il arriva devant Toulon, il trouva la ville occupée par les Anglais.

Cette précipitation, contraire aux ordres que j'avais donnés, manqua de compromettre l'armée d'Italie, qu'il fallut affaiblir considérablement pour faire des envois sur Toulon, et qui n'aurait pu résister si l'ennemi avait dirigé ses principales forces contre elle au lieu de s'obstiner à les porter dans le Mont-Blanc, dans l'espoir de faire lever le siège de Lyon et de se réunir aux rebelles enfermés dans cette ville.

Tel était l'état des choses lorsque, le 1er septembre, je me rendis une seconde fois dans le Mont-Blanc. D'après ce que j'avais été obligé de tirer des vallées de Maurienne et de Tarentaise pour marcher sur Lyon, il ne restait plus que sept mille hommes pour la défense du Mont-Blanc. L'ennemi pouvait pénétrer en Maurienne par six points différents, sur une ligne de quinze lieues d'étendue.

Le 12 août, vingt-cinq mille Piémontais avaient attaqué à la fois les deux vallées de Maurienne et de Tarentaise; ils avaient forcé le poste d'Entre-deux-Eaux dans la Haute-Maurienne, ce qui les mettait en état de se porter sur Moûtiers en Tarentaise en deux jours de marche et de prendre en flanc et par derrière les troupes qui étaient dans la haute vallée. D'un autre côté, ils pouvaient se porter sur Modane et Saint-André par le col des Encombres, qui verse sur Saint-Michel. L'ennemi avait effectivement tenté de pénétrer par ces divers passages; mais le général Ledoyen, qui commandait sous les ordres du général de division Dubourg, informé que le poste d'Entre-deux-Eaux avait été forcé, avait détaché quatre compagnies de grenadiers et quelques autres troupes pour arrêter la marche de l'ennemi dans cette partie. Le général Badelone, qui commandait en Tarentaise, se voyant prêt à être tourné entièrement, avait fait sa retraite; il avait rencontré, en se retirant, l'ennemi près le défilé du Ciex, ou détroit du Ciel, dont il voulait s'emparer. Le combat s'était engagé; la valeur de nos troupes l'avait emporté sur le nombre; l'ennemi avait été repoussé, et la retraite avait été continuée en bon ordre sur Moûtiers et, de là, sur Conflans. Beaufort avait été évacué. La colonne de la Maurienne s'était repliée successivement sur

Bramans et Aiguebelle, en combattant chaque jour contre une supériorité des trois quarts. Cette retraite de 20 lieues avait été exécutée en 18 jours sans aucune perte; tous les magasins avaient été repliés; les troupes avaient bivouaqué continuellement sur le sommet des montagnes, dans les neiges, manquant souvent de vivres, parce que les mulets employés pour ce service appartenaient aux habitants, qui s'enfuyaient avec leurs bestiaux. Cette belle retraite, qui présentait tant de difficultés de tous les genres, doit faire à jamais honneur aux troupes françaises. L'adjudant général Prisye se distingua particulièrement, ainsi que les capitaines Herbin et Michel, qui commandaient chacun quatre compagnies de grenadiers, de même que le capitaine Hoquart, commandant le premier bataillon du 23° régiment d'infanterie. Enfin, officiers et soldats remplirent parfaitement leurs devoirs. Le commissaire des guerres Jalabert et deux autres, chargés des évacuations, les firent faire avec autant de courage que d'intelligence.

L'ennemi, pour établir ses communications au plus près avec ses troupes dans la Tarentaise, chercha à s'emparer du pont de Grésy; il attaqua, dans ce dessein, plusieurs fois ce pont et le col de Bosmont et Mont-Sapey, d'où il fut chaque fois repoussé avec perte : il était campé en grande partie à la Chapelle, tenant les hauteurs; dans le Faucigny, il s'était emparé de Sallanches et de Cluses et poussait jusqu'à Bonneville.

La division de la Tarentaise, derrière l'Arc, y tenait Conflans et Ugines, et le chemin qui conduit à Beaufort et Aigueblanche. L'armée ennemie avait sa droite dans la vallée de Sallanches, son centre à Beaufort et Aigueblanche et sa gauche en Maurienne.

Telle était la position des troupes à mon arrivée dans le Mont-Blanc. Le 1er septembre, je donnai l'ordre au deuxième bataillon de la Gironde, que je tirai de Lyon, de marcher dans le Faucigny. J'établis mon quartier général aux Marches, point central des trois divisions. J'ordonnai, en cas d'événement, des redoutes à la position de Darraux. Partout l'ennemi avait des intelligences; des insurrections partielles s'étaient manifestées à Annecy et dans le haut Chablais. Je requis les gardes nationales des districts de Chambéry, Annecy, Carouge, Thonon et Gex de marcher; ce qu'elles firent avec beaucoup de dévouement et de courage. Les gardes nationales du département de l'Isère marchèrent avec le même zèle. Mais ces nouvelles forces ne pouvaient former qu'une seconde ligne.

Les troupes, que j'avais tirées de la droite de l'armée des Alpes, consistaient dans le deuxième bataillon du 10° régiment, le premier des grenadiers, le quatrième bataillon de l'Isère et le deuxième de la Haute-Loire. Ces deux derniers eurent l'ordre de rester à Valloire. L'ennemi ne fit que de petites tentatives jusqu'au 11 septembre, qu'il se présenta avec un corps considérable et des canons pour forcer le passage de la Charbonnière. Le général Ledoyen n'avait que 1,500 hommes à lui opposer; l'attaque commença à six heures du matin: à dix heures, l'ennemi, repoussé de partout avec une perte considérable, se retira.

Le 13, à cinq heures du matin, le général Ledoyen reçut l'ordre d'attaquer le col d'Albarette, qui fut emporté, le 14, par le commandant Hoquart, à la tête de quatre cents hommes; sans un brouillard très épais, il ne serait pas échappé un seul homme : l'ennemi laissa plusieurs morts et blessés et l'on fit quelques prisonniers. Le même jour, les postes avancés, que l'ennemi avait sur la rive droite de l'Arc, furent attaqués; l'ennemi fut repoussé; il eut du monde tué, et l'on lui fit trente prisonniers.

Je donnai en même temps l'ordre à la division de Maurienne de harceler continuellement l'ennemi pour l'empêcher de porter ses principales forces sur la Tarentaise et dans le Faucigny, où je voulais faire mon attaque principale. Le peu de renforts que j'avais tiré de la droite ayant joint, je fis prendre une attitude offensive, en disposant tout pour une attaque générale, qui devait s'effectuer le 20 septembre (1). Je fis gagner les extrêmes hauteurs à nos troupes et établir une communication directe avec l'adjudant général Prisye, qui commandait les troupes placées à Valloire. Les neiges, qui tombèrent le 16 jusqu'au 18, contrarièrent l'attaque générale sur toute la ligne; les troupes, en grande partie, furent forcées de descendre des montagnes. Je remis la partie à un autre jour. En attendant, je faisais toujours serrer l'ennemi, qui s'était déjà replié à la Chambre. Le chef de bataillon Herbin, à la tête du deuxième bataillon de grenadiers, fut poussé par la rive gauche de l'Arc jusqu'à la hauteur de la Chapelle.

Le capitaine Michel, à la tête de quatre cents hommes, se porta en avant de la Chambre; le commandant Lemaille se porta avec son bataillon vers le col de la Madeleine. Le général Ledoyen avança avec le reste des troupes jusqu'à la Chapelle; il partit de là, à la tête de quatre cents hommes, joindre le commandant Lemaille et seconder l'attaque du col de la Madeleine, qui eut le plus grand succès; l'ennemi, battu, se retira précipitamment sur Moûtiers : on lui tua du monde et on lui fit trente prisonniers, dont un officier.

La division de la Tarentaise manœuvra de son côté pour inquiéter l'ennemi par ses flancs, en gagnant les hauteurs.

_____

(1) Les ordres que je donnai pour cette attaque générale forment le no 5 des pièces jointes à ce Mémoire.

Les troupes dans le Faucigny, aux ordres de l'adjudant général Wendling, soutenues par les braves gardes nationales du Mont-Blanc, rechassèrent l'ennemi de Cluses jusqu'à Sallanches. J'envoyai l'ordre à cet adjudant général d'attaquer fort ou faible; ce qu'il fit, le 28 septembre, avec le plus grand succès : il enleva à l'ennemi ses trois pièces de canon, lui tua beaucoup de monde et fit trois cents prisonniers, dont plusieurs officiers. Après ce succès, je lui envoyai l'ordre de faire aller le 6ᵉ bataillon de la Gironde dans la Tarentaise.

Le même jour, 28, je fis attaquer Beaufort; l'ennemi en fut chassé avec pertes. Les vallées de Sallanches et de Beaufort étant nettoyées, j'ordonnai au général Dornac de faire passer deux bataillons de renfort en Tarentaise et à l'adjudant général Prisye d'attaquer Valmeinier le 1ᵉʳ octobre.

Je m'étais rendu à Conflans le 20 septembre, d'où j'envoyai les ordres préparatoires et à jour nommé, 1ᵉʳ octobre, pour une attaque générale sur toute la ligne et particulièrement en Tarentaise. Mais, Beaufort ayant été enlevé le 28 septembre, l'ennemi se replia successivement jusqu'à Aigueblanche. Je m'avançai jusqu'au pont de Briançon. Le chef de brigade Chamberlhac, qui, le 28 septembre, venait de battre l'ennemi à Beaufort, à la tête d'un bataillon de grenadiers et de six compagnies de chasseurs, reçut l'ordre de marcher au Mont-Cormet; ce qu'il exécuta avec le plus grand succès le 30 septembre; il y battit l'ennemi complètement : il lui prit trois pièces de canon, lui tua beaucoup de monde, fit considérablement de prisonniers et prit tous ses équipages.

Toutes mes dispositions tendaient à attaquer, le 2 octobre, les Piémontais dans leur position de Grand-Cœur et d'Aigueblanche, en les faisant tourner par leur flanc. Je comptais sur un succès complet. Mais, l'affaire du Mont-Cormet découvrant la droite des ennemis, ils se retirèrent au commencement de la nuit du 1ᵉʳ au 2 octobre. A la pointe du jour, je fus moi-même à leur poursuite à la tête de mon avant-garde et fis suivre la division entière, qui campa le même jour à Moûtiers; mes troupes légères ne purent atteindre l'ennemi qui, dans une marche, avait gagné le pied du Petit-Saint-Bernard. Nous fîmes quelques prisonniers, reçûmes plusieurs déserteurs et prîmes à Aime des magasins de vivres. Le chef de brigade Chamberlhac était arrivé le soir par les hauteurs à Bourg-Saint-Maurice. Il y fit planter l'arbre de la liberté. Je couchai à Aime. Le lendemain 3, je marchai à la tête de l'avant-garde sur le Bourg-Saint-Maurice, où je couchai, et fis avancer jusqu'à Aime toutes les troupes.

L'armée marcha, le 4, à la pointe du jour, sur le Bourg-Saint-Maurice; l'ennemi était en bataille sur le plateau du village de Saint-Germain; il y avait une batterie de deux

pièces du calibre de huit, avec lesquelles il nous tira, sans
grand effet, depuis sept heures du matin jusqu'à dix heures,
que la colonne arriva avec l'artillerie qui fit bientôt taire le
feu de l'ennemi. J'ordonnai à un bataillon de grenadiers et un
de chasseurs de tourner l'ennemi par sa gauche. Le feu fut très
vif pendant trois heures. Enfin, l'ennemi fut chassé du plateau
de Saint-Germain sur les deux heures après midi et gagna le
Saint-Bernard. Cette journée qui, au rapport d'un grand
nombre de prisonniers et de déserteurs, coûta beaucoup à
l'ennemi, ne nous laissa à regretter que très peu de républicains. Le représentant du peuple Dumaz, toujours à mes côtés,
se trouva partout où il y avait du danger; enfin, cette
expédition, d'une fatigue excessive, prouva de quelle valeur
sont capables les soldats de la République. Je ne finirai point
sans faire le plus grand éloge du général Saint-Remy et des
généraux Duteil et Badelone, qui me secondèrent parfaitement.

Les ennemis, après avoir pénétré dans la Tarentaise et le
Faucigny, fuyaient devant les soldats de la République : il
fallait en débarrasser la Maurienne. J'y fis passer le sixième
bataillon de la Gironde, qui venait de se distinguer dans le
Faucigny, et je lui donnai l'ordre de se porter sur Thermignon
par le col des Encombres. La colonne du général Ledoyen et
les troupes aux ordres du chef de bataillon Lemaille marchèrent
sur Saint-Jean-de-Maurienne, afin d'en renforcer l'attaque, qui
se faisait dans cette partie par le général Dornac. Le chef de
brigade, adjudant général Prisye, venait de battre l'ennemi
à Valmeinier; il lui avait tué trois cents hommes, en avait
pris autant, et s'était emparé de quatre pièces de canon et de
tous les équipages. Sa colonne victorieuse marcha pour
attaquer le flanc gauche et les derrières de l'ennemi. Mes
ordres furent partout parfaitement exécutés.

Je me rendis avec le représentant du peuple Dumaz dans
la Maurienne. L'ennemi fuyait devant nous, sans connaître
d'autre moyen d'arrêter nos braves soldats que de fermer le
passage à l'artillerie en rompant sept ponts; nuls obstacles ne
pouvaient arrêter notre infanterie; les chemins les plus
affreux furent franchis. J'arrivai, le 8 octobre, avec l'avant-
garde, à Thermignon, au pied du Mont-Cenis.

C'est ainsi que se termina cette fameuse expédition.
L'ennemi perdit 17 pièces de canon de tout calibre. Je n'avais
pour le repousser que 17 bataillons de cinq cents hommes
chacun et 130 hussards; et il était fort de 38 bataillons et de
3 régiments de troupes à cheval, formant un corps de 25 mille
hommes de ses meilleures troupes, non compris les forces
qui étaient à portée de se joindre à cette armée, si son succès
avait répondu au plan d'invasion projeté.

Les succès des opérations de cette campagne sont principalement dus à la célérité et à la précision des mouvements des troupes sur une grande étendue de la ligne de défense depuis la rivière de Gênes jusqu'au lac de Genève. Des points sans conséquence furent momentanément dégarnis, à raison des mêmes dispositions de l'ennemi, qui le pouvait d'autant plus facilement que ses armées se trouvaient supérieures des deux tiers à celle de la République et que toutes les vallées par lesquelles on pouvait marcher sur lui étaient fermées par des places fortes susceptibles d'un long siège.

Le seul avantage de ma position était le camp de Tournoux, qui couvrait en partie les départements des Hautes et Basses-Alpes. De ce point central des armées des Alpes et d'Italie, je versais, sur l'une ou sur l'autre de ces deux armées, ce que je pouvais raisonnablement en tirer de troupes, ainsi que je l'ai pratiqué pendant toute la campagne.

Après avoir chassé l'ennemi du Mont-Blanc, n'ayant pas à craindre d'invasion de sa part, pour le moment, parce que les neiges commençaient à fermer les passages, je me hâtai de faire des dispositions qui pussent garantir ce département d'une nouvelle invasion à la campagne suivante. En conséquence, je donnai l'ordre de rétablir les fortifications de Montmélian et de fortifier Faverges, ainsi que la hauteur de Sallanches, qui couvre le Faucigny, seuls points par où une armée ennemie pouvait raisonnablement entreprendre de pénétrer dans le Mont-Blanc pour s'y établir.

Le général Carcaradec, commandant le camp de Tournoux, m'ayant rendu compte, le 10 octobre, que l'ennemi se dégarnissait dans la vallée de Sture pour renforcer son armée d'Italie, je lui envoyai l'ordre de détacher sur-le-champ un bataillon à l'armée d'Italie pour renforcer sa gauche, et de se tenir prêt à s'y porter lui-même, avec une partie des troupes qui restaient, au premier ordre qu'il recevrait de moi ou du général de cette armée. Je tirai des deux vallées de Maurienne et de Tarentaise cinq bataillons, avec ordre de camper à Bois-Blanc, près Chambéry. Cette réserve devait se rendre à Toulon ou joindre l'armée d'Italie, selon les circonstances. Je renforçai aussi le Faucigny et le pays de Gex d'un bataillon et de tous mes hussards pour former la chaîne, afin d'arrêter les rebelles de Lyon, qui voudraient gagner la Suisse et qui, voyant qu'ils ne pouvaient plus tenir après la retraite de l'armée piémontaise, avaient abandonné Lyon le 9 octobre.

Le 15, dans ma tournée dans le Faucigny, le général qui commandait l'armée d'Italie me fit part, par un courrier extraordinaire, de la crainte où il était d'être attaqué par des forces très supérieures et me demanda quelque renfort. Je fis partir sur-le-champ un bataillon de grenadiers et un autre de ligne, avec ordre de joindre l'armée d'Italie, sans séjour, passant par Digne et Entrevaux. Je mandai en même temps au général Carcaradec de se concerter avec l'officier général commandant en Italie pour tous les mouvements d'urgence qu'il aurait à faire pour soutenir la gauche de cette armée, et à ce dernier que je le joindrais avant l'arrivée des troupes que je détachais. Je me proposais, après avoir terminé la campagne dans cette partie, de me rendre à Toulon pour en diriger le siège.

Le 18 octobre, me rendant à Chambéry pour me disposer à partir pour l'armée d'Italie, je reçus ma destitution, datée du 5 septembre. Arrivé à Aix, deux lieues de Chambéry, je fus arrêté et conduit à Paris, où, après treize mois de détention, j'obtins la justice qui m'était due, et fus nommé de nouveau au commandement de l'armée des Alpes et d'Italie.

Avant de terminer l'historique de cette campagne, je dois rendre justice aux braves généraux, officiers et soldats de l'armée des Alpes.

Les généraux de division Dornac, Carcaradec et Duteil, le chef de l'état-major le général Saint-Remi, les généraux de brigade Ledoyen et Badelone; les adjudants généraux Prisye et Wendeling, et les chefs de bataillon Lemaille, Chamberlhac, le commissaire-ordonnateur en chef Alexandre, me rendirent les plus grands services, ce dernier par la célérité et l'ordre qu'il faisait régner dans les administrations dans des moments si difficiles pour les subsistances.

Dans le nombre de ceux qui se sont distingués sont : le capitaine Michel, depuis commandant temporaire au Saint-Esprit; le capitaine Herbin, maintenant adjudant-général; Hoquart, commandant le premier bataillon du 23e d'infanterie. Enfin, toute l'armée, officiers et soldats ont surpassé ce qu'on pouvait attendre d'eux, par leur valeur, leur fermeté et la constance avec laquelle ils ont lutté contre des forces des trois quarts supérieures, et des positions si difficiles à forcer et à tenir dans un temps affreux et dans un pays hérissé de montagnes, et où il fallait encore se mêler d'une partie des habitants.

Ma destitution et ensuite mon arrestation causèrent la plus vive sensation dans le département du Mont-Blanc et dans l'armée. Déjà les administrateurs de ce département, qui n'ignoraient pas les trames que les ennemis de la République ourdissaient contre moi, s'étaient empressés de rendre un témoignage éclatant du service essentiel que je venais de rendre en repoussant, avec aussi peu de moyens, l'armée piémontaise au delà des monts (1).

_____

(1) La lettre que les administrateurs du Mont-Blanc adressèrent

L'armée n'eut pas plus tôt appris mon arrestation que, par un mouvement spontané, elle fit une adresse à la Convention nationale, mouvement bien précieux de sa confiance en moi et d'une affection que j'avais méritée en partageant sans cesse ses périls et ses fatigues extraordinaires (1).

Rien ne peut faire mieux juger de l'importance du service que je rendis en chassant les Piémontais du Mont-Blanc qu'un rapprochement aussi simple que frappant.

Le 8 août, je me présentai devant Lyon ; le 12 du même mois, le Mont-Blanc fut attaqué sur tous les points.

Le 4 octobre, l'ennemi fut chassé de la Tarentaise; et le 9 du du même mois, Lyon se rendit, n'ayant plus d'espoir d'être secouru.

J'avais donc bien raison de répéter sans cesse aux représentants du peuple que ma présence était plus nécessaire dans le Mont-Blanc que devant Lyon et de leur affirmer, dès le commencement du siège, *que cette ville ne serait prise qu'à la frontière.*

Et si je ne m'étais pas obstiné à leur demander continuellement de me laisser partir pour le Mont-Blanc; si le peu de troupes qui défendaient cette frontière, étant privées de leur général, avaient été repoussées, comment empêcher l'armée piémontaise de pénétrer jusqu'à Lyon ? Comment empêcher les ennemis, la frontière du Midi leur étant ouverte, d'y jeter toutes les forces qu'ils auraient voulu et de percer jusqu'à Toulon ? Quels dangers ne courait pas la République ?

Le général en chef,

KELLERMANN.

À la Convention nationale lorsque je me rendis dans ce département pour repousser l'ennemi, dont ils me remirent une copie à mon retour à Chambéry, et celle qui me fut écrite par le procureur général syndic après l'expulsion des Piémontais, sont à la suite de ce Mémoire, sous le n° 6.

(1) Cette adresse est à la suite de ce Mémoire, n° 7.

PIÈCES

JOINTES

AU MÉMOIRE HISTORIQUE DE LA CAMPAGNE DE 1793

AU NOMBRE DE SEPT

N° 1.

4 Mars 1793.

Observations adressées au Comité de Salut public par le général d'armée Kellermann, commandant en chef l'armée des Alpes, et dispositions pour la défense des frontières.

La frontière que l'armée des Alpes est chargée de défendre s'étend depuis Entrevaux sur le Var jusqu'au mont Jura et à Versoix sur le lac de Genève. La nouvelle division des armées a ôté à celle des Alpes le département des Basses-Alpes sur la droite et a porté sa gauche au delà du Jura jusqu'à Besançon. Cette division a l'inconvénient de laisser à découvert la droite de l'armée des Alpes et de prolonger trop sa gauche. En effet, le val de Barcelonnette, qui fait partie du département des Basses-Alpes, est un des grands débouchés qui peut amener l'ennemi dans le Briançonnais par le col de Vars, dans l'Embrunais et le Gapençais par les routes du col de Pontis et de l'Ubaye. Le camp si connu de Tournoux, dans le val de Barcelonnette, doit arrêter toute entrée de l'ennemi par cette partie de frontière. Le général de l'armée du Var, dont il forme la gauche dans la division actuelle, ne craignant pas que les routes du val de Barcelonnette puissent servir à l'ennemi, même par une diversion de quelque importance contre lui, ne gardera pas ce camp avec la même vigilance que le doit faire le général de l'armée des Alpes. Il est donc essentiel, indispensable de rendre le val de Barcelonnette à la circonscription de cette armée, dont les limites naturelles doivent être la montagne d'Allos par sa droite et le mont Jura par sa gauche.

Le général Kellermann a déjà présenté ces observations au ministre de la guerre, et il est important de presser une décision à cet égard, puisqu'il est nécessaire de réparer les redoutes du camp de Tournoux, d'ajouter quelques ouvrages défensifs et d'ouvrir des communications en avant, sur les flancs et sur les derrières du camp de Tournoux. Le retard d'une décision en apporte dans l'entreprise de ces divers travaux que le général Kellermann avait ordonné ainsi qu'il suit :

Pour le camp de Tournoux, en réparer les redoutes et celle du Castelet, en construire une dans le vallon de Larche, ouvrir la communication de ce camp par le vallon de Fours et le col de la Caillole, avec le vallon d'Entrounes et le haut Var ; par le vallon de Lans et le col de Pelouzelle, avec le vallon de Salzo-Morena et les sources de la Tinea (l'une et l'autre pour appuyer la gauche de l'armée du Var) ; par le col de Vars, avec la place de Mont-Lyon ; par la montagne de Parpaillon et le vallon de Crévoux, avec Embrun.

Terminer promptement les nouveaux ouvrages ajoutés au front d'attaque de Mont-Lyon pour le porter au plus haut degré de force.

Ouvrir les communications de cette place avec le château de Queyras, et successivement celles qui conduisent vers les débouchés de cette vallée dans les vallées de Château-Dauphin ; réparer le chemin de Furfande pour communiquer de Queyras et du camp de Roux avec Briançon ; les retranchements d'Izoard et de l'arête de Buffère, et tous les chemins et postes qui doivent servir à empêcher l'investissement de Briançon et de Mont-Lyon.

Rétablir la communication de Briançon avec la Maurienne par les cols de Galibier, Pensonnière, les Rochiles et Valloire.

Nota. — On s'occupera de ces ouvertures en s'élevant à mesure de la fonte des neiges.

Un camp est établi près d'Embrun pour se porter sur les débouchés que l'ennemi pourrait tenter de forcer sur cette frontière.

Le camp de Grenoble doit s'y joindre en trois marches ou quatre au plus par la petite route de l'Oisans, qu'on va réparer suivant la fonte successive des neiges.

Pour défendre le débouché du Mont-Cenis, deux batteries sont faites et vont être armées en avant de Thermignon, au delà duquel point il est impossible de porter la première défense. A deux heures de marche en arrière, à Bramans, une batterie de douze bouches à feu et un retranchement, qui la domine et la protège, ferment le passage de la vallée de la Maurienne, les hauteurs de droite et de gauche étant bien gardées pour que ces positions ne puissent être tournées.

Déjà un détachement occupe le poste de Notre-Dame-du-Charmaix ; et, lorsque les neiges qui couvrent de plusieurs pieds toutes ces montagnes permettront de s'avancer, on pénétrera jusqu'aux cols de Fréjus et la Roue, pour empêcher l'ennemi d'arriver en Maurienne par la vallée des Prés, pour se préparer la communication avec la place de Briançon par Valloire et Neuvache ; un détachement est déjà à Valloire et sera fortifié pour s'avancer jusqu'aux cols, qui la maintiendront.

En arrière de Bramans, le pays offre une guerre de chicanes pour les troupes légères ; mais il n'y a de position à prendre qu'à Saint-Michel, qui sera mis en état de résister quelque temps ; et la vallée de l'Arc sera barrée par des batteries sur les mamelons de la gorge, très étroite en ce point, où coule cette rivière. On gardera également la montagne de la gauche, pour que cette position ne soit pas tournée. Douze cents hommes seront placés à Pralognan, d'où il sera détaché plusieurs postes qu'on retranchera pour interdire à l'ennemi et pour conserver toutes les communications de la vallée de Tignes et de la Maurienne avec la Tarentaise, par les montagnes qui séparent les eaux de l'Arc et de l'Isère ; mais ce ne pourra être qu'après la fonte totale des neiges.

En arrière de Saint-Michel, l'arrière-garde trouvera deux points d'appui ; on fermera les passages qui pourraient conduire l'ennemi dans l'Oisans et sur Grenoble, et les autres troupes se porteront dans le défilé de Charbonnière, qui arrêtera longtemps l'ennemi, auquel on disputera auparavant le passage de l'Arc, au pont d'Argentine. Le plateau de Montmélian appuiera la retraite des troupes, si elles sont forcées dans le défilé de Charbonnière.

La tête de la Tarentaise est défendue par douze bouches à feu de gros calibre et deux batteries, qui foudroient tout ce qui peut déboucher par le Petit-Saint-Bernard et la vallée de Tignes, venant du Mont-Cenis. La retraite de ces deux batteries est assurée par deux redans ; et elle se fera sur les plateaux de Villette, dont on prépare les rampes. En arrière de Villette est un détroit nommé du Clex, où quatre canons de 4 et un bataillon, secondé par quelques troupes légères, arrêteront un ennemi vingt fois supérieur en nombre. Il est encore, en arrière, de bons postes pour l'arrière-garde, et, à trois heures de marche de Moûtiers, les troupes occuperont les Roches de Cevins, où l'on va préparer des rampes et où l'ennemi ne pourrait repousser les troupes qu'après une bataille périlleuse pour lui. A trois heures de marche en arrière des Roches-Cevins est le confluent de l'Arly dans l'Isère. La ville de Conflans, qui borde et domine la gauche de l'Arly, sera mise en état de faire une bonne résistance, et des dispositions de troupes et d'artillerie sont prévues pour disputer vigoureusement à l'ennemi le passage de cette rivière.

Les gorges qui amènent du Petit-Saint-Bernard par celle de Beaufort sur l'Arly et les hauteurs qui dominent Conflans seront soigneusement gardées.

Si l'ennemi passe l'Arly à force ouverte, on gardera les routes qui, d'Ugine et du col de Tamié, conduisent à Annecy et dans le Genevois. Les troupes se retireront à la position de Fréterive et, de là, fermant par le col du Fresne le chemin des Beauges, elles gagneront le plateau de Montmélian.

Il paraît impossible que tant de travaux et de combats, auxquels l'ennemi sera contraint, n'épuisent pas ses forces, ses moyens, sa constance, avant la fin de la campagne ; et d'ailleurs on sait qu'il ne peut jamais garder la Savoie, où nous lui enlèverions ses quartiers et ses magasins pendant l'hiver.

On va établir un camp en Maurienne et un autre dans la Tarentaise.

Toute cette défensive nous tiendra en avant de la vallée de Graisivaudan, qu'on ne peut d'ailleurs protéger que par deux positions, le camp de Barraux et Saint-Nazaire : car le fort Barraux ne peut faire une longue résistance, et il est impossible de mettre en moins de deux années la ville de Grenoble en état de soutenir un siège.

Si l'on peut compter sur la neutralité des Suisses et sur leur ferme opposition à fermer aux Piémontais les passages du Grand-Saint-Bernard et du Simplon, il suffira de maintenir une exacte surveillance dans les vallées du haut Faucigny et du haut Chablais. Ces dispositions viennent d'y être faites, ainsi que dans les gorges des Faucilles et de Moroz du mont Jura. Mais si les Suisses se déclaraient contre la République française, ou s'ils laissent forcer les passages du Grand-Saint-Bernard et du Simplon, il faudrait un nombre de troupes considérable pour s'opposer à cette invasion, qui aurait pour but peut-être de se porter sur Lyon et de donner la main aux Autrichiens, qui pénétreraient dans les départements du Haut-Rhin et du Doubs. D'un autre côté, la position de la Versoye demande quinze mille hommes au moins pour être défendue contre une attaque des Suisses par le pays de Vaud.

Un camp de cinq bataillons est établi entre Montmélian et Chambéry, un second de deux bataillons près d'Annecy, un autre de trois bataillons à Carouge. Les deux premiers peuvent se porter en peu de marches dans la Maurienne ou la Tarentaise pour renforcer les troupes de la vallée qui seraient attaquées, ou se joindraient au camp de Carouge pour se porter sur la frontière du Chablais ou du pays de Gex. Ce nombre de troupes serait, comme on doit le penser, trop insuffisant si nous étions attaqués par les Suisses ou si le canton du Valais livrait ses passages aux Autrichiens et Piémontais réunis. Il serait impossible de porter assez rapidement sur ces frontières des troupes venues de parties trop éloignées, que d'ailleurs on ne pourrait pas dégarnir sans de grands inconvénients, parce que, sans doute, l'ennemi nous présentera des têtes d'attaque en différents points, quel que soit celui où il voudra faire son plus puissant effort.

Cette notice, qui ne peut comporter des détails, prouve du moins par les lignes principales de ce tableau que l'armée des Alpes est trop faible relativement à l'étendue du pays qu'elle doit défendre et qu'il est nécessaire de lui rendre au moins dix bataillons et autant d'escadrons, dont elle a été diminuée en entrant dans les quartiers d'hiver.

Pour copie :

Le général en chef,

KELLERMANN.

N° 2.

Instruction au général de division Antonio Rossi, commandant les troupes de campagne dans les Hautes et Basses-Alpes.

Le général de division Antonio Rossi commande les troupes et la frontière depuis la vallée de Servières exclusivement jusqu'à Entrevaux inclusivement. Il y aura deux camps principaux établis : l'un à Roux, vallée de Queyras; l'autre à Tournoux, vallée de Barcelonnette. Le premier sera une réserve qui sera portée, suivant les besoins, au secours de celle des deux extrémités de la ligne qui pourrait être attaquée, soit en Maurienne, soit dans le val de Barcelonnette; le second de ces camps doit défendre le passage principal de l'ennemi en corps d'armée par le col de l'Argentière et celui de Vars, pour se porter sur Mont-Lyon.

Les troupes du camp de Roux veilleront surtout les débouchés de l'ennemi depuis le col de Péas et Malrif qui servent à observer les mouvements dans la vallée de Césanne jusqu'au col de Lantel qui sert à observer ses mouvements dans la vallée de Château-Dauphin. Entre ces deux points se trouvent les débouchés qui amènent des vallées Saint-Martin, Luzerne, et Mont-Viso à celle de Queyras.

Les troupes du camp de Tournoux veilleront sur les débouchés qui peuvent amener l'ennemi depuis le col Longet, venant de la vallée Château-Dauphin dans la combe Maurin, et les cols de la vallée de Vaire venant de la même combe jusqu'à ceux de l'Argentière et du Lausanier venant dans les vallons de Larche et de Lans. Elles occuperont d'ailleurs le camp de Tournoux, les deux vallées de Larche et de Maurin, de la manière suivante :

1 bataillon dans le vallon de Larche;
2 id. au Plan-de-l'Ours, qui appuieront celui ci-dessus;
6 id. au camp de Tournoux ;
1 id. dans la combe Maurin, où la redoute du Castelet sera son point de force;
2 id. dans une position entre les vallons de Fours et de Lans, ayant des postes avancés pour tenir deux communications : l'une par le premier vallon, le col de la Cuillole ou celui de Sanguinière avec le Haut-Var, Entrounes et le Bas-Var sur sa rive droite; l'autre, dans le vallon de Lans, le col de Pelouzelle, Prato dans le vallon de Salza-Morena, Saint-Etienne et le cours de la Tinée. La première de ces communications servira à secourir l'armée d'Italie si elle repassait le Var. L'autre servira à appuyer la même armée par le haut pays de Nice.

Indépendamment de ces troupes, trois ou quatre bataillons seront campés entre Guillaumes et Entrevaux pour porter un plus prompt secours à l'armée d'Italie.

Il sera dressé incessamment une instruction détaillée au général Antonio Rossi sur la frontière qu'il est chargé de défendre. Mais il est laissé à son expérience, à ses talents militaires, la liberté de faire à ce plan les modifications que les circonstances pourront exiger, en en rendant compte sur-le-champ au général de l'armée.

Le général Antonio Rossi fera ouvrir les communications nécessaires du camp de Tournoux au village de la Condamine, en soutenant le chemin sur la montagne où s'appuie la droite du camp, par la montagne d'Allos ou village de Sestière pour tomber sur Colmars. Ces chemins seront rendus praticables, et sans inconvénient pour deux hommes au moins de front.

Le général Antonio Rossi se concertera avec le district d'Embrun et celui de Barcelonnette pour le placement des signaux de découverte, en première ligne, depuis la colette de Seillac jusqu'au col de la Cuillole, et pour le nombre de signaux de répétition qui sera jugé nécessaire pour le plus prompt communication des avis de l'extérieur. Il se concertera également avec les corps administratifs pour les différents points où les gardes nationales des divers cantons se réuniront avec les troupes de la République pour défendre le point menacé.

Les gardes nationales ainsi appelées au secours de la frontière et les gardes des signaux seront les uns et les autres traités comme les troupes de la République pendant le temps de leur service.

Fait à Barcelonnette, le 12 juin 1793, l'an II de la République française.

Le général des armées des Alpes et d'Italie,

KELLERMANN.

Du 4 Juillet 1793.

Addition à l'instruction donnée au général divisionnaire Rossi, le 12 juin 1793.

Les circonstances ayant occasionné des changements, le commandement du camp de Tournoux a été donné provisoirement au général de brigade Gouvion, en attendant l'arrivée du général divisionnaire Carcaradec. Le commandant de Tournoux commandera aussi les troupes comme il suit :

Le 4e bataillon de l'Isère et le 1er bataillon de grenadiers occuperont la position de Mallemore.

Le 1er bataillon du 35e régiment campera à Saint-Ours, et le 2e bataillon du 10e régiment occupera Certamussa et Meironnes. Il est à remarquer que la position de Mallemore est séparée de celle de Saint-Ours par les eaux qui descendent du col de la Porticiol : il est donc très essentiel de garder très attentivement ce passage, ce qui se peut avec peu de monde relativement à la nature des localités. Les troupes campées sur Mallemore auront leurs avant-postes au col des Monges et dans le penchant qui domine le village de Larche. Ces avant-postes et ceux du 10e régiment cantonné à Certamussa formeront aussi une ligne d'observation depuis la sommité du col des Monges jusqu'à la rivière de l'Oronaye.

Néanmoins si, malgré l'avantage de cette position, il arrive que la position de Mallemore soit attaquée par des forces majeures et que les troupes qui l'ont déjà vaillamment défendue soient obligées de céder au grand nombre, elles se retireront sur le camp de Saint-Ours, avec d'autant plus d'avantage qu'elles mettront entre elles et l'ennemi un ravin très profond, qu'il est très aisé de défendre. Pendant cette retraite, le demi-bataillon du 10e régiment qui occupe Certamussa passera la rivière de l'Oronaye, en coupera le pont et montera, par la rive gauche de cette rivière et par le plan de la Croix, sur le col de Seguret : il y recevra des munitions de guerre et de bouche par le village de Meironnes, en remontant la rive gauche de la même rivière.

S'il arrive encore que le camp de Saint-Ours se trouve obligé de se replier, il est à remarquer qu'il sera composé de trois bataillons, dont deux venus de Mallemore : ces deux derniers se serviront du chemin qui communique de Saint-Ours à Fouillouse et dans la v. é? de Maurin pour se porter au-dessus de Saint-Paul.

Ils seront soutenus par la redoute qui ferme cette vallée, et ils viendront camper sur les penchants du Mélezet, où ils se trouveront en pleine communication avec le camp de Tournoux, derrière la montagne qui sépare les deux vallées de Maurin et de Larche. En même temps que ces deux bataillons quitteront le camp de l'Ours, le troisième bataillon, qui occupait aussi ce camp, se repliera par Meironnes sur la première redoute de Gleisoles, avec l'artillerie, et le demi-bataillon du 10e régiment, qui est cantonné à Meironnes, passera alors la rivière de l'Oronaye, en coupera le pont et se portera sur le bois de la Sylve, d'où il communiquera avec le demi-bataillon du même régiment, qui, de Certamussa, s'est porté à Seguret. Au moyen de ces deux détachements, les approches du plateau de la Sylve seront longtemps défendus ; et, s'il arrive que ces deux détachements soient obligés de se retirer du plateau, il sera très aisé de les renforcer et de les appuyer par des troupes qui, de la droite du camp de Tournoux, se dirigeront sur ce plateau de la Sylve par un pont jeté sur l'Oronaye et qui se trouve au-dessous de la redoute qui est placée à la naissance de la combe de Meironnes. Enfin, si les troupes qui occuperont le plateau de la Sylve étaient encore obligées de se replier, elles se porteront sur le camp de Tournoux par le même pont et la même communication.

Signé : KELLERMANN.

Pour copie :

Le général en chef,

KELLERMANN.

N° 3.

20 Juin 1793.

Plan d'opérations défensif des armées des Alpes et d'Italie, en attendant que les circonstances fassent prendre, à l'une ou à l'autre de ces deux armées, l'offensive.

L'armée d'Italie conservera la position qu'elle occupe depuis la Roya jusqu'à la Vesubia. Quatre bataillons de l'armée des Alpes, qui se trouvent depuis la rivière du Verdon jusqu'au Puget-Théniers sur le Var, vont camper en deux divisions, l'une près de Guillaumes et l'autre en avant de Beuil. Deux bataillons d'infanterie légère de la même armée garderont le haut de la Vesubia et le haut de la Tinea, c'est-à-dire depuis Saint-Yacha et Saint-Dalmas jusqu'à Saint-Etienne inclusivement. Ces six bataillons seront aux ordres du général de brigade Camille Rossi et à la disposition du général Brunet, commandant l'armée d'Italie.

Si cette armée est attaquée sur son centre ou sur sa droite, les seuls points où l'ennemi puisse porter une grande offensive, et qu'elle soit forcée dans sa position, malgré la vigoureuse résistance dont elle est susceptible, il faudra nécessairement que ces deux parties de sa ligne rétrogradent, quand même une seule serait enfoncée, car l'autre serait trop en l'air et dans le risque évident d'être tournée. Mais elles doivent se retirer chacune sur des points d'où elles couvriront encore le pays et pourront même, avec un secours de troupes, reprendre leur première position.

La retraite des camps de Brouis et de Beolet sera donc sur le col de Braous, maintenu par la gauche en communication avec Luécram et par la droite avec Castiglione, en renforçant ce dernier poste. La retraite des camps de Fougasse et du plateau nord-est des bois de la Méris sera sur le col Bassa, où il convient de préparer des retranchements; cette position se liera par Luécram avec le col de Braous; et les troupes de la gauche, gardant leurs positions, porteront des postes à Figaret et Utel, descendant la Vesubia, pour lier la communication avec les troupes campées au col Bassa.

Si de nouveaux efforts de l'ennemi obligeaient l'armée à quitter cette seconde position, toute sa ligne rétrograderait et camperait dans l'ordre suivant :

La droite se porterait vers le mont Cemboula, Monaco, Eza

et le Mont-Gros, pour couvrir Villefranche, Montalban et Nice.

Les troupes du centre se retireraient en arrière du Paglione, sur le Mont-Ferion, occupant les postes de Tourasca, Berra, Contes, Castelnovo et ceux de Torrette et de Falicon, pour communiquer avec celles campées au Mont-Gros.

Les troupes de la gauche se porteraient en deuxième ligne derrière celles du Mont-Ferion, appuyant leur gauche à la chapelle d'Utel, gardant le pont du Cros sur la Vesubia, Levenzo, la Rochette et Saint-Martin du Var, où il va être sur-le-champ construit un pont de chevalets, fortifié d'un ouvrage qui assure le passage du fleuve à une partie de l'infanterie.

Ces deux positions couvriraient et protégeraient longtemps le bas pays de Nice, donneront le temps à des secours de joindre l'armée et la mettront ensuite à même d'entreprendre de repousser l'ennemi.

Des mouvements de diversions, entrepris par l'armée des Alpes sur le territoire ennemi, rappelleront au delà du col de Tende une grande partie des troupes piémontaises. Mais, si l'ennemi, tranquille sur l'effet de ces diversions par la nécessité où est l'armée des Alpes de soumettre des forteresses importantes pour pénétrer en Piémont, redoublait d'efforts contre l'armée d'Italie et que celle-ci, après une résistance digne des soldats de la République, fût enfin contrainte de repasser le Var, un gros détachement du camp de Tournoux, partant de Barcelonnette en deux colonnes, l'une passant par le vallon de Fours, le col de la Caillole, Entrounes, près Guillaumes, Entrevaux, et l'autre par la montagne d'Allos, Colmars, se dirigerait sur Grasse pour se joindre à l'armée d'Italie. Ce serait à cette position de Grasse que l'armée se retirerait, après avoir défendu le passage du Var, celui du Loup et de la Siagne. Le poste de Mougins restant occupé par l'avant-garde, on jetterait dans Antibes la garnison nécessaire à sa défense. Deux bataillons de troupes légères occuperaient l'entrée de la montagne de l'Esterel, deux autres seront portés à Fayence pour fermer la route de Draguignan, impraticable d'ailleurs à tous charrois. L'armée camperait, appuyant sa droite au village d'Auribeau, sur la rive gauche de la Siagne, et sa gauche à la montagne de Grasse, au travers de laquelle l'ennemi ne peut pas s'ouvrir sa communication. La montagne de l'Esterel se trouve un peu en arrière de la droite, Tournon et Fayence en arrière du centre. Il serait difficile à l'ennemi de forcer ce camp ou de cheminer devant cette position de flanc sur sa marche. Cependant, on profitera des eaux de la Siagne et de l'étang de la Napoule, faisant une rupture à la chaussée de Cannes. On retranchera le mamelon de Saint-Cassien pour retarder la marche de l'ennemi vers l'Esterel, défilé si facile à lui rendre presque insurmontable dans une longueur de trois lieues, passage déterminé pour un corps d'armée et pour l'artillerie, passage que d'ailleurs il ne pourra tourner lorsque nous occuperons Tournon, Fayence et la hauteur de Grasse.

Vérifier l'état de la quantité des approvisionnements de guerre et de bouche dans les places de Nice, Antibes et Toulon, et y faire verser sur-le-champ ce qui est nécessaire en ces guerres à la durée présumée de leur siège ou investissement.

Former à Grasse des magasins de vivres pour trente mille hommes pendant vingt jours, en évacuant ceux de Nice, où il ne doit rester que la subsistance, dont on remplacera journellement les consommations.

Faire construire un pont sur le Var entre le Broc et Saint-Martin pour le passage des colonnes d'infanterie et en défendre la tête par un ouvrage. Le pont de Saint-Laurent suffira au passage de l'artillerie, des autres charrois et de la plus grande partie de l'armée.

Plein de confiance dans les talents et l'expérience du général Brunet, qui d'ailleurs s'est donné, pour bien connaître le pays où il commande, tous les soins que la République doit attendre des chefs de ses armées, le général Kellermann laisse au général Brunet la liberté de faire à ce plan d'opérations les changements que les circonstances pourraient exiger, en se bornant à une défensive active, jusqu'à ce que les circonstances et de nouvelles combinaisons permettent de former un autre système.

Signé : KELLERMANN.

Pour copie :
Le général en chef,
KELLERMANN.

N° 4.

27 Juillet 1793.

Instruction pour le général de division commandant des troupes des deux vallées de Tarentaise et Maurienne.

La défense des frontières du département du Mont-Blanc, depuis le Petit-Saint-Bernard jusqu'aux débouchés des vallées d'Exilles et de Bardonnèche, est principalement concentrée dans les vallées de Tarentaise et de Maurienne, seuls débouchés pour pénétrer de Piémont, en corps d'armée, dans ce département, par le Petit-Saint-Bernard et le Mont-Cenis. Les moyens défensifs préparés à la tête des deux grandes vallées doivent rendre celles-ci impénétrables à l'ennemi, tant par la force mêmes des positions susceptibles d'une longue résistance que par leur nombre dans la longueur de ces vallées; du moins on peut obliger l'ennemi à y consumer toute la campagne inutilement, malgré ses progrès, puisqu'il serait obligé de repasser les monts bien avant l'hiver, n'ayant aucune place pour s'y soutenir.

Il est vrai que les circonstances où se trouvent l'armée des Alpes, conformément au décret qui ordonne d'en retirer des forces suffisantes pour marcher contre la ville de Lyon, ne permettront pas, peut-être, de défendre le département du Mont-Blanc dans tous les détails précédemment projetés : aussi, les instructions suivantes, adressées tant au général de brigade commandant en Tarentaise qu'à celui qui commande en Maurienne, sont calculées d'après ces circonstances, et le général de division, qui commande toutes les troupes réparties dans le département du Mont-Blanc, en ordonnera la plus stricte exécution aux officiers généraux qui lui sont subordonnés. Cependant, le général de l'armée se repose sur son dévouement à la République, sur son expérience et ses talents militaires, pour se conduire, dans les détails, suivant le plan d'attaque de l'ennemi, mais en se conformant toujours aux principes généraux de défensive, de résistance et de jonction, prescrits dans l'une et l'autre instruction.

Instruction pour le général de brigade commandant les troupes de la Tarentaise.

L'officier général chargé de défendre la frontière du Petit-Saint-Bernard et la vallée de la Tarentaise doit faire garder avec soin les deux masses des montagnes latérales, dont celle de droite sépare, jusqu'à leur confluent, les eaux de l'Arc de celles qui coulent en Tarentaise, et dont celle de gauche, partant de la grande chaîne des Alpes, comme contrefort du Petit-Saint-Bernard, se termine au confluent de l'Arly et de l'Isère. Si l'ennemi pouvait conduire, par l'une et l'autre de ces directions, un corps d'infanterie de deux mille hommes et tourner ainsi la tête de la vallée de la Tarentaise, il rendrait inutiles toutes les dispositions défensives qui y sont préparées et ouvrirait la route au corps d'armée ennemi et à son artillerie, qui ne pouvaient pénétrer que par cette route.

L'officier général doit, en conséquence, tenir des postes en échelons, par sa gauche, depuis l'Oratoire du Glacier jusqu'à Saint-Maxime-de-Beaufort, et, par sa droite, depuis la carrière de Pesey *(faisant observer le col du Palet, qu'il fera rompre)* jusqu'à Bozel et Saint-Bon. Tous ces postes doivent être retranchés, et les troupes ne se déshabilleront jamais, pour ne pas être surprises. On les relèvera aussi souvent que l'exigera le soin de leur santé ou le bien du service.

Ces deux chaînes de postes garderont ainsi tous les débouchés praticables qui peuvent conduire, soit à pied, soit à cheval, au-dessus ou au-dessous de Moûtiers. On établira des guides pour les avis que ces postes, qui seront toujours en découverte, auront à donner à l'officier général et pour les ordres que celui-ci voudra leur envoyer. *Les gardes des douanes seront employés à ce service, pour lequel ils seront particulièrement payés.*

L'officier général chargé de défendre la Maurienne fera garder Pralognan au-dessus du Bourget, Modane et Beaune, au-dessus de Saint-Michel, pour communiquer avec la Tarentaise soit pour les avis, soit pour les secours réciproques; ces deux passages (1) conduisent de Moûtiers, le premier par la vallée de Bozel, le deuxième par le col des Encombres.

Si l'ennemi attaque la vallée de Tarentaise, les moyens défensifs préparés à sa tête l'obligeraient à de grands efforts et doivent l'arrêter longtemps. S'il parvient à y pénétrer, la supériorité des forces qu'il emploiera à cette entreprise, comparée au peu de troupes que les circonstances de ce moment permettent de laisser en Tarentaise, décidera si l'officier général qui y commande occupera toutes les positions rétrogrades où l'on a établi une défensive. Il fermera du moins le défilé du Ciex, en avant de Moûtiers, où peu d'hommes et trois pièces de canon doivent arrêter un corps considérable, et, en arrière de Moûtiers, il occupera également le poste de la Chapelle-d'Aigueblanche, dont le plateau offre encore plus de développement et d'effet à l'artillerie. Il n'emploiera dans ces deux points que du canon de quatre, faisant toujours retirer la grosse artillerie. *Le nombre de chevaux qu'on est obligé de lui ôter en ce moment pour l'expédition ordonnée sur Lyon ne doit pas nuire beaucoup à la retraite de son artillerie, parce que les attelages ont été portés au maximum, et qu'une partie des munitions devant être consommée dans chaque position défensive, les caissons*

---

(1) Col d'Aussois ou de Chavières et col des Encombres. *(Note de l'éditeur.)*

et autres voitures pourraient, dans ce cas, être traînés avec la moitié de l'attelage ordinaire. Enfin, tous les services de l'armée doivent se prêter secours dans un tel moment et être aidés encore par les mulets et les bœufs du pays, employant ces derniers à l'évacuation de ce qui n'est pas journellement nécessaire, détruisant ou brûlant les effets et subsistances qu'on ne pourra emporter, plutôt que de les laisser au pouvoir de l'ennemi.

L'officier général qui commande en Tarentaise fera rétrograder les troupes qui couvrent ses flancs à mesure qu'il sera lui-même obligé d'abandonner du terrain. Il communiquera très fréquemment avec celui qui commande en Maurienne, tant pour en avoir des secours, si celui-ci n'est pas attaqué, que pour concerter leur retraite, s'ils le sont tous deux. Il pourra faire tête quelque temps en arrière de l'Arly, tandis que l'officier général de la Maurienne disputera le défilé de Charbonnière. Mais, après ce dernier effort, leur jonction se fera à Montmélian, d'où ils iront camper sous le canon du fort Barraux, pour couvrir Grenoble et l'une des routes de Lyon. Là, ils recevront des instructions ultérieures.

Instruction pour le général de brigade commandant les troupes de la Maurienne.

Le général de brigade chargé du commandement de la Maurienne doit former la première défensive à Thermignon, où deux batteries de gros calibre sont établies, en avant et au-dessus de ce village. Il tiendra à Lanslebourg un poste, comme découverte, et par conséquent obligé d'être toujours habillé pour n'être pas surpris; on le relèvera tous les quatre jours. Il observera le chemin de la gauche venant de Lanslevillard pour arriver sur Thermignon par la montagne de la Tierra. On établira un bivouac de deux cents hommes par vingt-quatre heures, dans la gorge des monts de l'Arc et de Montfroid, qui conduit au Mont-Cenis. Ce bivouac battra fréquemment les bois pour veiller et attaquer tout ce qui tenterait de descendre par ce chemin. Il surveillera en même temps les habitants du pays qui voudraient communiquer avec les postes avancés de l'ennemi.

C'est à Thermignon qu'est établie la seconde défense de la Maurienne; il conviendra peut-être de placer un bataillon et deux canons de quatre sur un plateau en avant de la batterie

de gauche, — *ce plateau avait été nommé Larcher* (1). Il
servira d'appui au poste de Lanslebourg et d'avant-poste à la
défense de Thermignon. Si les troupes sont attaquées par des
forces supérieures et obligées d'abandonner cette position, la
batterie de la gauche se retirera dès que l'ennemi aura gagné
la partie du terrain qu'elle ne plonge plus, et sa retraite sera
protégée par la batterie de droite. Lorsque celle-ci fera le
même mouvement, les troupes légères défendront le défilé
au-dessus de la descente de Thermignon et tiendront ferme
jusqu'à ce que l'artillerie ait la côte (2) et ne puisse plus
être battue par celle de l'ennemi, qui avait pour cela une
position très avantageuse au-dessus de la descente. La
retraite de ces troupes légères se fera par les hauteurs de
la gauche, pour gagner le chemin de Sardières. L'artillerie
sera conduite avec la plus grande vitesse sur le plateau de
Bramans.

Cette position, défendue par douze bouches à feu de gros
calibre, couverte sur la droite par le poste de Saint-Pierre-
d'Estravache, qui doit être retranché et muni de deux canons
d'une livre de balles pour garder les débouchés du Mont-
Cenis, de Chaumont (3) et de l'extrémité de la vallée de
Bardonnèche (4) en Maurienne, et, sur sa gauche, par les postes
retranchés à Sardières et les troupes placées en avant d'Aussois ;
cette position, dis-je, doit arrêter longtemps les efforts d'un
ennemi, même très supérieur en forces. Il faudra placer trois
canons de quatre, sur un mamelon, à gauche et en arrière du
plateau de Bramans, pour battre ce qui oserait gagner le
chemin au pied de ce plateau. On élèvera, si on le juge
convenable, une barbette en avant de ces trois pièces, dont
on masquera la gauche par un épaulement suffisamment
élevé.

Le chemin dans le bois du Nant doit être tenu très libre pour
le passage de l'artillerie ; mais il faudra y rassembler un grand
nombre de pionniers, munis de haches, pour abattre partout
les bois et préparer tous les obstacles qui pourront empêcher
l'ennemi de suivre vivement la retraite. Ces détails doivent
être prévus d'avance pour être exécutés sans trouble et d'une
manière efficace.

(1) Nom du lieutenant-colonel commandant le 1er bataillon du
23me régiment qui a été traduit devant le conseil de guerre pour
s'être laissé surprendre au poste d'Entre-deux-Eaux. Ce plateau est
probablement celui indiqué sur la carte d'état-major par la cote 2207.
(*Note de l'éditeur.*)
(2) L'ancienne route, encore indiquée sur les cartes, ne suivait pas
le bord de l'Arc entre Thermignon et Sollières. (*Note de l'éditeur.*)
(3) Col du Clapier. (*Note de l'éditeur.*)
(4) Col d'Etache. (*Note de l'éditeur.*)

La diminution, forcée par les circonstances, du nombre des troupes qui doivent défendre la Maurienne, ne permettra peut-être pas d'occuper par une résistance opiniâtre toutes les positions rétrogrades; mais il faudra faire tête à l'ennemi dans divers points du vallon, souvent très rétréci jusqu'à Saint-Michel, où coule la rivière d'Arc, pour protéger la retraite de l'artillerie et des magasins militaires. Arrivé à Saint-Michel, l'officier général enverra un autre bataillon à Valloire pour fermer plus efficacement encore à l'ennemi cette communication avec le Briançonnais. Il fortifiera son arrière-garde de quelques canons de quatre pour faire respecter la retraite, coupant les ponts de bois, et notamment celui d'Epierre, qui pourraient servir à le tourner, n'ayant pas assez de monde pour couvrir ses flancs par tous les passages.

Les troupes occuperont, le cinquième ou le sixième jour de leur marche après Bramans, le défilé de Charbonnière, défendant en avant le pont sur l'Arc (1). En occupant ce poste, il faut garder le chemin dans la montagne à droite, qui conduit à une mine de cuivre et descend près d'Aiguebelle (2). Si l'on est forcé d'abandonner le défilé de Charbonnière, ce qui ne peut arriver qu'après une vigoureuse et longue résistance, la retraite des troupes sera à Montmélian, où elles se joindront avec celles de la Tarentaise, pour camper ensuite sous le canon du fort Barraux.

Les officiers généraux y recevront des instructions ultérieures du général d'armée. Une colonne des troupes de la Tarentaise se portera à Faverges pour couvrir les deux chemins qui passent à Annecy, et une colonne des troupes de la Maurienne se portera au château Bayard, tenant les hauteurs de la droite, pour couvrir Grenoble.

Le général de brigade commandant en Maurienne donnera sur-le-champ des ordres pour rompre complètement le col de la Vanoise.

En quittant chaque position, qui ne doit l'être que dans le cas d'une évidente impossibilité de tenir plus longtemps, l'officier général aura soin de faire rétrograder, toujours à hauteur de sa marche en retraite, les troupes qui gardent les vallées latérales, et de manière à couvrir ses flancs dans les parties de la vallée principale où l'ennemi pourrait le tourner. Toutes ces directions doivent être indiquées et reconnues d'avance par le commandant de ces troupes.

Le général de division Dubourg instruira fréquemment le

---

(1) Pont d'Argentine, point 342 de la carte d'état-major. (*Note de l'éditeur.*)

(2) Chemin de Saint-Georges-des-Hurtières au Grand-Montgilbert, par Abérus.

général de l'armée, à son quartier général à Bourg, de tous les mouvements de l'ennemi.

Fait au quartier général, à Grenoble, le 27 juillet 1793, l'an II de la République française.

Le général d'armée des Alpes et d'Italie,
Signé : KELLERMANN.

Pour copie :
Le général en chef,
KELLERMANN.

N° 5.

Ordre pour toutes les troupes dans l'attaque contre les Piémontais.

Les heures de départ de chaque colonne seront fixées par les généraux de brigade, qui ont l'ordre de calculer les heures de marche nécessaires pour arriver à tel point par telle route : c'est d'une juste combinaison de ce temps que dépendra le succès général.

Les généraux de brigade avertiront le général Dornac et le général de l'armée de ces heures de départ et du moment auquel, d'après leurs calculs, chaque colonne doit arriver au point où elle est dirigée.

La marche des colonnes doit être telle que les soldats puissent suivre et être ensemble : elles feront de courtes haltes toutes les deux heures ; et les intermédiaires avertiront les éclaireurs. Par ce moyen, les troupes seront toujours en état d'attaquer avec vigueur lorsqu'elles rencontreront l'ennemi.

Pour faire les attaques, les commandants des partis et des colonnes doivent toujours saisir de l'œil la position la plus avantageuse et manœuvrer rapidement pour s'y porter. On doit les commencer sans précipitation, se donner le temps de juger les forces et les intentions de l'ennemi ; mais le pousser, le charger avec vigueur dès qu'on aura pu l'ébranler ou le décider à une retraite.

Les éclaireurs doivent toujours fouiller le pays pendant les attaques pour éviter une embuscade à la colonne, si elle s'abandonne avec trop d'ardeur à la poursuite de l'ennemi, dont la retraite ne serait que feinte.

Si un individu, de quelque grade qu'il soit, prononce les mots : « *Nous sommes trahis, sauve qui peut* », ou autres semblables qui jettent le désordre parmi les combattants, le général de l'armée ordonne qu'il soit fusillé sur-le-champ, conformément à la loi.

Ceux qui crieront : « *Nous sommes tournés* », seront arrêtés et désarmés, pour être ensuite jugés comme il appartiendra.

Si une colonne était, en effet, débordée par l'ennemi, celui qui la commande doit sur-le-champ prendre son parti et manœuvrer pour faire tête par son flanc et s'avancer, ou bien prendre une position de défense, suivant le terrain et les forces respectives.

Le général de l'armée rappelle aux troupes et à leurs chefs que la victoire reste aux plus habiles et surtout aux plus opiniâtres.

Fait au quartier général des Marches, le 19 septembre 1793.

Signé : KELLERMANN.

Projet d'attaque contre les Piémontais dans la vallée de Maurienne et celle de Tarentaise.

Lorsque les deux bataillons que la division de Faucigny doit envoyer à celle de la Tarentaise seront arrivés à Ugines, ils recevront un ou deux canons d'une livre de balles. Le lendemain, ils passeront l'Arly, attaqueront les postes ennemis du côté d'Héry, exécuteront le décret de la Convention dans cette commune, et se porteront par Queige sur Beaufort. Il faut ordonner que les troupes ne fassent aucun tort à la commune de Queige, qui s'est bien conduite.

Cette première opération aura pour objet de faire fouiller le pays par cette colonne, qui fera la gauche de la division de la Tarentaise, et de lui faire prendre poste à Beaufort. Elle recevrait des secours, si elle en avait besoin, par les troupes placées à Venthon, sur qui même elle pourrait se replier.

Le lendemain de cette première opération, l'attaque sera générale. La colonne de gauche, partant de Beaufort, se dirigera par Roselein, sur le Chapieu, d'où elle pourra même, au delà de Roselein, envoyer des découvertes, par la montagne du Cornet, sur les hauteurs qui couronnent Aime, Tessens, la

Villette, tant pour avoir des nouvelles de l'ennemi que pour prendre des postes qui menaceraient ses derrières.

La colonne de Venthon, ou du centre de la division de Tarentaise, forte de trois bataillons et ayant une pièce d'une livre de balles, marchera par les hauteurs au-dessus de Conflans, de Tours, et soutenant ses éclaireurs par des petits corps intermédiaires, elle aura soin d'observer la marche de la colonne de droite, qui suivra la vallée; et, lorsqu'elle ne pourra la voir, elle devra s'en faire avertir par des éclaireurs de sa droite, choisis parmi les hommes les plus infatigables.

La colonne de droite, forte de cinq bataillons et précédée d'une partie de l'artillerie de réserve, passera l'Arly, laissant trois cents hommes des troupes de la République à Conflans, en les secondant par des gardes nationales, et choisissant ceux sur lesquels on pourra compter; dont on placera aussi un détachement à l'Hôpital, un à Venthon et l'autre à la Pallud.

La colonne dirigera sa marche sur la Roche-Cevins, où elle n'attaquera l'ennemi que s'il s'y tient et qu'après que la colonne du centre aura débordé cette position.

Les troupes du col de Basmont devront aussi marcher pour se porter au-dessus de la rive gauche de l'Isère, en face de la Roche-Cevins. Pendant ces marches et dispositions de la division de Tarentaise, les troupes d'Aiguebelle et d'Allevard feront passer de grosses patrouilles et manœuvreront comme il suit :

La veille de l'attaque, les troupes d'Allevard feront passer de grosses patrouilles sur la rive droite du Bréda pour fouiller les hauteurs et les bois de Saint-Hugon, la Rochette, Arvillard, et pour avertir les habitants de ce canton d'être prêts à obéir à toutes réquisitions des commandants militaires de la République. D'autres patrouilles fouilleront les bois d'Allevard et les montagnes supérieures.

Le jour de l'attaque, les mêmes troupes d'Allevard porteront une colonne de trois cents hommes, composée des plus forts, des mieux armés, des mieux équipés, sur la route qui conduit en Maurienne, pour y occuper les cols de la Croix et du Merlet. Le reste, fortifié par les gardes nationales du lieu, gardera le poste d'Allevard et fera des patrouilles de jour et de nuit, le long du Bréda et jusqu'à une demi-lieue sur le chemin de Maurienne.

La division d'Aiguebelle marchera sur trois colonnes, ayant des éclaireurs et des petits corps intermédiaires, comme il a été dit pour la Tarentaise.

En quittant Aiguebelle, il sera laissé à Charbonnière, et dans les postes essentiels, de fortes gardes composées des hommes le moins en état de marcher, auxquels on joindra les gardes nationales du pays, qui sont en réquisition et ont ordre de se rendre à Aiguebelle et dans les autres parties gardées aujourd'hui par les troupes, lorsque le tocsin sonnera.

Fait au quartier général des Marches, le 19 septembre 1793.

Signé : KELLERMANN.

Changements arrêtés dans le projet ci-dessus par le Conseil de guerre tenu à Aiguebelle le 20 septembre 1793.

Le général Ledoyen, ayant porté un poste de quatre cents hommes au col de Saint-Hugon, ce poste sera chargé de la découverte relative à Saint-Jean-de-Maurienne, dont il est parlé dans le projet. En conséquence, le commandant du poste de Saint-Hugon va recevoir l'ordre de marcher vers Saint-Jean-de-Maurienne pour savoir des nouvelles de l'ennemi. Il prendra une position aux environs de Colomban-le-Villard, mettant devant lui le ruisseau de Glandon; alors il détachera cinquante hommes pour battre le pays vers Saint-Jean, et, si l'ennemi s'est retiré, il établira une communication en échelons avec Valloire, par la montagne d'Albane. L'instruction donnée à ce commandant contient les détails nécessaires pour tous les cas.

Cette opération terminée vraisemblablement le 22 dans la soirée, le commandant restera avec cent cinquante hommes dans la position de Saint-Colomban, en fera partir deux cents hommes pour se rendre le long de la rive gauche de l'Arc à Saint-Remy, où ils joindront le général Ledoyen au point du jour.

Le général Badelonne aura l'ordre de faire de grands mouvements de troupes et d'artillerie dans la journée du 21, pour faire penser qu'il veut attaquer le 22. Il fera rapprocher le bataillon campé à Grésy et, en effet, il marchera le 22, sur deux colonnes, l'une par Venthon et les hauteurs qui dominent la droite de la vallée, l'autre par la grande route, mais sans se compromettre et sachant bien que sa manœuvre ne doit qu'obliger l'ennemi à bien garder la Tarentaise, pendant que les troupes de la Maurienne attaqueront avec vigueur l'ennemi au col de la Madeleine. Les troupes du col de Basmont marcheront le même jour à Ronne, pour descendre à Saint-Paul-de-Rogoaix, mais resteront sur la hauteur.

Pour faire cette attaque, les troupes du Mont-Sapey formeront la colonne de gauche, forte de quatre cents hommes, qui se dirigera par le Montgelafrey (1), pour se porter sur la

---

(1) Pas de Freydon. (*Note de l'éditeur.*)

droite de l'ennemi. La colonne du centre, forte de huit cents hommes, ayant deux canons d'une livre de balles, partira de la Chapelle pour suivre le col de la Madeleine ; elle sera formée par les troupes d'Aiguebelle. La colonne de droite, forte de quatre cent cinquante hommes, descendra de Saint-Alban (1) sur Saint-Léger, pour passer le pont de la Madeleine et se porter au Mont-Damian, d'où elle ira au Rocher-Blanc, afin de se porter en arrière de la gauche de l'ennemi. Les troupes d'Albaretta descendront à Saint-Léger, pour garder la gauche de l'Arc. Le corps de réserve, formé de trois cents hommes des troupes d'Aiguebelle et de deux cents hommes qui arrivent de Saint-Colomban-le-Villard, prendra une position en arrière de la Chambre ; il aura avec lui la grosse artillerie, et servira d'appui aux colonnes qui doivent occuper le col de la Madelaine, si elles ne pouvaient emporter ce poste essentiel au succès du plan général. Chaque colonne sera précédée de trente pionniers ; elle prendra des vivres pour deux jours ; elle aura l'ordre de laisser une garde suffisante au poste d'où elle sera partie, et où elle doit retourner avec assurance, si l'on est obligé à une retraite générale ; les troupes en seront averties.

Si l'attaque réussit, on poursuivra l'ennemi avec vigueur sur Aigueblanche ou Moûtiers, après avoir laissé une garde suffisante au col de la Madeleine. Ce premier avantage décidera de tout, car l'ennemi ne reste plus alors en sûreté ni à Moûtiers, ni à Saint-Michel. Si, contre toute vraisemblance, l'ennemi chassé du col de la Madeleine tenait ferme à Aigueblanche, alors trois bataillons partiraient après quelques heures de repos pour renforcer la division de la Tarentaise, qui manœuvrerait comme il a été dit dans le projet pour l'attaquer avec vigueur et le forcer à la retraite.

Signé : KELLERMANN.

Pour copie :

Le général en chef,

KELLERMANN.

---

(1) Des Hurtières. (*Note de l'éditeur.*)

No 6.

Lettres des Administrateurs du département du Mont-Blanc et du Procureur général syndic de ce département.

LIBERTÉ   EGALITÉ

Les Administrateurs du département du Mont-Blanc à la Convention nationale.

Législateurs !

On vous le disait avec vérité, le département du Mont-Blanc, cette partie de la République française, a été en proie à une crise violente. Les Piémontais y sont entrés par trois endroits différents et s'étaient emparés des postes les plus importants. Vous avez vu leur audace du sommet de cette montagne, qui s'aperçoit de toutes les parties de la République. Indignés de savoir que des lâches, qui prirent la fuite et tremblèrent à l'arrivée des armées françaises, s'avisaient de troubler un département qui appartient à la France par droit de nature et en vertu d'un pacte solennel, vous vous êtes hâtés de le placer sous l'égide de la Convention nationale et vous avez pris dans votre sagesse des mesures propres à conserver à ses habitants la paisible jouissance de la liberté et des droits sacrés de l'homme.

Mandataires du peuple! que vous êtes grands dans tous vos moments! Mais combien vous couvre de gloire celui où vous avez tourné vos regards propices sur une partie de la République qu'une horde de brigands se proposait d'envahir. Les habitants du Mont-Blanc rendent hommage à votre loyauté et bénissent le serment que vous avez fait de ne pas permettre le moindre démembrement de la République, et vous regardent comme leur génie tutélaire; et ils se félicitent de nouveau d'avoir applaudi à vos travaux.

C'est dans l'enthousiasme du patriotisme le plus pur qu'ils vous rappellent, législateurs, qu'ils ont trouvé digne d'un grand peuple la carrière que vous lui avez courageusement ouverte en décrétant la mort du traître, du perfide Louis XVI, et en décrétant la République une et indivisible : ils vous diront qu'ils n'ont pas cessé de louer et d'admirer le grand caractère que vous avez développé dans les immortelles journées des 31 mai, 6 et 12 juin; et c'est dans un transport, que peut seul inspirer l'amour de la patrie, qu'ils ont accepté solennellement dans la journée du 10 août l'acte constitutionnel, l'évangile du genre humain, le guide fidèle du bonheur. Qu'il est sublime le titre de la liberté, que la philosophie a tracé d'une main ennemie de l'aristocratie et du fanatisme! Le titre de la souveraineté nationale, qui s'y trouve pareillement écrit en caractères indélébiles, n'est pas moins grand et digne de l'admiration de l'univers; enfin, la France entière est régénérée par une Constitution mise sous la sauvegarde de toutes les vertus.

Les habitants du Mont-Blanc l'ont déposée, cette Constitution, sur l'autel de la patrie : elle y a reçu leurs vœux et leur encens. Vous les trouverez donc bien dignes, législateurs, d'avoir été appelés à faire partie intégrante de la République française, et dignes, par conséquent, des mesures que vous avez décrétées pour les délivrer des Piémontais.

Leurs craintes commencent à s'apaiser, non pas qu'ils aient jamais craint de redevenir esclaves, de recourber leurs fronts devant un monstre couronné; ils auraient bien su mourir plutôt que d'en venir à cette extrémité. Mais, placés dans une circonstance où les troupes de la République ne leur offraient plus d'assez grands moyens de défense, trop faibles par eux-mêmes, épuisés par une légion d'Allobroges, composée de deux mille hommes et par une levée de six bataillons de volontaires, menacés encore de nombreuses cohortes, ils ont pu craindre, ne voulant pas absolument des fers, mais plutôt la mort, de disparaître de la terre avant que de partager les hautes destinées que le ciel prépare à la République; ils ont pu craindre de descendre au tombeau avant que de voir tous les trônes brisés et les débris nager dans le sang des rois; ils ont pu craindre, enfin, de cesser d'exister avant que de voir l'univers régénéré et toutes les nations rangées sous l'étendard tricolore.

Mais, encore une fois, toutes ces craintes commencent à s'apaiser. Les habitants du Mont-Blanc, forts maintenant des regards de la Convention nationale, forts de la confiance qu'ils ont mise dans les représentants du peuple près l'armée des Alpes, forts enfin de la valeur et du nom du *vainqueur de Valmy*, qui est dans le département, ils ne doutent point qu'une victoire complète n'apprenne à des traîtres que ce n'est pas impunément qu'ils se sont exposés à souiller le sol de la liberté.

Mais, en parlant du *vainqueur de Valmy*, on sait que de perfides ennemis de la République se plaisent à distiller sur ce vaillant guerrier le poison de la calomnie : il a pour lui des faits que leur rage ne peut effacer; ils ne réussiront jamais à lui ravir la confiance du département. Kellermann est pur; il ne perdra pas la confiance de la Convention nationale; la France le conservera; et ce sera ce général, intrépide patriote et ennemi des rois, qui chassera du Mont-Blanc ou y exterminera, s'il le faut, les satellites du despote sarde.

Législateurs ! les habitants du Mont-Blanc viennent vous témoigner des sentiments de reconnaissance dictés par leurs cœurs : ils n'oublieront jamais le bienfait attaché à vos décrets; mais, enfin, s'oubliant eux-mêmes, ils font des vœux pour que la nation, bientôt levée en masse, fasse repentir le fier Anglais d'être parti des bords de la Tamise pour entrer dans les ports de la République, et pour qu'elle se porte tellement en force contre les tyrans coalisés, qu'il ne leur reste pour partage que la honte, le désespoir et la mort.

Signé : CHAMOUX, président; FAVRE-BUISSON, procureur général syndic; JACQUIER, GENTIL, LA SALLE, DESGORGES, MICHAUD, GACHER, LYONNA et COUTY, administrateurs.

Lettre du Procureur général syndic du département du Mont-Blanc au général Kellermann, datée de Chambéry, du 6 octobre 1793 (v. s.)

Citoyen général, notre frère, notre ami! votre dépêche, datée du Bourg-Saint-Maurice, le 3 du courant, à six heures et demie du soir, qui m'est parvenue hier matin, à neuf heures, et celle que nous venons de recevoir en ce moment, datée du 4, avec le rapport intéressant de vos opérations militaires jusqu'à ce jour, nous ont pénétré de la plus vive allégresse et ont excité de plus en nous la reconnaissance qu'inspirent les vertus d'un général républicain qui, en sauvant ce département, n'a pas peu contribué à sauver une seconde fois la République. Oui, général, frère et ami, nous l'avons dit et répété cent fois, et nous l'avons aujourd'hui répété dans les transports d'une ivresse délicieuse; vous nous avez sauvés des fers qui nous étaient préparés par les hordes piémontaises que vous venez de dissiper à la tête des dignes républicains que vous commandez. Nous chérissons trop la liberté pour ne pas chérir le brave Kellermann, qui nous l'a conservée, malgré tous les efforts de l'ancien tyran de la ci-devant Savoie. Nous nous sommes empressés de livrer à l'impression le rapport que vous nous avez envoyé; il nous est bien cher de lui donner la plus grande publicité, de confondre vos détracteurs et d'éclairer de plus en plus l'opinion publique sur un général qui a rendu d'aussi importants services à la liberté.

Nous espérons que, maintenant que les Piémontais sont chassés de la Tarentaise et qu'ils ont gravi le Saint-Bernard, leur expulsion de la Maurienne ne sera pas longue : nous avons même tout lieu de penser qu'ils ne vous y attendront pas, et qu'ainsi, après avoir donné vos dispositions pour la défense du sol que vous venez de reconquérir à la liberté, nous aurons bientôt la douceur de vous serrer dans nos bras : ils vous sont ouverts, ainsi que nos cœurs, et ils vous attendent avec une impatience des plus vives. Vive la République, une et indivisible !

Recevez, général, frère et ami, l'expression de mon dévouement et de la plus tendre fraternité.

Le procureur général syndic du département du Mont-Blanc,

Signé : Favre-Buisson.

Pour copie :
Le général en chef,
Kellermann.

Nº 7.

Liberté   Egalité

Adresse des citoyens officiers, sous-officiers et soldats de l'armée de la Tarentaise à la Convention nationale.

C'est avec la plus grande confiance que les citoyens officiers, sous-officiers et soldats du 2ᵐᵉ bataillon du 79ᵐᵉ régiment recourent à vous pour vous soumettre les faits républicains du généreux, mais malheureux Kellermann. Sa vertu, citoyens, a toujours eu des ennemis ; n'en avez-vous pas vous-mêmes ? et vous avez toujours été les amis du peuple et ses zélés défenseurs. Vos lâches calomniateurs n'ont-ils pas été dévoilés !

Vous savez aussi mieux que nous que le hideux aristocrate a toujours cherché à entraver vos sublimes opérations. La moralité de Kellermann doit vous être connue, ou si elle ne vous l'est pas, nous allons ici vous la tracer sans partialité et avec toute la vérité due à de vrais républicains.

Nous avons assemblé par bataillons, car l'armée de la Tarentaise était composée de quatre bataillons, sans énumérer le 59ᵐᵉ, le bataillon des grenadiers de Bourgogne et le 8ᵐᵉ des chasseurs des Vosges. Nous de concert, et chaque bataillon en particulier chercha à épiloguer le civisme ou incivisme du prétendu accusé : chaque individu fut invité de dire l'exacte vérité sur les faits civiques ou inciviques de Kellermann. Ceci fait, chaque bataillon dressa procès-verbal de la pure vérité énoncée par chaque individu, composant chaque corps. Au rassemblement des procès-verbaux, nous avons trouvé une exacte conformité, car, citoyens, un seul aurait suffi pour dire ou voir ce que quatre mille six cents hommes auraient pu dire ou voir. Mais cette conduite nous fut inspirée par l'impartialité et la justice, afin d'agir d'une manière légale et digne de vrais républicains, tels que nous avons le bonheur de l'être.

Les procès-verbaux assemblés, nous n'avons vu que l'homme républicain digne de nous commander, et nous nous croyons engagés par la voix de l'humanité à vous transmettre les faits héroïques de ce malheureux ex-général. Si c'est un crime, citoyens, de servir sa patrie en républicain, Kellermann et son armée méritent de succomber sous la hache de la loi.

Nous avons été attaqués le 10 du mois d'août sur différentes hauteurs par les vils satellites de l'ogre sarde. Leurs colonnes étaient tellement disposées que nous les crûmes en un nombre au moins du quadruple supérieur. Ceci n'épouvante pas des hommes libres, qui ne se battent que pour mieux affermir cette liberté. Nous crûmes de la dernière sagesse de prendre une retraite sur *l'Hôpital-sous-Conflans*, nous nous y retirâmes, non pourtant sans faire mordre la poussière à quelques-uns de nos ennemis. Mais, citoyens, que peut devenir un troupeau sans son berger ? Mais heureusement que ce berger nous avait souvent prêché et démontré les manœuvres. Nous le demandâmes tous. Mais il était, comme vous savez aussi bien que nous, près l'armée de Lyon. Ni jour, ni nuit, il ne respirait : tantôt en *Maurienne*, tantôt en *Tarentaise*. Nous l'avons vu, ce digne républicain, venir nous consoler par ses harangues civiques à *l'Hôpital-sous-Conflans*, et rendre justice, la larme à l'œil, à notre bravoure et à notre honorable retraite. Il nous promit dès ce moment qu'il viendrait à notre tête pour écraser et exterminer ces esclaves ultramontains.

Citoyens, malgré le manque de renforts, peut-on douter un instant du patriotisme de Kellermann, d'après son action à la plaine de Séez, où il faisait deux métiers, celui de canonnier et celui de général ! Oui, nous l'avons vu braquer lui-même les pièces et mettre le feu pendant l'espace de quatre heures, et son digne fils à ses côtés : il nous avait promis qu'il serait à notre tête pour faire regrimper ces esclaves. Vous voyez donc que Kellermann, pour n'avoir pas voulu servir le despotisme, a été noirci auprès de vous. Mais, dignes représentants, n'alarmez pas une armée vraie républicaine en lui enlevant son père et son unique appui. Vos sages lumières vous dicteront son innocence et son civisme. Nous jurons d'exterminer tout calomniateur.

Renvoyez-nous Kellermann, et vous nous croirez dignes de vous.

Signé :

Des individus composant l'armée de la Tarentaise.

Pour copie :

Le général en chef,
KELLERMANN.

DEUXIÈME PARTIE

PIÈCES GÉNÉRALES

SITUATION DE L'AILE GAUCHE DE L'ARMÉE DES ALPES

LE 30 JUILLET 1793

FAUCIGNY			TARENTAISE			MAURIENNE		
CORPS	Effectif	CANTONNEMENTS	CORPS	Effectif	CANTONNEMENTS	CORPS	Effectif	CANTONNEMENTS
2e Basses-Alpes.	711	Evian et Thonon.	4e Grenadiers.	515	Campé sous les redoutes de Bourg-Saint-Maurice.	2e Grenadiers.	535	Sollières.
Cie de la Rochelle.	144	Chasse et Sallanches.	2e Bon du 79e Rt.	778	Campé près de Bourg, à Villarenger et à Villette.	1er Bon du 2e Rt.	714	Modane.
2e Ariège.	690	Sallanches et Ugines.	8e Bon d'infie légère	684	A Montfignon, Séez, Bourg-neuf, Verney, Challan et Bellemville (1).	Légion des Alpes.	507	Thermignon.
	1,545		4e de l'Isère.	806	Campé près du Bourg, au Chapens et Versoyt.	1er des Laoules.	725	Bramans.
3e Rhône-et-Loire.	759	Venu de Gex.	5e de l'Isère.	786	A Hoûtier, Beaufort, Roselend et Grésy.	5e Gironde.	708	Thermignon.
6e Gironde.	659	Venu de Lyon.	1er Haute-Loire.	830	Campé près du Bourg et à Bozanval.	4e Ain.	792	Saint-Michel.
	2,963		4e Rt d'artillerie.	131	A Confans, Beaufort, Moûtiers et le Bourg.	6e Ain.	821	Aussois.
			Gendarmerie n°.	9	A Moûtiers et Bourg-Saint-Maurice.	1e Rt d'artillerie.	152	(?)
				5,376		Gendarmerie n°.	10	(?)
			1er Grenadiers.	438	Venu de Tournoux.		4,966	
			1er Basses-Alpes.	822	Id.	2e Bon du 10e Rt.	897	Venu de Tournoux.
				5,837		4e Bon d'inf. légère.	643	Venu de Briançon à Valloire.
						2e Haute-Loire.	688	Id.
							7,212	

Ces troupes sont commandées successivement par les capitaines Sarret, aide-de-camp de Kellermann, et Rondeau, capitaine des compagnies de la Rochelle; Sarret et Dubol, commandant du 5e Rhône-et-Loire; Sarret et Verdelin, capitaine au 79e régiment; Sauterre, général de brigade provisoire; Verdelin, nommé adjudant-général chef de bataillon.

Le 6e Gironde passe en Tarentaise par le col du Bonhomme, le 3 octobre, et est dirigé sur Pralognan et le col de la Vanoise.

Ces troupes sont commandées par le général divisionnaire Dubourg et le général de brigade Badelaune.

Le 1er de la Haute-Loire doit être passé en Maurienne, par le col de Bassuont, à la fin d'août.

Les 1er grenadiers et 1er des Basses-Alpes ont dû arriver à Aiguebelle vers le 15 septembre; ils sont ensuite passés en Tarentaise par le Bassuont.

(1) Bourgea (?).

Ces troupes sont commandées par le général divisionnaire Dornac et le général de brigade Ledoyen.

Les 4e et 6e de l'Ain resdent à Valloire, le 20 août, sous les ordres de l'adjudant-général Prinye.

Le 2e bataillon du 10e régiment a dû arriver à Aiguebelle au commencement de septembre.

Total général .... 16,009 Effectif.

EXTRAIT

Du procès-verbal du Conseil général du département du Mont-Blanc du 2 septembre 1793, l'an II de la République française, une et indivisible.

Un membre a dit : « Citoyens, nous possédons dans notre sein les représentants du peuple et le général Kellermann; le moment est venu d'exposer avec avantage les services du patriote Ratel et de lui en obtenir la juste récompense. »

Le procureur général syndic obtient la parole. Il parle de Ratel avec cet intérêt et cette chaleur qu'inspire aux âmes brûlantes de l'amour de la patrie le sentiment du vrai courage et de l'héroïsme des vertus républicaines. Il peint cet homme incomparable, abandonnant ses foyers, s'arrachant à son épouse, à sa famille, à ses affaires, rejetant loin de lui tout autre soin, tout autre intérêt que celui de la défense de son pays, supportant avec plaisir les privations et les fatigues les plus rudes pour servir la cause sainte de la liberté et de l'égalité, exposant sa vie aux plus grands dangers pour guider l'armée française dans les défilés tortueux de la Maurienne, se déguisant sous toutes les formes pour approcher les postes de l'ennemi, examiner leur position, leur nombre, pénétrer leurs dispositions et s'empressant d'en rendre compte aux généraux, chéri des soldats qu'il conduit sûrement à travers les rochers, les précipices et les bois, dont aucun sentier ne lui est inconnu dans cette vaste chaîne de montagnes; il est leur père, leur frère et leur ami; ils marchent toujours avec confiance sur ses pas; et, quand Ratel est à leur tête, le sentiment de la crainte et de la méfiance est loin de leur cœur. Privé des ressources de la fortune, qu'il méprise, et ne vivant pour ainsi dire que de son amour pour la liberté et de sa haine pour les tyrans, Ratel s'est vu souvent pressé par les besoins les plus extrêmes et il a su affronter avec le même courage la misère et la mort. Enfin, pour dernier trait de l'éloge de Ratel, il est voué à la colère du despote sarde, et 3,000 francs seront le prix de l'assassin qui fera tomber cette tête républicaine.

Un membre propose que le département se charge de l'entretien et de la subsistance de Ratel et de sa famille. Cette motion est vivement applaudie.

Le procureur général syndic demande que les représentants du peuple et le général Kellermann sollicitent en sa faveur auprès de la Convention nationale le prix dû à ses services et qu'il lui soit accordé dans l'armée un grade proportionné à ses talents, à son énergie, à son courage indomptable et à la confiance du soldat, qu'il a généralement acquise.

Le général Kellermann observe que ce n'est pas la première fois qu'il entend parler avantageusement du républicain Ratel; il connaît son dévouement, son zèle et ses vertus ; il annonce que son intention est de l'élever au grade de capitaine des guides dans le département du Mont-Blanc, et, s'adressant aux représentants du peuple, il les invite à confirmer par leurs suffrages cette nomination.

Les représentants du peuple témoignent que le général, en rendant justice au citoyen Ratel et en récompensant ses services par un grade militaire dont il est si digne, ne fait qu'user de son droit et donner une nouvelle preuve de son estime pour les patriotes et de son attachement aux intérêts de la République.

Le général reprend la parole et dit : « Citoyens, dès demain, le citoyen Ratel sera installé. »

De vifs applaudissements se font entendre.

Certifié conforme à l'original :

Signé : CHAMOUX, président et MERMOZ, secrétaire, et scellé du sceau du département du Mont-Blanc.

Le général d'armée des Alpes et d'Italie prie le Comité de Salut public de représenter à la Convention nationale la nécessité de former une compagnie de guides de trente hommes, un capitaine et un lieutenant, pour le département du Mont-Blanc, attendu le défaut d'hommes pour conduire les troupes et la mauvaise volonté des habitants des vallées, et de faire rendre un décret à ce sujet. Cette compagnie sera formée de même que celle du département des Hautes-Alpes. Le général, du consentement des représentants du peuple, vu l'urgence, procède à la formation de cette compagnie et a choisi le citoyen Ratel pour capitaine et le citoyen Jean-François Duparquier pour lieutenant. Il espère que le Comité de Salut public et la Convention reconnaîtront l'utilité de ces mesures et approuveront ces dispositions.

Chambéry, le 3 septembre 1793, l'an II de la République française.

Signé : KELLERMANN.

Les représentants du peuple près l'armée des Alpes jugent indispensable la création d'une compagnie de guides composée de citoyens du département du Mont-Blanc, de ceux de la partie supérieure de celui de l'Isère. Dans un pays tout en défilés, en gorges et ravins, il importe que des éclaireurs intelligents fournissent aux généraux toutes les instructions sur la position de l'ennemi, vu qu'ils doivent prendre et motiver les dispositions de nos troupes. Nous recommandons au Comité de Salut public l'importance de cette création et nous y avons donné provisoirement notre assentiment.

Le capitaine nommé par le général Kellermann est un homme qui n'a jamais fait qu'un service gratuit; mais qui est d'un patriotisme, d'une intrépidité et d'une adresse dont peu d'hommes ont fait preuve.

Signé : SIMOND et DUMAZ.

Pour copie conforme :

Le général d'armée des Alpes et d'Italie,
KELLERMANN.

————

A Chambéry, le 4 septembre, 11 heures du soir, l'an II de la République française.

Le Général d'armée des Alpes et d'Italie aux Représentants du peuple composant le Comité de Salut public.

Je vais vous rendre compte, citoyens représentants, de ma tournée dans le Mont-Blanc et de l'état des choses.

Sur la réquisition des représentants du peuple près l'armée des Alpes, Dubois-Crancé, Gauthier, Simond et Dumaz, je me suis de nouveau rendu dans le département du Mont-Blanc, extrêmement alarmé du progrès des ennemis tant dans le Faucigny que dans les deux vallées de Maurienne et de Tarentaise. J'ai quitté le quartier général de la Pape le 31 août, à 11 heures du soir, et suis arrivé le lendemain à Grenoble. J'ai de suite donné des ordres pour que l'on pourvût avec chaleur à l'approvisionnement nécessaire pour continuer le bombardement de Lyon et la défense du Mont-Blanc. Je dois vous instruire que les arsenaux des départements des Alpes et de l'Isère commencent à s'épuiser de mortiers, de pièces de siège, de boulets, de bombes, d'obus et de poudres, qu'il faut songer sérieusement à leur remplacement immédiat; trois mortiers, une pièce de 24, une de 16 sont hors de service devant Lyon.

De Grenoble, j'ai passé à Barraux, à Chambéry, j'ai dissipé les alarmes qui se renouvelaient; j'y ai trouvé les représentants Simond et Dumaz, avec lesquels je me suis rendu à Aiguebelle.

Les généraux me parurent inquiets sur leur flanc droit. Je
leur ai renouvelé l'ordre de tenir ferme et j'ai fait des dispositions pour leur ôter la crainte d'être tournés et coupés de
Montmélian, deux bataillons étant en marche, l'un de
Vailoire, qui sera remplacé au Galibier, et l'autre venant du
camp de Tournoux. Les troupes, quoique très affaiblies par
les maladies, ont montré beaucoup d'ardeur et de désir de
livrer un combat. Le 4, nous fûmes à l'Hôpital et trouvâmes
dans les troupes même ardeur, mais aussi même affaiblissement.

D'après tous les renseignements, la force de l'ennemi dans
les deux vallées ne passe pas huit mille hommes de troupes
réglées ; mais un grand nombre de paysans a pris les armes en
sa faveur. Les représentants vous diront de leur côté ce qu'ils
ont remarqué.

Dans le Faucigny, j'ai trois bataillons et des gardes nationales
sous les ordres d'un brave militaire, nommé Verdelin,
commandant temporaire à Chambéry et capitaine au 35me
régiment. J'envoie le citoyen Santerre, chef de brigade au
35me régiment, que les représentants du peuple Dubois-Crancé
et Gauthier ont nommé général de brigade, prendre le
commandement de toutes les troupes rassemblées dans le
Faucigny, à Bonneville, avec ordre d'attaquer vigoureusement
les rebelles et les troupes piémontaises réunies à Cluses, et
après les avoir chassés de Cluses, Sallanches, de regagner la
vallée et de marcher vivement par Annecy sur la vallée de
Beaufort en Tarentaise. Cette expédition faite, on attaquera
l'ennemi de concert avec la division de l'Hôpital et on le
rechassera plus promptement qu'il n'est venu.

Je prépare les dispositions pour l'attaque des deux vallées,
et je la ferai commencer aussitôt que j'aurai le peu de troupes
que je fais venir et que je serai en mesure d'agir avec un
parfait ensemble.

Dès que cette expédition sera terminée, je retourne à Lyon,
si ma présence y est jugée nécessaire par les représentants.
J'établis mon quartier général au Château des *Marches*, à
une lieue de Montmélian, point central.

Je vous envoie copie de l'extrait du procès-verbal du Conseil
général du département du Mont-Blanc relatif à la formation
d'une compagnie de guides de l'armée pour ce département,
avec l'apostille des représentants et la mienne au bas.

Je vous envoie, en outre, copie de la lettre du citoyen Leferon
chef de brigade, et de l'état du nombre de troupes qui sont
arrivées à Limonet, composant la garnison de Valenciennes(1).
Vous verrez que cette garnison est loin d'être aussi nombreuse
qu'on me l'avait annoncé. Elle est composée de corps délabrés

(1) Cette pièce manque aux archives de la guerre.

et manquant de beaucoup de choses. Vous jugerez vous-mêmes de ce qu'il est possible d'exécuter avec des moyens tellement au-dessous de ceux qu'on m'avait promis.

KELLERMANN.

RAPPORT

Des différentes affaires qui ont eu lieu dans la Maurienne, entre les troupes de la République et les Piémontais, depuis le 10 septembre 1793.

Du 10.

Le 10, au matin, un poste de cent hommes, placé pour protéger le rétablissement d'un pont sur l'Arc, entre Aiguebelle et Argentine, envoya à ce dernier village une patrouille de trente-six hommes, chargée d'en faire arriver les charrois requis pour le transport des bois nécessaires à cet ouvrage. Cette patrouille rencontra un poste ennemi de cinquante hommes. Il y eut une fusillade où ceux-ci perdirent deux hommes. Les rapports des découvertes annonçant que l'ennemi était en force, l'adjudant-général Rey envoya deux compagnies de grenadiers et cent hommes aux ordres du chef de bataillon Doriès pour soutenir notre poste, reconnaître de près l'ennemi et le chasser s'il était possible. On le vit posté derrière l'église d'Argentine et fort de huit à neuf cents hommes, sans compter beaucoup de paysans. L'ennemi nous jeta une vingtaine d'obus sans succès. Un espion rapporta que les Piémontais étaient en force entre la Chapelle et Épierre. On jugea que son intention était de nous empêcher de rétablir le pont d'Argentine. Le général Ledoyen pensa que, pour s'opposer à ce projet, il fallait établir une batterie sur la montagne qui domine le pont. Il y mit tant d'activité qu'à six heures du matin, on put y monter une pièce de huit et, à dix heures, un obusier.

Du 11.

L'ennemi était descendu dans la plaine avec six pièces de canon ou obusiers. Nos troupes, qui avaient ordre de marcher sur deux colonnes, restèrent dans l'endroit où elles avaient bivouaqué et s'embusquèrent dans les taillis. L'ennemi, ne connaissant point notre nouvelle batterie, s'avançait avec sécurité, au nombre de deux mille cinq cents hommes. Il plaça ses batteries sur une éminence, et une de leurs colonnes se dirigeait vers les hauteurs d'Aiguebelle, tandis qu'une autre était dans la plaine. Nous essuyâmes leur feu; nos batteries y répondirent. La pièce de huit, la seule qu'on était à ce moment parvenu à monter sur le plateau, se trouva engorgée par l'étourderie d'un canonnier qui plaça la cartouche à balles avant la charge de poudre. Cet événement nous empêcha de cribler la colonne, qui eut le temps de se retirer, mais en désordre, pendant qu'on était occupé à dégorger la pièce. Lorsque celle-ci fut en état de tirer, l'ennemi s'enfuit à grande hâte et son artillerie défila au grand trot. On peut évaluer sa perte à trente ou quarante tués ou blessés et quelques chevaux tués; nous n'avons que trois hommes blessés. Un paysan d'Argentine, déserteur du 4ᵐᵉ bataillon du département du Mont-Blanc et pris les armes à la main, a été fusillé.

Du 12.

On eut avis que les ennemis faisaient une redoute en avant du village d'Épierre; le général Ledoyen résolut de l'en débusquer et fit transporter, avec son activité accoutumée, la nuit du 12 au 13, une pièce de 8, un obusier, une pièce de 3 et une de 4, dans une position avantageuse.

Du 13.

Notre feu commença le 13, à six heures du matin. Mais, comme il ne produisit pas l'effet attendu, le général Ledoyen changea de position et, dans peu d'instants, l'ennemi fut obligé d'abandonner la redoute avec précipitation et une grande pertes d'hommes, car, sur le soir, on le vit enterrer les morts et blessés, pour lesquels dix voitures eurent peine à suffire.

On ne peut donner trop d'éloges à la bravoure, à la constance de travail et à l'adresse de notre artillerie.

Du 14.

Le 14, l'ennemi avait formé le projet de se placer avec son artillerie sur les hauteurs de Belleville et d'Albaretta, qui dominent un de nos postes les plus importants. Le général Ledoyen, pour s'y opposer, mit en marche le 15, à 4 heures du matin, une colonne de quatre cents hommes, commandée par le chef de bataillon Camatte; elle se trouva, vers 7 heures du matin, en présence de l'ennemi.

Depuis six heures du matin, le général Ledoyen canonnait l'ennemi dans sa position retranchée au-dessus d'Épierre, qu'il l'avait forcé d'abandonner. Mais, voyant notre colonne aux prises avec les avant-postes ennemis, il fit cesser le feu de l'artillerie; ces avant-postes furent tous forcés et, malgré la rapidité de leur retraite, on leur fit dix-neuf prisonniers. La perte de l'ennemi a été d'environ cent hommes, tant tués que blessés, et il n'a plus osé reprendre le poste d'Epierre. Notre colonne fit sa retraite avec ordre et ramena ses prisonniers.

Pendant l'attaque d'Epierre, le capitaine Hocquard, du 23me régiment, à la tête d'un détachement, divisé en quatre petites colonnes, escaladait les rochers d'Albaretta. Malgré le feu terrible et les rochers que l'ennemi faisait rouler sur lui, nos braves frères d'armes gravirent dans le plus grand silence et sans tirer un coup de fusil. Arrivés sur un plateau et ne pouvant engager l'affaire à la baïonnette, ils fusillèrent l'ennemi avec tant de succès qu'il fut mis en fuite partout et se sauva à travers des précipices, qui ont servi de tombeau à plusieurs Piémontais. Le nombre connu de leurs morts est de douze, parmi lesquels Gardini, capitaine des grenadiers du régiment de Novare.

Nos petites colonnes se dirigèrent ensuite sur les hauteurs d'Arpingon et de Belleville et partout elles chassèrent l'ennemi.

On ne peut donner trop d'éloges à l'intrépidité des bons républicains qui composaient ces diverses colonnes et à l'intelligence du citoyen Hocquard, qui commandait. Nous avons pris poste sur toutes ces hauteurs. L'ennemi, ne voulant pas se mesurer davantage avec nous dans la position qu'il occupait, a fait sa retraite dans la nuit du 15 au 16. Son arrière-garde était, le 16, à 2 heures après midi, postée en avant de la Chapelle; mais il n'est pas vraisemblable qu'elle puisse ni veuille s'y tenir longtemps.

Des déserteurs ont rapporté que les cinq cents Piémontais qui avaient pris poste sur la montagne de Montgelafrey se sont retirés sur Moûtiers.

Nous avons eu neuf blessés, dont trois par le feu de l'ennemi et six par les morceaux de rochers qu'il roulait.

Trois paysans, pris les armes à la main, ont été fusillés conformément à la loi.

RAPPORT

D'une attaque faite par les troupes de la République contre les Piémontais dans les montagnes d'Albanne, sur la communication de la Maurienne avec le Briançonnais.

--- --

Le 10 de ce mois, les Piémontais, fortifiés par des paysans rebelles, avaient gravi des montagnes jugées inabordables et, par là, cerné un détachement des troupes de la République postées sur la montagne d'Albane. L'adjudant-général Prisye, qui commande dans cette partie les troupes de la République, ordonna au citoyen Bernard, premier chef de bataillon du 4ᵐᵉ de l'Ain, de marcher avec cent cinquante hommes pour appuyer notre poste. L'ennemi jugea que nous voulions y tenir avec opiniâtreté, et déjà se préparait à nous fusiller et à nous écraser de pierres. Cinquante chasseurs avaient été postés sur les hauteurs opposées et semblaient vouloir le tourner : les Piémontais se retirèrent au plus haut de la montagne. L'adjudant-général Prisye, jugeant l'importance du poste d'Albane, se décida à faire débusquer les Piémontais. Il ordonna donc au chef de bataillon Bernard de se porter, pendant la nuit, sur la montagne occupée par eux, à la tête d'un détachement pris dans celui qu'il commandait, mais sans trop affaiblir ce poste essentiel. Le chef de bataillon choisit cent cinquante hommes et se trouva, au point du jour, en face de trois cents Piémontais que, malgré l'excessive fatigue de la marche de nuit, nos troupes n'hésitèrent pas à attaquer. Trois décharges qu'elles essuyèrent ne les arrêtèrent pas. Bientôt, elles approchèrent et emportèrent un poste, cru presque inabordable et défendu par une force double des leurs.

L'adjudant-général a eu également des avantages contre les ennemis sur les hauteurs de Valmeinier. Nous n'avons fait aucune perte dans ces deux attaques. Il n'en a pas été de même du côté de l'ennemi.

Dans la guerre de montagnes, ce n'est que par des attaques isolées, et comme de détail, qu'on parvient à des succès importants ; et ces succès, partiels et journaliers, moins éclatants que des batailles, n'en sont peut-être que plus remarquables par l'esprit de combinaison qu'ils exigent et par l'excessive fatigue qu'ils occasionnent.

RAPPORT

De la division du Feucigny.

Une colonne de la division du Faucigny, sous les ordres du citoyen Sarret, aide-de-camp du général Kellermann, est rentrée, le 16 au soir, à Cluses, chef-lieu de district, après avoir soutenu, au pont de Marigny, une vive canonnade, et avoir emporté ce poste. L'ennemi a fait une retraite précipitée sur les hauteurs de Balme, d'où les troupes de la République ont juré de le débusquer. Sous peu de jours, il ne paraîtra plus aucune trace de l'invasion ennemie dans cette partie de frontière, ni dans tout le département du Mont-Blanc; on n'aura plus que les communes rebelles à punir.

Le général d'armée des Alpes et d'Italie,

KELLERMANN.

Chambéry, le 18 septembre 1793.

Simond et Dumaz, représentants du peuple Français, aux citoyens composant le Comité de Salut public, à Paris. (1)

Citoyens collègues,

C'est avec regret que nous allons vous adresser des plaintes; mais comment se fait-il que, vous ayant écrit franchement notre opinion sur notre position, calculée sur les nouvelles que veulent bien nous donner les passants, vous n'ayez pas jugé à propos de nous accuser la réception de nos lettres? Comment se fait-il que vous ayez reçu trois courriers de nous et qu'aucun n'ait eu une ligne de votre part à nous remettre? Comment se fait-il que nous ne recevions ni bulletin, ni lettre, ni papiers publics, tandis que nous sommes abonnés à tous ceux réputés patriotes à Paris? Nous vous avons écrit sur des objets politiques, militaires, d'administration et de sûreté, et cependant pas une réponse. Châteauneuf-Randon nous est adjoint pour l'armée des Alpes, nous dit-on (car nous n'avons pas reçu un décret), et nous ne savons où le demander.

On nous dit que Kellermann est destitué, et il l'a mérité, puisque la Convention l'a prononcé; mais nous n'en avons aucune certitude officielle, et nous prévenons le Comité de Salut public, que nous le conserverons jusqu'à ce que la nouvelle officielle nous en vienne, ou qu'il la reçoive, ou qu'il se présente quelqu'un pour le remplacer, parce que toutes nos dispositions sont prêtes en partie entre ses mains pour débusquer les Piémontais qui ne laisseraient absolument rien dans les trois districts envahis s'ils y restaient plus longtemps; ils les feraient exactement vider à net, et il faut que nous puissions les surprendre ou les chasser avant qu'ils aient pu réaliser leurs dispositions, et moi je crois que dans huit jours vous saurez que nous avons fait du chemin.

_____

(1) Archives départementales de la Savoie. (*Archives révolutionnaires.*)

Si les subsistances n'étaient toutes épuisées ou conduites à Lyon et ailleurs, nous aurions donné aux bons patriotes un plaisir et un avantage dont on ne se doute pas, nous aurions conduit un prince piémontais plié dans notre rapport à la Convention *(sic)*; mais nous n'avons pas assez de troupes, presque pas de munitions, peu de subsistances, et nous espérons que si les Piémontais se défendent un peu, nous aurons quelques dépouilles.

Nous ne vous adressons pas le tableau de nos dispositions arrêtées entre nous deux; le tout tient à des notions de localités dont la connaissance est exactement nécessaire pour en saisir la justesse que nous croyons y être. •

Nous croyons que toutes les ruses nous sont bonnes et nous en employons qui ne peuvent être excusées que par la pureté de la cause que nous défendons.

Les émigrés ne rentrent que très peu par le Mont-Blanc. Dès quelques jours, nous avions mis en observation trois hommes qui nous étaient indispensables pour épier un débarquement qui devait s'en faire vis-à-vis le pays de Vaud, sur notre frontière. Nous en aurions gobé et pendu dans les différents cantons cent trois qui avançaient vers les îlets. L'une de nos sentinelles nous a trompés, à ce que nous croyons; ils se sont ajournés, mais nous faisons observer leurs mouvements à Lausanne et nous vous en répondons. Nous venons d'être instruits que les Bernois avaient permis à la descente des Piémontais la formation dans leur canton de trois compagnies de cavaliers en habits bourgeois; qu'un nommé Duvivier avait commandé et conduit la première compagnie jusqu'à Saint-Maurice, et que là, quand on leur a dit qu'ils étaient à la solde des Piémontais contre le Mont-Blanc, ils ont rebroussé chemin et se sont retirés. Voyez si vous voulez que ce fait soit éclairci. Voyez aussi si vous nous autorisez à payer quelques frais d'espionnage, parce que jusqu'aujourd'hui nous avons fait faire à la hâte et à nos frais ces petites visites de frontières, pour déterminer notre conduite en conséquence.

Salut, fraternité, et soyez convaincus que si nous avions deux mois de plus en beau, d'après nos renseignements, nous irions à Turin. Nous ne savons pas s'il serait prudent de le tenter; répondez-nous là-dessus; si vous voulez, nous vous répondons du plan; nous répondrons encore des vivres, mais nous n'avons pas l'état des munitions.

Les représentants du peuple français près l'armée des Alpes,

Signé : SIMOND et DUMAZ.

Chambéry, 18 septembre 1793, an II de la République française.

Les Représentants du Peuple près l'armée des Alpes à la Convention nationale.

Citoyens législateurs,

Nous vous avons promis des succès au nom de l'armée de la République et nous vous en adressons les détails.

L'ennemi a tenté de surprendre des postes et des détachements dans les montagnes d'Albane, entre la Maurienne et le Briançonnais, et, au moment où ils envoyaient cerner et investir un détachement placé par l'adjudant-général Prisye, celui-ci a fait occuper lestement les hauteurs, et les différents postes ont fusillé assez vivement les Piémontais qui, ne se croyant pas découverts, marchaient avec confiance pour surprendre des républicains qui ne craignent aucun des malheurs dont la surveillance et le courage peuvent préserver. Les Piémontais, surpris, fusillés, effrayés et roulant sur les pointes sourcilleuses des rochers, ont appris à leurs dépens qu'il ne faut plus compter sur le sommeil d'un peuple qui veille pour la liberté.

Le 12, dans le district de Saint-Jean, au delà du pont d'Argentine, l'ennemi, qui n'avait pu en empêcher la reconstruction, élevait à deux lieues de là des redoutes pour empêcher les troupes de la République d'avancer ou de s'établir, si elles passaient le pont. Au moment où la redoute venait de recevoir son artillerie, qui devait être le *nec plus ultra* des Français, il est arrivé que l'infatigable artillerie française s'était aussi établie à leur insu et à leur portée. L'affaire s'est engagée vivement. La redoute a été emportée et les chariots qui avaient apporté les vivres des Piémontais ont servi pour emmener leurs cadavres.

Le surlendemain, l'ennemi a voulu se représenter. Nous épargnons à la Convention nationale le temps que prendrait un détail des localités, dont la connaissance, toutefois, dans les montagnes, des gorges et des défilés, décide des batailles, et compose le mérite militaire de l'officier, pour dire en substance qu'après différentes marches, fausses attaques et dispositions simulées, on a fini par débusquer les Piémontais des hauteurs. On en a tué à peu près cent douze à cent quinze, dont un capitaine du régiment Novare. Plusieurs ont roulé sur les rochers et ont teint du sang le plus lâche ces ossements respectables d'une terre libre. Il y a eu une vingtaine de prisonniers; on a surpris des paysans armés parmi eux avec le crucifix, la croix, les insignes de l'inviolabilité ; et, dans ces pieuses dispositions, une fusillade nationale a fait voler leur âme vers la gloire éternelle.

Nous apprenons à la Convention nationale que la ville de Cluses, chef-lieu du disctrict de ce nom, est occupée par les troupes de la République. Dès le 16 de ce mois, il y a eu une canonnade terrible au pont de Marigny, près Bonneville, et quelques fusillades très opiniâtres dans les trois lieues de gorges qui sont de là à Cluses. Mais les républicains ont tellement poursuivi la horde piémontaise que, dans leur retraite, ils n'ont pu s'établir nulle part. Les sans-culottes armés n'ont voulu ni s'arrêter, ni manger qu'à Cluses ; ils ont tenu parole. Nous recevons actuellement la nouvelle que l'armée française s'est portée, de Cluses, à quatre lieues en avant, pour s'emparer de Sallanches, où il y aura des fanatiques à punir. Les Piémontais sont actuellement, dans cette partie, adossés au rocher du Mont-Blanc et à ceux frontière du Valais ; et l'armée a déclaré qu'elle ne voulait compter ses ennemis qu'après leur mort. A notre prochain courrier, la Convention nationale recevra de plus heureuses nouvelles encore. On peut promettre quelque chose à l'avance quand ce sont des républicains français qui se battent contre des Piémontais.

Notre commission révolutionnaire va travailler dans l'intérieur nos gros messieurs, qui regrettent leurs bâtons syndicaux et leurs perruques magistrales, la livrée maigre de leurs laquais, leurs pigeons, leurs chanoines, leurs moines et leurs terriers.

La Convention nationale entendra peut-être que nous les menons sévèrement ; mais nous répondons de la justice de nos mesures. La cause des patriotes doit être soutenue et vengée, et tous leurs ennemis traités comme ils l'ont mérité.

Les représentants du peuple français à l'armée des Alpes,

P.-S. SIMOND.   DUMAZ.

PROCÈS-VERBAL

Du Conseil de guerre tenu à Grésy, district de Chambéry,
département du Mont-Banc,

Par le général KELLERMANN,

Et composé du général d'armée, du général de division Dornac, commandant en chef; du général de division Saint-Remy, chef de l'état-major; des généraux de division Dubourg et Duteil le jeune, général de l'artillerie; des généraux de brigade Ledoyen et Badelone; des chefs de bataillon Moline, commandant de l'artillerie; Lecomte, commandant du génie; Boyer, adjudant-général; Camatte, du 5e bataillon de la Gironde; Saint-André, du 5e de l'Isère, et du chef d'escadron Blessy, du 1er régiment de hussards, et auquel a assisté le citoyen Dumaz, représentant du peuple près l'armée des Alpes.

Les généraux de brigade Ledoyen, commandant en Maurienne, et Badelone, commandant en Tarentaise, ayant donné les renseignements qu'ils se sont procurés, tant par des reconnaissances que par les rapports des patrouilles, des déserteurs et des espions, sur les forces de l'ennemi, les postes qu'ils occupent, les retranchements qu'ils y ont faits, le général de l'armée a mis successivement à la discussion les questions suivantes. Le chef de l'état-major ayant recueilli les voix, le conseil de guerre a décidé ce qui suit et tous les membres y ont apposé leur signature:

Première question.

Pour chasser les Piémontais du territoire de la République, est-il plus avantageux de commencer par la vallée de la Tarentaise ou par celle de la Maurienne?

Avis du Conseil de guerre.

Onze voix contre deux pour attaquer d'abord la Tarentaise.

Deuxième question.

Sur combien de colonnes et par quelles directions doit-on faire l'attaque par la vallée de la Tarentaise?

L'attaque se fera par trois colonnes. Celle de gauche, forte de deux bataillons, partant d'Ugines, passera l'Arly aux Planches, montera à Queige et suivra la vallée de Beaufort, d'où elle se portera par Roselend sur les Chapieux, où elle tiendra poste jusqu'à nouvel ordre. La colonne du centre, forte de trois bataillons, passera par Venthon et gagnera les hauteurs pour longer l'ennemi au-dessus de Grand-Cœur, de Moûtiers et par Haute-Cœur, sur Aime. La colonne de droite, forte de quatre bataillons avec six pièces de réserve, marchera par la vallée de Tarentaise.

Troisième question.

Que doit faire pendant cette attaque la division de Maurienne ?

L'avant-veille de l'attaque, la division de Maurienne harcellera l'ennemi sur tout son front, sans compromettre la sûreté de la position d'Aiguebelle ; les mêmes manœuvres s'exécuteront la veille de l'attaque. Le jour de l'attaque, la division d'Aiguebelle poussera par le col de Basmont un corps de six cents hommes en face de la Roche-Cevins. Du reste, elle profitera des circonstances. Si la division de Maurienne était attaquée par tant de forces qu'elle ne pût pas garder sa position, après l'avoir défendue avec la plus grande opiniâtreté, elle fera sa retraite avec ordre sur Montmélian, gardera le fort, où il y a deux canons de 12 et deux de 8 en batterie, y fera monter son artillerie, gardera la route de la Tarentaise et enverra un bataillon à Allevard. Dans ce mouvement, le général Ledoyen fera rompre le pont de Grésy, et, lorsque les troupes auront passé le pont de Montmélian, on le rompra, mais seulement dans le cas où l'ennemi se dirigera sur Montmélian.

Quatrième question.

Quelle sera la conduite des diverses colonnes dans le cas où des forces très supérieures obligeraient à se replier ?

Chaque colonne, disputant bien le terrain, se retirera au poste d'où elle sera partie ; d'ailleurs, elles se porteront secours mutuel, dès qu'elles pourront le faire.

Cinquième question.

Comment pourvoir à tous les besoins des troupes ?

Les généraux prendront dans le pays tout ce qui sera nécessaire aux troupes ; le général de l'armée fera payer d'après les certificats des commandants de corps visés par les généraux.

Arrêté à Grésy, le 20 septembre 1793, l'an IIme de la République française, une et indivisible, par les membres soussignés du Conseil de guerre, assemblé ledit jour par le général d'armée Kellermann.

Signé : Boyer, Camatte, Moline, Lecomte, Saint-André, Blessy, Badelone, Duteil cadet, Dubourg, Ledoyen, Dornac, Saint-Remy, Kellermann, Dumaz.

Pour copie conforme :

Le général d'armée des Alpes et d'Italie,

Kellermann.

Au quartier général du Bourg-Saint-Maurice, au pied du Petit-Saint-Bernard, le 4 octobre, l'an IIme de la République, une et indivisible.

Le général d'armée des Alpes et d'Italie aux Représentants du peuple composant le Comité de Salut public.

Citoyens représentants,

J'ai promis à la Convention nationale de lui donner de mes nouvelles lorsque j'aurai quelque chose d'intéressant à lui mander. Je crois que l'expulsion entière des Piémontais du département du Mont-Blanc est une nouvelle qui méritera de fixer un moment son attention et la vôtre. Ci-joint, je vous envoie la relation des évènements et attaques qui ont amené cet avantage.

Citoyens représentants, on m'a soupçonné, on m'a accusé, on a versé sur moi le poison de la calomnie; il a fait effet. La Convention a lancé contre moi un décret de destitution; mais ce n'est encore que par les papiers publics que j'en ai été instruit; il ne m'a pas été notifié officiellement. On me trouve donc coupable. Eh bien! le Mont-Blanc est reconquis; *Lyon* a perdu l'espoir d'être secouru par *Turin*; la frontière de la République, dont la défense m'a été confiée, est entière de *Nice* à *Genève.* Voilà la réponse que je fais à mes accusateurs. Je vous avoue que j'ai été étonné du mot de destitution. Je n'avais pas lieu de m'y attendre, et j'espère de votre justice que vous engagerez la *Convention* à rapporter un décret que, sans doute, elle n'eût pas rendu si elle m'eût bien connu. Je suis prêt à lui rendre compte de ma conduite; lorsqu'elle l'aura approfondie et que je serai justifié, je vous prierai de me faire obtenir une honorable retraite. Au reste, quel que soit le traitement que je dois éprouver, je m'y soumets avec fermeté. C'est le propre d'un vrai républicain de recevoir les faveurs et les disgrâces de la fortune avec la même égalité d'âme.

Je vous prie de me mander le plus tôt possible ce qui est décidé à mon égard, et de me faire savoir si je dois voler au secours de l'armée d'Italie ou remettre mon commandement entre les mains d'un successeur.

KELLERMANN.

P.-S. — Le général Mercy d'Argenteau, qui commandait les Piémontais, a été tué d'un éclat d'obus à la canonnade de ce matin; c'est le rapport d'un déserteur, qui arrive à l'instant.

KELLERMANN.

Au quartier général du Bourg-Saint-Maurice, au pied du Petit-Saint-Bernard, le 4 octobre, l'an IIme de la République.

Le général d'armée des Alpes et d'Italie au Ministre de la guerre.

Ci-joint, je vous envoie, citoyen Ministre, la relation des différentes attaques qui ont eu lieu dans le Mont-Blanc contre les ennemis de la République. Nos troupes ont été victorieuses partout et les Piémontais sont chassés du territoire de la République.

J'ai appris par les papiers publics que la Convention nationale avait prononcé ma destitution. Ce n'est pas sans étonnement que je l'ai vu. Je vous prie de vouloir bien me mander ce que je dois en croire, et m'instruire de la vérité, en franc et loyal compatriote.

KELLERMANN.

RAPPORT

Des opérations militaires dans le département du Mont-Blanc depuis le 17 septembre jusqu'au 3 octobre de l'an IIme de la République française, une et indivisible.

———

. L'armée piémontaise avait fait, vers le milieu du mois d'août, une invasion générale dans le département du Mont-Blanc. Le général d'armée Kellermann, occupé alors au siège de Lyon, se rendit sur la frontière, ordonna des mesures qui rassurèrent le département du Mont-Blanc et retourna devant Lyon. L'ennemi avait reçu du renfort; les habitants du haut pays s'étaient déclarés pour lui ou le servaient par crainte; il fit bientôt de plus grands progrès. Le général Kellermann, sur la réquisition des représentants du peuple Simond et Dumaz, se rendit, le 1er septembre, dans le Mont-Blanc, fit passer un bataillon, venu du camp de Lyon, dans le district de Carouge, où l'ennemi s'était avancé, favorisé par un soulèvement presque général du Chablais et du Faucigny. Il ordonna aux divisions de Maurienne et de Tarentaise de rester dans les positions qu'il leur avait fait prendre à Aiguebelle et à l'Hôpital-sous-Conflans, qu'on se disposait à quitter pour aller occuper le camp de Barraux.

Le petit nombre de troupes dont était composée l'armée française dans le Mont-Blanc, affaibli encore par les maladies et réparti depuis le lac de Genève jusqu'aux Alpes briançonnaises, c'est-à-dire sur une étendue de plus de trente lieues, qui en fait plus de cinquante par les communications, ne lui fit pas perdre l'espoir d'attaquer à la fois l'ennemi sur les quatre points principaux de l'invasion qu'il avait faite, et dans lesquels il était supérieur en force à chacune des divisions des troupes de la République, qu'on avait à lui opposer. L'ennemi était encore puissamment aidé par les paysans des montagnes, qu'il avait armés et que les prêtres avaient rendus braves par le fanatisme, jusque là que ceux qui, pris les armes à la main, ont été fusillés suivant la loi, montraient une impassibilité héroïque, assurés, disaient-ils, de leur salut, puisqu'ils mouraient pour la bonne cause.

Ce secours avait redoublé les forces des Piémontais; il nous avait ôté les moyens d'avoir des nouvelles sûres et fréquentes de l'ennemi par l'espionnage et de faire subsister nos frères d'armes dans des pays presque impraticables qu'il fallait traverser, et dont les habitants, de concert avec lui, avaient enlevé les vivres de tout genre.

Il faut encore se bien pénétrer de ce qui a été dit dans le rapport du 18 septembre, que, dans la guerre de montagnes, ce n'est que par des actions de détail, isolées entre elles par de grandes distances et liées cependant par les résultats, que l'on parvient à des succès décisifs ; que, si de tels succès n'ont pas l'éclat de grandes batailles, ils n'en sont peut-être que plus remarquables par l'esprit de combinaison qu'ils exigent, par les difficultés de toutes espèces à vaincre pour les marches et subsistances, et par l'excessive fatigue que ces opérations occasionnent. C'est d'après ces exactes données qu'il faut juger les travaux des généraux et des troupes.

Le général Kellermann a fait connaître au Comité de Salut public et au Conseil exécutif provisoire, par plusieurs lettres et principalement par un rapport daté du 18 septembre, les divers mouvements qu'il avait ordonnés et le résultat de leur exécution.

Voici la suite des opérations :

Quatre pieds de neige tombés pendant trois jours sur les hautes montagnes, où les troupes bivouaquaient et où elles ne purent rester, ont forcé à retarder l'exécution du plan général d'attaque jusqu'à ce que les passages aient été un peu libres.

Pour expulser les Piémontais du territoire de la République, il a fallu les attaquer sur les quatre points de leur invasion. Les ordres ont été donnés de manière à mettre dans les opérations un ensemble aussi juste qu'il est possible de l'espérer sur un tel théâtre de la guerre.

Le général Kellermann avait ordonné au citoyen Verdelin, commandant les troupes de la République dans le Faucigny, après la prise de Cluses, d'assurer sa gauche et ses derrières avant de s'engager dans les gorges. Un détachement, commandé par le citoyen Sarret, aide-de-camp du général Kellermann, attaqua, le 25, l'ennemi posté sur les hauteurs de Châtillon, défendues par des retranchements qu'il emporta de vive force, le poursuivit dans la plaine de Taninges, le força à repasser, avec beaucoup de pertes, la rivière du Giffre et coupa ainsi la communication de l'ennemi avec les rebelles du Haut-Chablais. Le citoyen Verdelin fit partir de Cluses, le 28, sur trois colonnes, les troupes pour attaquer l'ennemi dans la gorge de Sallanches et sur les hauteurs environnantes. Après avoir culbuté les postes avancés, les colonnes arrivèrent à la redoute de Saint-Martin, garnie de six canons. Cet ouvrage fut emporté ; l'ennemi, mis en déroute et poursuivi avec vigueur, abandonna Sallanches, une partie de son artillerie et de ses bagages, et se retira péniblement par la montagne du Bonhomme pour retourner en Piémont. Le combat a duré un jour et demi. Les troupes de la République ont tué ou blessé un grand nombre d'hommes, pris quarante soldats, un ingénieur, quatre-vingts paysans armés, se sont emparées de quatre canons de 3, de plusieurs autres d'un calibre inférieur, de fusils, carabines et munitions de diverses espèces. Cette victoire ne nous a coûté qu'un officier du 6me bataillon de la Gironde, un hussard et un canonnier auxiliaire; il y a eu peu de blessés.

Dans le même temps de ces opérations en Faucigny, le général Kellermann préparait d'autres succès en Maurienne et en Tarentaise, où les Piémontais avaient leurs principales forces. Il avait été décidé dans un conseil de guerre que la principale attaque se ferait en Tarentaise et qu'elle serait secondée par les mouvements des troupes de la Maurienne. Il fallait donc combiner des opérations simultanées et correspondantes sur les flancs de ces deux vallées et à travers la masse des montagnes qui les sépare et leur sert de communication.

Il fut ordonné que la division de Tarentaise, commandée par le général de brigade Badelone, quitterait le camp de l'Hôpital et se porterait jusqu'à la Bâtie pour resserrer le corps ennemi campé à la Roche-Cevins. Le 28 septembre, deux colonnes de cette division, l'une commandée par le chef de bataillon Saint-André, l'autre par le chef de bataillon Chambarlhac, eurent ordre de se porter sur la vallée de Beaufort, où l'ennemi avait un corps de mille deux cents hommes, pour couvrir sa droite.

Le général Kellermann avait fait, le 27, avancer la division de Maurienne, commandée par le général de brigade Ledoyen, jusqu'à la Chapelle et la Chambre; l'ennemi avait fait sauter deux ponts de la rivière d'Arc, en avant de lui, et un troisième plus près de nous fut surpris avant que l'ennemi eut eu le temps de le faire sauter. Cette opération fut exécutée dans la nuit du 28, et ce pont servit aux communications du centre de la division de Maurienne, commandée par le commandant Hocquard. Cet officier avait ordre de s'avancer des montagnes escarpées d'Albaretta et de Belleville, que les troupes de la République avaient emportées par un effet de courage extraordinaire, vers celles de Saint-Etienne de Quines et de s'emparer ensuite des hauteurs qui dominent Saint-Jean-de-Maurienne et le vallon d'Arves, afin d'établir une communication prompte avec les troupes de Valloire, poste dont l'importance est connue pour couvrir les avenues de la Maurienne dans le Brianconnais.

L'adjudant-général Prisye, qui commande à Valloire, avait l'ordre de manœuvrer pour s'emparer de Valmeinier, où l'ennemi s'était retranché, et pour inquiéter les Piémontais sur leur gauche et même sur leur derrière, dans la Maurienne. Le 2 octobre, Valmeinier est emporté la baïonnette au bout du fusil; deux pièces de canon et beaucoup de tentes, équipages et munitions tombèrent dans nos mains; soixante hommes ont été tués, quatre-vingts faits prisonniers, dont trois officiers.

Le général Ledoyen eut ordre d'attaquer, avec un corps de mille cinq cents hommes, en deux colonnes, les canonniers retranchés au col de la Madeleine, au-dessus de la Chambre, poste de la plus grande importance pour eux, puisqu'il assurait la communication de leurs troupes de Maurienne et de Tarentaise, et, pour nous, puisqu'il devait nous placer sur les derrières de leur corps avancé dans la Tarentaise.

Ces dispositions faites pour coïncider à la même époque, depuis le Haut-Faucigny jusqu'à Valloire, le général Kellermann remit au général d'Ornac la conduite des opérations de la droite et se rendit au camp de la Tarentaise.

Les premières marches que l'exécution de ces ordres nécessitait, et dont les habitants du pays avertirent les Piémontais, donnèrent à ceux-ci des inquiétudes. Ils replièrent leur avant-garde campée à la Roche-Cevins jusqu'à la position de Grand-Cœur et d'Aigueblanche. Les troupes de la République les suivirent et prirent poste devant elle au pont de Briançon. Les mouvements qui avaient été ordonnés ont été exécutés avec autant d'ensemble qu'on peut en demander et en attendre dans un tel pays, et l'on peut dire que tous ont contribué au succès général.

Les troupes commandées par le général Ledoyen ont forcé le col de la Madeleine, tué ou blessé beaucoup d'hommes, fait douze prisonniers, dont un sous-lieutenant, et si elles n'ont pas causé une plus grande perte à l'ennemi qui, averti par les paysans, a fui à la faveur d'un brouillard, elles ont du moins rempli le grand objet de couper la ligne, de s'emparer d'un poste important; elles ont même arrêté, par un mouvement que le général Ledoyen ordonna à propos, la marche des secours que les Piémontais de Maurienne voulait y porter.

L'une des deux colonnes de nos troupes de Tarentaise, arrivée la première sur Beaufort, où elle s'était dirigée par un chemin plus facile, se voyant découverte par l'ennemi, fut obligée d'attaquer seule. Elle le fit avec vigueur et lui causa une perte assez forte. L'autre colonne, commandée par le chef de bataillon Chambarlhac, ayant trouvé un détachement de l'ennemi sur la montagne d'Arèches, l'attaqua la nuit ensuite, et ne put arriver qu'après l'expédition de Beaufort, où elle acheva ce que les troupes commandées par Saint-André avaient si bien commencé; il se jeta sur les ennemis malgré leur feu, les chargea à la baïonnette, en tua et blessa un grand nombre, fit quatorze prisonniers et s'empara de plusieurs fusils.

Après ces premiers avantages, nos troupes des deux divisions de Maurienne et de Tarentaise exécutèrent les ordres suivants: Le corps de bataille de la Tarentaise, avancé jusqu'au pont de Briançon, gagna les hauteurs de Naves par la gauche, celles de Bonneval par la droite, et présenta, deux jours de suite, quelques têtes de colonne devant la position de l'ennemi à Grand-Cœur et à Aigueblanche. Celui-ci plaça quelques pièces en batterie, canonna sans nous faire du mal et sans qu'on daignât lui répondre. Mais, le même jour, le général Keller-mann fit tirer quelques coups d'une pièce de 12, qui tua plusieurs hommes à l'ennemi; il n'avait voulu que reconnaître la position et la force des Piémontais, en les engageant ainsi à quelque développement de leurs moyens et qu'attirer par là leur attention sur 1 vallée, pour favoriser les opérations suivantes de notre droite et de notre gauche.

Les troupes qui s'étaient emparées du col de la Madeleine, eurent ordre d'en descendre sur les hauteurs escarpées de la la gauche de l'Isère, au-dessus d'Aiguebelle, et en face du plateau de la Chapelle qui se trouve sur la ligne droite, où l'ennemi avait une partie de son corps de troupe, appuyée par une réserve placée à Moûtiers. Elle devait y arriver le 2, au matin, qu'ils se trouvèrent ainsi sur la gauche de l'ennemi. Le général de brigade Ledoyen, qui marchait à leur tête, avait, au même temps, fait passer un détachement, commandé par le chef de bataillon Lamaille, du 10ᵐᵉ régiment, à Saint-Jean-de-Belleville, pour couper à l'ennemi la communication entre la Tarentaise et la Maurienne par le col des Encombres et aussi pour se porter au besoin sur les derrières de Moûtiers.

Les grenadiers et chasseurs, commandés par le chef de bataillon Chambarlhac, eurent ordre de partir le 30 septembre de Beaufort et de marcher sur le corps ennemi campé sur la montagne du Cormet, point où se réunissent les routes qui descendent à divers points de la Tarentaise; ils devaient se porter ensuite par leur droite sur les hauteurs de Moûtiers. Cinq cents soldats républicains chargèrent à la baïonnette et forcèrent dans ce poste important mille hommes retranchés avec du canon, tuèrent et blessèrent beaucoup d'officiers et soldats, particulièrement du régiment de la Marine. Dans cette belle action, l'avant-garde, composée d'une compagnie du 8ᵐᵉ bataillon d'infanterie légère, de celles des chasseurs du 1ᵉʳ des Basses-Alpes, de l'Ariège et de la Haute-Loire, et commandée par le capitaine Comte, du 1ᵉʳ bataillon des Basses-Alpes, qui s'était déjà distingué dans plusieurs actions au camp de Tournoux par son intelligence et son intrépidité, gravit la première des rochers crus inaccessibles; les grenadiers la soutinrent avec la plus valeureuse émulation et, en quelques minutes, l'impétuosité des Français franchit les obstacles de la nature, culbuta l'ennemi deux fois plus nombreux et chanta notre hymne guerrier sur ces rocs sourcilleux.

Le général Kellermann avait résolu d'attaquer, le 2 octobre, les Piémontais, dans leurs positions de Grand-Cœur et d'Aigueblanche, en les faisant tourner par leur droite et par leur gauche. On pouvait espérer du succès; mais l'ennemi, s'apercevant de ces manœuvres, se décida à décamper pendant la nuit.

Les troupes de la République entrèrent, le 2 au matin, à Moûtiers. Le général de l'armée fit pousser aussitôt un gros détachement sur les hauteurs d'Aime, où il fit quelques prisonniers et s'empara d'un magasin de vivres. Il poursuivit les ennemis et se mit lui-même à la tête de la colonne, qui arriva au Bourg-Saint-Maurice une heure après l'ennemi et qui releva, au son d'une musique guerrière et des chants patriotiques, l'arbre de la liberté, que les ennemis avaient abattu. Le jour finissait, on ne put attaquer l'ennemi qui montait le Petit-Saint-Bernard, dont il défendait le pied avec une forte arrière-garde. Notre artillerie ne put arriver que le lendemain, à la pointe du jour, à cause du mauvais état des chemins, rompus en plusieurs endroits par l'ennemi. Le général alla le reconnaître; il le vit dans une position avantageuse, d'où il favorisait sa retraite par un feu très vif de canons et d'obusiers. La nôtre eut ordre d'avancer. Quoique placée moins avantageusement que celle de l'ennemi, elle fit bientôt taire son feu; elle lui enleva beaucoup d'hommes; on le vit alors gagner précipitamment la crête de la montagne, en emportant ses blessés. Notre feu cessa lorsqu'il fut hors de portée. Ce qui flatte le plus le général dans cette journée, c'est que la République n'a pas eu un seul homme blessé.

On peut présumer en principe militaire que la retraite des Piémontais de la Tarentaise nécessitera celle de la Maurienne. S'ils avaient fait la faute d'y rester, on tâchera d'en profiter, et de nouveaux renforts passent dans cette vallée pour la purger promptement de ses ennemis.

L'expulsion des Piémontais du territoire du Mont-Blanc n'a coûté qu'environ cinquante hommes tués ou blessés et autant de prisonniers à la République. Mais la perte des ennemis, y compris les déserteurs, est infiniment plus grande et on peut évaluer celle de l'ennemi à deux mille hommes et des sommes d'argent immenses. Les diverses attaques ont été exécutées avec cette valeur brillante qui caractérise le soldat français et qui était encore aiguillonnée par la présence du représentant du peuple Dumaz, qui se trouvait partout avec le général. Les fatigues, les marches pénibles sur des rochers affreux, le manque de souliers et quelquefois de subsistances, les soldats ont supporté tout avec une constance vraiment républicaine.

Le général Kellermann fait le plus grand éloge de ses frères d'armes de tous grades. Il a été parfaitement secondé par le général Saint-Remy, chef de l'état-major, les généraux Ledoyen et Badelone. Il donne les louanges les mieux méritées au chef de bataillon Chambarlhac, .a brave capitaine Comte, peut-être le plus intrépide chasseur de l'armée.

Après avoir une seconde fois délivré d'une invasion des ennemis le territoire de la République avec des forces inférieures, le général Kellermann présente sa vie entière au jugement de la Convention nationale et de tous ses concitoyens.

Fait au quartier général du Bourg-Saint-Maurice, au pied du Petit-Saint-Bernard, le 4 octobre 1793, l'an IIme de la République, une et indivisible.

Le général de l'armée des
Alpes et d'Italie,

KELLERMANN.

Le représentant du peuple
près l'armée des Alpes,

DUMAZ.

Chambéry, le 7 octobre 1793, l'an II de la République, une et indivisible.

Le Représentant du peuple Simond au Comité de Salut public.

Citoyens collègues,

Maintenant que tous les Piémontais sont expulsés du Mont-Blanc, je vais m'occuper, conjointement avec mon collègue, à punir les traîtres, à renvoyer les lâches et à remplacer les hommes nuls qui tourmentent la République au lieu de la servir.

Je vous préviens que j'ai destitué ce matin le général Santerre. Si malheureusement il croit s'en plaindre, faites-moi parvenir les réclamations, j'y joindrai les motifs. Un des principaux, c'est d'avoir attaqué dans le district de Cluses la redoute de Miribel qui n'était défendue qu'avec un canon, sans ouvrage avancé; d'avoir engagé son armée sur une colonne dans un vallon, laissant les hauteurs de droite et de gauche à l'ennemi; d'avoir fait fusiller et décourager l'armée par une déroute; tandisque, sans aucun général, avec un seul capitaine et de meilleures dispositions, je l'ai vu emporter, nonobstant un retranchement nouveau, un chemin couvert d'un renfort de cinq pièces de canon, de six espingardes, de deux vits de mulet et d'un bataillon d'élite, avec un avantage qui est peut-être sans exemple dans la République, puisque, tant sur la redoute que dans la fuite, nous avons pris à l'ennemi toute son artillerie, ses provisions, lui avons tué près de la moitié de ses troupes et lui avons fait plus de trois cents prisonniers ou déserteurs.

J'ai suspendu aussi le général Dubourg, qui a ordonné la retraite des troupes de Tarentaise et de Maurienne. S'il vous adresse des réclamations, en m'en prévenant, je vous prouverai qu'il faut être Lyonnais ou profondément étranger au bon sens pour s'être replié comme il l'a fait. Si j'avais moins à faire ou si je pouvais vous supposer moins occupés à des objets plus majeurs, je vous en parlerais plus au long.

Je vais en suspendre ou en envoyer au tribunal criminel quelques autres. Je vous prie de porter toute votre attention sur la discipline militaire, sans cela la République sera toujours en danger. J'ai vu les militaires au feu, je les ai vus en route, et c'est dans ces moments que l'on connaît de préférence leur moralité. Les lâches et les aristocrates pillent, se plaignent et reculent; ceux qui sont vrais sans-culottes sont humains hors du combat, n'entrent chez personne et se battent en républicains.

S'il m'était permis de choisir douze cents hommes à l'armée des Alpes, je voudrais répondre de plus grands progrès avec eux qu'avec tout l'ensemble des bataillons dans lesquels ils sont mêlés.

Un adjudant-général, venu de l'armée devant Lyon, m'annonce qu'il est envoyé pour former une armée intermédiaire pour sauver le Mont-Blanc et l'Isère de l'invasion des émigrés et révoltés qui vont s'échapper de Lyon. Je vous avoue que la création d'un état-major provisoire, de commissaires des guerres et vivres m'a déplu, et je lui ai donné par écrit ma déclaration portant que je réponds de l'Isère, des Hautes-Alpes et du Mont-Blanc, qui sont confiés à la surveillance de mon collègue et de moi. Je vais établir sur le lac de Genève des barques en croisière pour surveiller notre rive et empêcher la contrebande, et je préviendrai Berne, par l'intervention de notre chargé d'affaires, que cette mesure ne regarde nullement les Suisses; je vous adresserai copie de ma lettre à ce sujet. Genève se tourmente pour ses subsistances et craint que je ne lui coupe les vivres. Cette ville nous a envoyé deux députés; j'ai pris avec eux l'engagement de traiter en séance publique, à l'administration de Carouge, les rapports que nous devons supprimer ou conserver avec eux; je vous adresserai pareillement copie de notre arrêté.

Cette frontière est à peu près purgée de contre-révolutionnaires et de Piémontais. Il y a en Suisse quelque fermentation de la part de quelques magnifiques en coalition avec les émigrés; mais tout ira bien, et je vais incessamment faire passer près de Nice ou Toulon quelques bataillons d'élite, vu que j'ai la certitude que la marmotte sarde fait filer des troupes de ce côté.

Je fais singulièrement surveiller les émigrés et révoltés de Lyon et je ferai fusiller les premiers surpris pour servir d'exemple aux autres.

Rendez-nous le service de faire rendre le décret sur les émigrés savoisiens; nous avons un certain nombre de gens à scrupule qui l'attendent pour se prononcer et pour agir.

Si vous voulez savoir ce que coûte cette campagne au roi sarde, du côté du Mont-Blanc, je vous dirai huit mille hommes, tant morts de maladie que tués, prisonniers ou désertés. Tout le régiment suisse de Rochmondet a déserté, et, dans ce moment, je reçois une lettre qui m'annonce une fusillade des Piémontais contre les régiments de Savoie et Maurienne, qui ne veulent pas descendre du Mont-Cenis en Piémont.

Salut et fraternité.

Le représentant du peuple près l'armée des Alpes,

PH. SIMOND.

Je vous dirai que la municipalité de Chambéry m'écrit aujourd'hui que, dès la déroute de Sallanches, ce qui valait cent assignats ne se paye aujourd'hui que soixante.

Les nombreux déserteurs qui nous viennent et la détermination des prisonniers à servir la République avaient déterminé probablement les généraux, et peut-être encore mon collègue, à organiser un bataillon de chasseurs ou deux, composés de ces déserteurs. Je viens de les prier de n'en rien faire jusqu'à ce que les bataillons devant Lyon et aux Pyrénées soient au complet, vu que ces bataillons nouveaux, d'étrangers surtout, et dans lesquels on fait entrer des officiers de faveur, ne me paraissent pas fondés en principes de politique, de sûreté, ni d'économie politique.

Nota. — Ces dernières lignes sont de la main de Simond.

SUITE DU RAPPORT

Des opérations militaires dans le Mont-Blanc depuis le 18 septembre.

Il a été dit dans le rapport du 5 de ce mois qu'après avoir battu les troupes du desposte sarde à Beaufort, au Mont-Cormet, où le chef de bataillon Chambarlhac se comporta avec la plus grande distinction, leur enleva quatre pièces de canon, plusieurs spingoles, treize caissons, tous leurs effets de campement et munitions de guerre et de bouche; enfin, qu'après avoir obligé la division qui avait pénétré dans la Tarentaise à remonter le Petit-Saint-Bernard, on devait présumer, en principe militaire, que la division ennemie, qui s'était avancée en Maurienne et dont deux corps avaient été battus, l'un au col de la Madeleine et l'autre à Valmeinier, aurait également fait sa retraite. Mais on a ajouté que des mesures étaient ordonnées et déjà s'exécutaient, pour profiter de la faute de l'ennemi, s'il avait gardé sa position.

Ces mesures ont été de renvoyer au col de la Madeleine la colonne que le général de brigade Ledoyen avait amenée pour l'attaque de la Tarentaise et de la diriger, ainsi que celle aux ordres du chef de bataillon Lamaille, restée à Saint-Jean-de-Belleville, sur le passage important des Encombres, qui communiquait de Moûtiers à Saint-Michel en Maurienne, où étaient les principales forces de l'ennemi. Le général Dornac menaçait en même temps l'avant-garde piémontaise retranchée à Saint-Julien. La colonne aux ordres de l'adjudant-général Prisye, qui venait de vaincre à Valmeinier, marchait pour menacer le flanc gauche et les derrières de l'ennemi. Le 6me bataillon de la Gironde, qui avait combattu avec tant de valeur dans le Faucigny et qui, arrivé par les chemins les plus pénibles en Tarentaise, reçut l'ordre de partir aussitôt pour Pralognan, d'où il devait savoir des nouvelles de l'ennemi, et, suivant les mouvements de celui-ci, qui allait être attaqué sur plusieurs points, ce bataillon devait se porter sur le flanc des Piémontais par le col du Petit-Modane ou sur leur derrière, en descendant par le col de la Vanoise à Tharmignon. Chaque colonne a parfaitement exécuté les ordres qu'elle avait reçus. Le général Ledoyen se porta de Montaimont par le col de Varbuche, à Plan-Villard pour attaquer l'ennemi dans les Encombres. Il avait fait arriver sur le même point les troupes aux ordres du chef de bataillon Lamaille. Mais, comme on l'avait prévu, l'ennemi avait pendant la nuit abandonné ce poste, ainsi que Saint-Julien et Saint-Michel, après avoir fait sauter les ponts de pierre, rompu les chemins, et employant tous les moyens de transport du pays pour précipiter sa retraite. Pour la couvrir, il fit occuper par une forte arrière-garde la montagne de Saint-André.

Le général Kellermann, après avoir poussé l'ennemi par la Tarentaise jusqu'au Petit-Saint-Bernard et donné ses ordres pour la défense de cette partie de la frontière, se porta rapidement en Maurienne, où il joignit le général Dornac, qui déjà avait pris poste à Saint-Michel. Le général Ledoyen venait d'en partir avec quinze cents hommes pour attaquer le poste des ennemis au Charmaix et leur couper la retraite sur

Modane, tandis qu'un autre corps, commandé par l'adjudant-général Prisye, gagnait les hauteurs derrière la droite de leur position à Saint-André.

La rupture des ponts et chemins ne permettait pas à notre artillerie de s'avancer, les soldats de la République bravaient celle des Piémontais et ne demandaient que de l'approcher pour s'en emparer. Mais l'ennemi, dans la soirée et la nuit du 6, avait évacué Saint-André, Modane, Bramans et même Thermignon, lorsque chacune de nos colonnes arriva au point qui lui était indiqué.

Le général Kellermann ordonna aussitôt au général Ledoyen et à l'adjudant-général Prisye de se porter, par les hauteurs de droite et de gauche, sur les directions du Mont-Cenis. Cette poursuite fut inutile. L'artillerie et les bagages des Piémontais avaient déjà passé les premiers retranchements qu'ils avaient conservés sur cette montagne et il n'a pas été possible de les atteindre, à cause des obstacles qu'ils avaient multipliés dans les routes, les défilés, les passages des rivières, craignant l'ardeur de notre poursuite.

Les troupes de la République ont occupé, le 7, tous les postes avancés de cette frontière. On met la plus grande activité à l'établissement des ponts provisoires et à la réparation des routes pour faire monter l'artillerie et les charrois de l'armée.

Le général Kellermann a fait la distribution des troupes pour la garde des vallées de Tarentaise et de Maurienne. Les hauteurs, les cols importants sont occupés, ainsi que la communication du Briançonnais, et ils le seront jusqu'à ce que les neiges ferment les passages à l'ennemi. Une réserve va occuper Montmélian pour se porter en deux marches, suivant les circonstances, dans l'une ou l'autre de ces vallées ou sur la partie de frontière que baigne le lac de Genève.

En annonçant à la Convention nationale que les satellites du despote sarde ont disparu du département du Mont-Blanc, le général Kellermann se plaît à louer l'ardeur et la constance vraiment républicaines des troupes qu'il a l'honneur de commander. Aucune privation, aucune souffrance, aucune fatigue dans des marches longues et continuelles à travers les montagnes les plus escarpées et pour la plupart dépourvues de tout, n'ont arrêté leur obéissance aux ordres de leurs chefs et leur dévouement au triomphe de la cause sacrée de l'égalité et de la liberté. Elles suivaient avec le plus grand zèle le général Dornac, qui, vieilli honorablement sous le harnais, consacre ses dernières forces à la défense de la République.

Le général de brigade Ledoyen, qui, toujours à la tête des détachements les plus importants, partageait avec les soldats la fatigue des marches, la rigueur des bivouacs, les privations de toute espèce et se multipliait par son infatigable activité pour bien connaître le pays et trouver les moyens d'attaquer l'ennemi avec avantage, mérite les plus grands éloges.

Le général de brigade Badelone, qui marchait à l'ennemi toujours à la tête des troupes; l'adjudant-général Prisye, ainsi qu'un grand nombre d'officiers de tous grades, qui par leur zèle et leur courage font présager des succès toujours plus éclatants pour les armes de la République. Dans ce nombre, il est juste de citer plus particulièrement les chefs de bataillon Lamaille, du 10ᵐᵉ régiment; Chambarlhac, du 1ᵉʳ de la Haute-Loire; Saint-André, du 5ᵐᵉ de l'Isère; Bernard, du 4ᵐᵉ de l'Ain; les capitaines Mollard, Herbin, Michel et Hocquard, du 23ᵐᵉ régiment; Constantini, de la Légion des Alpes; le capitaine Vordelin, du 70ᵐᵉ régiment d'infanterie; Sarret, aide-de-camp du général Kellermann, qui ont commandé les troupes de la République dans le district de Cluses et dont le citoyen Simond, représentant du peuple, a fait un éloge mérité; enfin, le capitaine Le Comte, du 1ᵉʳ bataillon des Basses-Alpes.

Mais on doit parler surtout du général Saint-Remy, chef de l'état-major de l'armée, qui, par ses talents militaires, ses grandes connaissances de la frontière des Alpes et de la guerre des montagnes, a été si utile pour les dispositions de cette campagne, et, malgré ses maladies graves, a constamment accompagné le général Kellermann et a rempli les fonctions de sa place avec le plus grand zèle, ne voulant du repos que lorsqu'il ne sera plus nécessaire. Il serait à regretter que sa santé ne lui permît pas de continuer ses services.

Le général Kellermann joint à ce rapport, qu'il a adressé à la Convention nationale et au ministre de la guerre, l'état des récompenses qu'il est de son devoir de demander pour les officiers qui se sont le plus distingués.

L'armée doit beaucoup aux représentants du peuple Simond et Dumaz, dont le courage et la présence n'ont pas peu contribué à décider la victoire.

Fait au quartier général de Thermignon, le 9 octobre 1793, l'an II de la République française, une et indivisible.

Les représentants du peuple près l'armée des Alpes,

DUMAZ.

Le général d'armée des Alpes et d'Italie,

KELLERMANN.

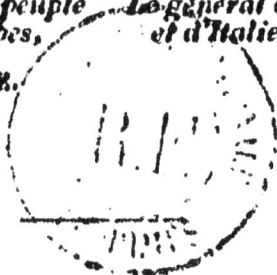

7

JOINT AU RAPPORT DU 9 OCTOBRE 1793

ÉTAT DES OFFICIERS

Pour lesquels les représentants du peuple et le général Kellermann demandent de l'avancement.

NOMS	GRADES ACTUELS	GRADES DEMANDÉS
Badelone.	Général de brigade.	Général de division.
Ledoyen.	Idem.	Idem.
Prisye.	Adjudant-général, chef de brigade.	Général de brigade.
Chambarlhac.	Chef du 1er bataillon de la Haute-Loire et du 4e bataillon de grenadiers.	Idem.
Verdelin.	Capitaine au 79e régiment.	Adjudant-général, chef de brigade.
Sarret.	Aide-de-camp, capitaine.	Idem.
Herbin.	Capitaine au 23e régiment.	Adjudant-général, chef de bataillon.
Hocquard.	Idem.	Idem.
Constantini.	Capitaine de la Légion des Alpes.	Chef de bataillon de ladite Légion.
Comte.	Capitaine du 1er bataillon des Basses-Alpes.	Chef du bataillon de chasseurs des Alpes, si le Conseil exécutif consent à nommer le commandant Dassier, chef actuel de ce bataillon, au grade d'adjudant-général, chef de brigade, service auquel ses talents le rendent propre.

Les représentants du peuple   Le général d'armée des Alpes
près l'armée des Alpes,   et d'Italie,

DUMAS.   KELLERMANN.

Chambéry, le 12 octobre 1793, l'an II de la
République, une et indivisible.

Les Représentants du Peuple français près l'armée des Alpes à la Convention nationale.

Citoyens législateurs,

Nous n'avons plus à vous parler des Piémontais; il vient
d'en sortir quinze à seize mille du département du Mont-Blanc,
sur vingt-deux à vingt-trois mille qui y étaient entrés; le
déficit est composé des morts dans les hôpitaux, des tués dans
les différentes actions, des prisonniers ou déserteurs. Ces deux
dernières classes, le nombre en est toujours assez considérable,
celui des déserteurs s'accroît tous les jours. On renverra ceux
qui n'ont ni le cœur, ni la force nécessaire pour porter l'arme
d'un homme libre, et les autres seront répartis pour compléter
les cadres des corps incomplets. Nous n'avons pas cru devoir
les envoyer aux Pyrénées, moins encore aux armées du
Nord, vu que plusieurs d'entre eux sont, sans doute, des
coureurs de régiments, tourmentés du mal de la désertion.
Nous pensons qu'ils en seront moins travaillés sur la frontière
du Piémont qu'ils connaissent et qui est, de tous les États,
celui dans lequel il leur répugnerait le plus d'entrer.

Nous allons finir de purger les mauvaises administrations
civiles et militaires. A chaque pas, on trouve des gardes-
magasins et chefs de convois en faute. Il ne suffit pas de les
renvoyer; l'exemple prouve qu'ils vont se reproduire ailleurs,
dans une autre place. Nous avons pris le parti de faire appliquer
à un poteau de la place publique ceux que nous surprenons
en délit, avec l'écriteau qui le désigne. La loi ne l'autorise
pas; mais, contre un voleur public, tout ce qui n'est pas
défendu doit être permis. Les gardes-magasins et leurs
commis, les brigadiers de convois fabriquent des lettres de
voiture qui, presque toujours, énoncent un excédent d'un
quart, souvent d'un tiers et plus encore, de ce qui a été
vraiment délivré; et, par cette détestable connivence, à
laquelle tout le monde se rend, les gardes-magasins, les
directeurs de subsistances et approvisionnements de tous
genres, se trouvent créanciers auprès de la République, en
rendant leur compte, de tout ce qu'ils lui ont volé. Il est tel
garde-magasin d'avoine ou de foin qui se trouve avoir en fonds
sept à huit cents quintaux de ces objets, dont la République est
comptable et qui n'en a jamais acheté pour cinq sols. Il arrive, en
outre, que les charrettes, ne portant pas la charge prescrite par
les ordonnances, nécessitent leur augmentation ou font languir
le service. Nous avons arrêté que tout charretier qui sera

surpris avec un moindre nombre de mulets ou de chevaux que ceux nommés dans sa commission, qui n'en aurait pas fait la déclaration, ou qui recevrait des rations de fourrages qui u. seraient pas dues, ou qui n'aurait pas pris le chargement du pied ordonné, subira la confiscation de l'équipage surpris en défaut; le brigadier conducteur paiera le déficit trois fois en valeur pour indemnité, sous la responsabilité des chefs entre-preneurs, et sera renvoyé.

Les commis-magasins ou régisseurs qui auront expédié le chargement ou signé une fausse lettre de voiture payeront trois fois la valeur du déficit et seront mis aux fers pour un temps déterminé et renvoyés ensuite. Les commissaires des guerres ou les officiers municipaux qui auraient mis leur visa seraient destitués et déclarés inhabiles à aucun emploi et tous appliqués à un poteau en place publique, pour entendre prononcer leur jugement. Il est impossible de peindre à la Convention nationale l'esprit de dilapidation qui tourmente tous ceux qui se mêlent d'habiller, équiper, fournir et nourrir les armées; il semble que la probité soit un vice parmi cette espèce d'hommes et nous n'en trouvons que quelques-uns dont nous puissions citer les noms à la Convention nationale et devant les hommes libres. Nous adressons à la Commission de Salut public de la Convention des observations, dont on présentera, sans doute, ce qui sera jugé utile à la chose publique.

Les représentants du peuple à l'armée des Alpes,

Dumaz. Ph. Simond.

TROISIÈME PARTIE

OPÉRATIONS EN FAUCIGNY

NOTES

Pour servir à l'histoire de l'invasion faite par les
Piémontais dans le district de Cluses
en 1789. (Vieux style.)

Le 11 août 1793, un convoi de soixante-trois mulets, suivi
d'environ deux cent cinquante soldats de divers régiments
au service du roi sarde, arrivèrent à Sembrancher dans le
Bas-Valais, après avoir traversé le Grand-Saint-Bernard, qui le
sépare de la Val d'Aoste, d'où ils venaient.

Ces deux cent cinquante hommes n'étaient pas armés; ils se
donnèrent pour déserteurs. Les conducteurs des mulets
annoncèrent que les caisses dont ils étaient porteurs conte-
naient des marchandises pour Genève. Ces prétextes furent
employés pour enlever à une telle démarche les couleurs d'une
violation du territoire valaisan, ou bien pour écarter les doutes
que la France pourrait avoir sur une intelligence entre le
gouvernement de ce pays et les Piémontais.

Le convoi partit de suite, soit dans la nuit du 11 au 12, de
Sembrancher, pour se rendre dans le district de Cluses, en
passant par Trient, Vallorcine et Chamonix. Arrivé sur les
frontières, les caisses furent ouvertes, et l'on en tira des
fusils pour armer les deux cent cinquante hommes. Le surplus
fut ensuite distribué à des paysans, qui furent entraînés, soit
par les prêtres, soit par le marquis de Sales, qui était à
la tête de cette colonne, à prendre les armes contre la
République française.

Il n'y avait alors dans le district de Cluses, pour repousser l'ennemi, qu'une compagnie de chasseurs Rochellais de cent cinquante hommes cantonnés à Sallanches et un détachement de soixante-trois hommes de la garde nationale de Caronge, qui avait été envoyé à Viuz et à Saint-Jeoire pour arrêter et chasser des prêtres déportés qui rentraient depuis quelque temps pour exciter les habitants à la révolte.

Ces forces furent augmentées : 1° Par trois cent cinquant. hommes du 6ᵐᵉ bataillon de Rhône-et-Loire, qui eurent ordre de s'y rendre du district de Gex, où ils étaient cantonnés; ils arrivèrent à Carouge le 14 août au soir; comme le danger était imminent, on leur fournit des chariots, et ils partirent à neuf heures du soir; ils avaient une pièce de canon de 4; ils arrivèrent le 16 à Sallanches; 2° par une compagnie de la Légion des Alpes, de cent cinquante hommes; 3° par environ deux cents hommes, gardes nationales de Carouge; 4° par une demi-compagnie d'artilleurs de la garde nationale d'Annecy, conduisant deux pièces de 4; 5° enfin, par le surplus du 6ᵐᵉ bataillon de Rhône-et-Loire, qui était à ce camp, qui arriva à Carouge le 18, et qui en partit le 19 pour se rendre à Sallanches; il formait à peu près trois cent cinquante hommes; enfin, par trente hommes de cavalerie.

Cette petite armée était ainsi forte d'environ mille deux cents hommes d'infanterie, de trente hommes de cavalerie, de quatre pièces de canon de 4.

Les forces de l'ennemi furent aussi successivement augmentées par divers détachements de troupe de ligne, arrivés par l'Allée-Blanche, ou venus de l'armée qu'il avait en Tarantaise. Elles furent évaluées dans le temps à quatre cents hommes de ligne et huit à neuf cents paysans. Elles étaient commandées par le marquis de Sales.

L'ennemi occupa d'abord les communes de Servoz, Passy et Saint-Gervais, où il vint abattre l'arbre de la liberté et publier des proclamations pour exciter les habitants à une révolte. La première rencontre que l'armée française en fit fut en avant de Saint-Gervais, où il fut aperçu le 17 ou 18; on lui lâcha quelques coups de canon qui le firent retirer.

Les opérations de cette petite armée étaient dirigées par le citoyen Sarret, aide-de-camp du général Kellermann, brave à l'excès, mais trop ardent peut-être pour combiner avec sagesse et prudence des mouvements militaires.

Il n'y eut plus aucune action jusqu'au 21. Le temps se passa en patrouilles et en fausses alertes; à chaque instant, on annonçait l'ennemi et toujours à fausse enseigne. Enfin, le 21, à sept heures du matin, il se montra aux postes de Sallanches, où il reçut quelques fusillades des postes avancés, qui se retirèrent brusquement dans Sallanches, où ils jetèrent l'alarme. En même temps, on aperçut sur les hauteurs qui dominent le pont Saint-Martin une colonne ennemie, qui avait débouché du côté de Passy. L'alarme se répandit aussitôt dans toute l'armée, qui quitta Sallanches, où elle se trouvait, dans la plus grande confusion et sans aucun ordre. Elle se retira par le pont Saint-Martin, en avant duquel quelques braves résistèrent à l'ennemi. (C'étaient les chasseurs Rochellais; leur commandant Rondeau était brave et intelligent; il ne cessa de se comporter avec courage et intelligence.) Ils lui tuèrent quelques hommes, entre autres l'officier Gerdil, ex-Savoisien. L'armée française ne perdit qu'une pièce de canon.

Il paraît que la cause de cette déroute fut une suite des mauvaises dispositions de l'armée qui était cantonnée à Sallanches, où elle ne pouvait qu'être surprise. Si elle eût été placée tout entière au pont Saint-Martin, et qu'elle eût gardé les avenues et les hauteurs du côté de Passy, elle aurait été à l'abri de toute attaque de l'ennemi, qui ne pouvait la tourner, ni l'attaquer avec succès, puisqu'alors elle aurait été couverte par la rivière d'Arve.

Cette déroute fut si grande que l'armée se retira toujours en désordre jusqu'au delà de Bonneville, quoiqu'elle ne fut pas poursuivie par l'ennemi. Elle ne s'arrêta que sur la rive droite du torrent de Menoge, à deux lieues de Bonneville. Elle y fit un bivouac, et se retira encore à Siernaz, sur la rive gauche, de l'Arve, où elle se rallia.

L'ennemi vint à Cluses et occupa le pont de Marigny sur le torrent de Giffre, pour assurer sa droite. Il jeta aussi quelques forces du côté de Scionzier pour couvrir sa gauche. Une de leurs patrouilles vint, pendant la nuit, abattre l'arbre de la liberté à Bonneville; il fut incontinent redressé le lendemain par la municipalité.

L'armée française, campée à Siernaz, ne tarda pas de revenir de la terreur panique dont elle avait été saisie quand elle vit que l'ennemi n'avait pas même osé occuper Bonneville. Elle s'achemina pour l'aller joindre et le repousser. Elle partit de Siernaz le 29; elle campa au pont de Menoge, où elle resta le 30. Elle en partit le 1er septembre et arriva ce même jour à Bonneville.

Le citoyen Verdelin, commandant temporaire à Annecy, avait été envoyé pour en prendre le commandement, ce fut sous ses ordres que ces nouveaux mouvements s'exécutèrent.

Cette armée fut renforcée par le 6me bataillon de la Gironde qui arriva à Bonneville le 4 septembre, par un détachement d'hussards et par quelques pièces de canons venues de Chambéry, avec soixante hommes de la garde nationale de cette ville.

Peu de jours après, le général de brigade Santerre vint prendre le commandement de cette armée.

Jusqu'au 15, l'on s'occupa des préparatifs pour l'attaque que l'on se proposait de faire. Le détachement qui était à Saint-Jeoire fit rencontre de quelques patrouilles ennemies, avec lesquelles il y eut des fusillades. L'ennemi a eu sept à huit morts.

Dans la nuit du 14 au 15 septembre, l'armée partit de Bonneville pour attaquer l'ennemi.

La colonne de droite, forte de quatre cents hommes d'infanterie, huit hussards et une pièce de canon, s'avança par Scionzier sur Cluses. Celle de gauche, composée de quatre cents hommes (chasseurs Rochellais et volontaires du 6me bataillon de la Gironde), vint de Saint-Jeoire, où elle était depuis quelque temps; elle occupa de grand matin les hauteurs qui dominent au couchant le pont de Marigny. Celle du centre, commandée par le général Santerre, composée du reste de l'armée et de cinq pièces de canon, s'avança du côté de ce même pont, pour l'attaquer conjointement avec celle de gauche. L'attaque commença à quatre heures du matin, 15. L'entrée du pont était barricadée avec des arbres et des chariots. Après quelques fusillades et quelques coups de canon, l'ennemi, fort de trois cents hommes, abandonna ce poste, ainsi qu'une redoute qu'il avait établie sur la rive gauche du Giffre pour la défense de ce pont, et se retira partie sur Cluses, partie sur les hauteurs voisines. Il y eut de son côté un homme tué et quelques prisonniers. Dans l'armée française, il y eut un volontaire et un hussard de blessés. L'on mit le feu au château de Rapilles, que l'ennemi avait occupé.

En même temps, l'on s'aperçut que la colonne de droite faisait un feu très vif. Cela décida le général à diriger sa marche sur Cluses pour la soutenir en serrant l'ennemi de plus près.

La colonne de gauche fut chargée d'aller occuper le col de de Châtillon, qui conduit à Taninges.

Il était sept heures quand la colonne du centre se mit en marche pour avancer du côté de Cluses.

La colonne de droite, après avoir forcé les postes de l'ennemi à Vougy, Hermy et Marnaz, s'était avancée jusque près le pont de Cluses, où elle canonnait l'ennemi qui s'y défendait et qui était soutenu par les détachements qu'il avait placés sur les hauteur de Chevrier et du Pont.

La colonne du centre ne tarda pas d'arriver à Cluses. L'ennemi, fort d'environ mille huit cents hommes, s'était retranché dans une redoute qu'il avait établie en avant du couvent des Cordeliers. Outre la pièce de 4 qu'il avait enlevée à l'armée française le 21 août, il avait encore quelques autres pièces d'artillerie légère. Le général Santerre le fit attaquer sur trois points. Le feu durait depuis près de deux heures et demie, quand il survint, sur environ une heure après midi, une pluie des plus abondantes qui le força à se retirer. Partie de l'armée revint à Bonneville, le reste bivouaqua sur les hauteurs de Châtillon, malgré le mauvais temps. Du côté des Français, il y eut deux hommes tués et trois blessés; du côté de l'ennemi, vingt-et-un prisonniers et plusieurs blessés. L'ennemi, voyant que l'armée française occupait toutes les hauteurs qui dominent Cluses, et qu'il chercherait inutilement à s'y maintenir, l'évacua le 16, à deux heures du matin.

Les troupes, qui avaient bivouaqué sur les hauteurs de Châtillon, ayant eu avis de la retraite de l'ennemi, s'empressèrent d'entrer à Cluses, ainsi que l'administration du district, qui s'était retirée avec l'armée.

Le 17, au matin, l'armée française partit de Cluses pour aller attaquer l'ennemi. Elle ne formait qu'une seule colonne, à la tête de laquelle étaient les chasseurs Rochellais et l'artillerie. Elle suivit la grande route. L'ennemi s'était retranché à Miribel, à environ un quart de lieue du pont de Saint-Martin. L'attaque commença entre huit et neuf heures. Il y eut quelques coups de canon tirés de part et d'autre. Les chasseurs Rochellais, qui furent détachés pour battre les hauteurs, firent rencontre de l'ennemi, avec lequel ils s'engagèrent; ils eurent environ quinze blessés. Sur le midi, on aperçut à droite, sur les hauteurs qui bordent la rive gauche de l'Arve, une colonne d'ennemis assez nombreuse, avec des uniformes de ligne. Comme cette colonne pouvait tourner l'armée française, le général se décida à faire retraite. Elle s'exécuta de suite sur Cluses. Il laissa deux cents hommes à la Balme et cent à Nancy-sur-Cluses, et fit également occuper le col de Châtillon, qui conduit dans la vallée de Taninges

La mauvaise réussite des attaques de Cluses et de Miribel et le peu de talents qu'annonçait le général Santerre décidèrent son rappel. Le commandement fut redonné à Verdelin, qui le prit dès le 21 septembre et se hâta de faire de meilleures dispositions pour attaquer l'ennemi.

Il projeta une attaque pour le 29. A cet effet, dès le 28 au soir, il fit partir deux colonnes, fortes chacune de trois cents hommes, pour gagner les montagnes qui bordent la vallée à droite et à gauche. Il se mit ensuite en marche, le lendemain 29, dès la pointe du jour, avec le reste de l'armée, qui formait la colonne du centre. A son approche, les premiers postes de l'ennemi se replièrent sur une redoute qu'il avait établie en avant de Miribel. Le feu de cette redoute l'incommodait beaucoup, en s'opposant à sa marche. Il la fit de suite attaquer, et, après en avoir chassé l'ennemi, il la fit occuper. Il s'avança ensuite à une demi-portée de canon de la redoute de Miribel; il la fit attaquer par une canonnade très vive.

Pendant ces entrefaites, la colonne de gauche, commandée par Sarret, était aux prises avec l'ennemi. Elle n'avait pu le joindre qu'après avoir marché toute la nuit à travers des précipices horribles. Elle le rencontre sur un plateau couvert de tous côtés par des rochers escarpés. Averti de sa marche par un poste avancé, c'était là qu'il était venu l'attendre en nombre supérieur. Il fallut emporter cette position pour parvenir à la redoute de Miribel, qu'elle défendait. Le brave Sarret, parfaitement secondé par les volontaires qu'il avait sous ses ordres, l'attaqua avec impétuosité et en chassa l'ennemi, qui se rallia encore deux fois dans cette journée et fut toujours obligé de céder aux baïonnettes républicaines; la nuit vint terminer le combat. L'ennemi, sentant l'importance des hauteurs que la colonne de gauche cherchait à emporter, renforça pendant la nuit le corps auquel il en avait confié la garde et qui avait été attaqué la veille par Sarret. Malgré ce renfort, ce dernier l'attaqua sur les six heures du matin, 29. Il commença par un feu très vif et, un instant après, se précipita dans la redoute, que l'ennemi fut forcé d'abandonner en désordre. Au même instant, le général commandant la colonne du centre fit former une attaque pour soutenir celle de Sarret. L'ennemi, se voyant forcé dans une position qu'il croyait inexpugnable, se retira précipitamment par Saint-Gervais et Mégève. On lui prit une pièce de campagne de 3, trois pièces de moindre calibre, des caissons, vingt mille cartouches et cinq caisses de gargousses; on lui fit prisonniers deux officiers et cinquante soldats ou rebelles, qui furent de suite fusillés. L'armée française perdit peu de monde; du nombre des morts fut un officier. L'ennemi perdit beaucoup de monde dans les attaques qu'il essuya de la colonne de gauche. *Les hauteurs de Miribel étaient teintes de sang et jonchées de cadavres.*

Si la colonne de droite fût arrivée à sa destination, elle aurait coupé la retraite à l'ennemi, auquel toutes les issues auraient été fermées. Mais les difficultés des chemins la forcèrent à rétrograder.

En se retirant, l'ennemi coupa tous les ponts qui se trouvaient sur sa route, ce qui lui donna le temps d'échapper aux poursuites de l'armée française.

Quelques jours après, on découvrit dans la redoute de Miribel douze grands caissons de munitions que l'ennemi y avait cachés. On trouva aussi quatre pièces de canon qu'il avait enterrées à Notre-Dame-de-la-Gorge, les neiges et la chasse qu'on lui donnait ne lui ayant pas permis de leur faire traverser la montagne du Bonhomme.

Ce mémoire a été dressé par le soussigné, tant sur les rapports des personnes qui ont été témoins des événements que sur les rapports des commandants et autres personnes attachées à l'armée ou fonctionnaires civils.

Carouge, le 18 messidor, an III.

Le procureur syndic du district de Carouge,

CHASTEL.

De Sallanches, le 18 août 1793, l'an II de la République française, une et indivisible.

LIBERTÉ   EGALITÉ

Les Commandants provisoires des troupes de la République sur la frontière du Valais au Ministre de la guerre.

Citoyen Ministre, les commandants provisoires des troupes en réquisition pour la défense de la frontière du Faucigny ont l'honneur de vous prévenir des mesures qu'ils ont prises pour faire avorter les projets des rebelles et des Piémontais qui, au nombre de près de trois mille hommes, se trouvaient à la portée de nos avant-postes. L'esprit fanatisé des habitants de cette contrée ne nous permettant pas de nous procurer les lumières sur le nombre, la qualité et la disposition de l'ennemi, nous nous sommes avancés pour les reconnaître nous-mêmes; nous leur avons livré un combat dont tout l'avantage est de notre côté. Ils s'étaient emparés des hauteurs autour de Sallanches et menaçaient cette ville. Il a été repoussé, chassé de sommité en sommité, et nous l'avons forcé de repasser le Bonnant. Les soldats républicains se sont très bien comportés; les compagnies Rochellaises, ainsi que les détachements du 5me bataillon de Rhône-et-Loire, les gardes nationales de Carouge et autres lieux se sont parfaitement distingués. Nous nous empressons de rendre justice au citoyen Seignette, sous-lieutenant des chasseurs Rochellais, qui, le premier à l'attaque, a montré une valeur vraiment républicaine. L'ennemi a fait une perte considérable, tant en morts qu'en blessés, et la nôtre se réduit à très peu de monde. Nous avons fait brûler le pont de Bonnant pour lui ôter la communication avec le Faucigny. L'artillerie s'est conduite avec sa supériorité ordinaire; nous devons beaucoup à la valeur du citoyen Dubot, commandant le 5me bataillon de Rhône-et-Loire, qui, à la tête de la colonne, a montré le plus grand courage.

Parfaitement secondé par le citoyen Seguenot, commissaire des guerres, nous nous empressons de lui rendre justice, non seulement pour le zèle et l'activité infatigable dans ses fonctions, mais par l'utilité dont il nous a été dans la partie militaire. Nous devons vous faire connaître un excellent officier du génie, le capitaine Sylvestre, dont les lumières peuvent nous mettre à même d'exécuter des projets utiles à la République. Quoique l'armée ne soit pas nombreuse, forts de la valeur des soldats et de l'intelligence des officiers, en quelque nombre que l'ennemi se présente, nous ne craignons pas de vous assurer qu'il sera repoussé. La plus grande ardeur, le courage le plus ferme, la subordination la plus stricte se sont manifestés parmi les soldats de la République ; ils brûlent tous de voler à l'ennemi. Nous espérons bientôt vous en donner des nouvelles.

Nous nous trouvons sans fonds et nous sommes en très grand besoin pour nos opérations.

Henri SARRET.   G. RONDEAU.

Du camp de Sixrno, le 23 août 1793, l'an II de la République française.

Citoyen Président,

C'est pénétrés de douleur que nous vous annonçons la retraite forcée que nous avons été obligés de faire à la suite de l'affaire de Sallanches, arrivée le 21 du courant. Formés depuis peu en petits corps d'armée, malgré le petit nombre de nos troupes, nous étions parvenus à enflammer le zèle du soldat et à lui inspirer une confiance, qui était bien dans le cas de balancer la supériorité du nombre qui lui était opposé. Déjà une victoire éclatante avait couronné nos succès, et dans différentes reconnaissances, nous étions parvenus à intimider les Piémontais et les rebelles de cette partie, lorsque, le 21, entre cinq et six heures du matin, nos avant-postes attaqués furent obligés de se replier. L'ennemi s'avançant sur quatre colonnes, le soldat n'en parut point étonné et soutint vivement son feu. Mais la garde nationale de différents endroits, ébranlée par la première décharge, mal secondée par les officiers, abandonna son poste et ne chercha son salut que dans la fuite. Quoique nous eussions été comme surpris, toutes les dispositions étaient faites, et nous étions comme assurés de la victoire, sans la lâcheté de quelques gardes nationales et de quelques officiers. Nous avions pris poste sur une butte où était notre point de ralliement; deux pièces et un fort détachement devaient la favoriser. Ce fut aux chasseurs des Hautes-Alpes que ce poste fut confié. Entraînés par les gardes nationales, ils abandonnèrent au premier feu et laissèrent leur commandant, le brave Rose, tout seul. L'un de nous, voyant ce poste abandonné, prit plusieurs compagnies, qui suivirent l'exemple des fuyards. Cependant nos troupes, à la tête du pont, conservaient encore une contenance ferme devant l'ennemi et une pièce placée au front d'une de ses colonnes faisait un ravage terrible. Nous devons à la justice de dire que les chasseurs Rochellais, commandés par les citoyens Bardon, Majou, Parat et Moussier, et une compagnie de la Gironde, commandée par les citoyens Rosi et Coussau, tous recommandables par leur bravoure, ainsi que les compagnies de Rhône-et-Loire, auraient décidé du succès de la journée si elles s'étaient trouvées soutenues. La journée malheureuse de notre retraite aurait été celle de notre triomphe. Mais, abandonnées, elles furent obligées de se replier. Malgré le désordre qui suit ordinairement une retraite, nous sommes cependant parvenus à sauver toute notre artillerie, à l'exception d'une pièce de canon et de deux caissons. Les charretiers ayant coupé les traits, nous fûmes obligés de les abandonner à la merci des ennemis. Quant au canon, le charretier s'étant sauvé avec les chevaux et les canonniers étant restés en très petit nombre, n'étant pas soutenus par l'infanterie, le traînèrent aussi loin qu'ils purent; leurs forces ne répondant point à leur bravoure et à leur zèle, ils furent obligés, sous une fusillade très vive, de l'abandonner. Nous étions à leurs côtés. Mon premier soin fut d'ordonner qu'il fut encloué; il ne l'a point été, les clous n'ayant pas été forgés, malgré les ordres réitérés. Nous avons perdu très peu de monde; l'ennemi en a perdu beaucoup. La plus grande partie de la troupe a perdu ses bagages. Forcés de nous replier devant l'ennemi, nous espérions, en abandonnant à regret le poste de Saint-Martin, occuper celui de la Balme, où nous pouvions le tenir en échec; mais nos efforts étaient vains. L'ingénieur en chef, le citoyen Sylvestre, et l'adjudant-général Seignette furent renversés par les fuyards, en voulant les retenir. Le lieutenant-colonel en second de Rhône-et-Loire, David, en abattit un d'un coup de sabre. Le désordre était tel qu'on n'entendait plus la voix du commandement. Nous nous promîmes de rallier la troupe à Cluses et d'occuper ce poste. Arrivés dans cette ville, nous les haranguâmes; nous leur fîmes voir l'opprobre dont ils allaient se couvrir par une fuite honteuse. Le soldat paraissait rassuré; mais nombre d'officiers ébranlés par quelques mauvaises nouvelles répandues sur les affaires de la Tarentaise, craignant d'être tournés, furent les premiers à ne plus vouloir y tenir. La troupe suivit le chemin de Bonneville. Nous étions décidés à occuper ce poste pour nous reporter en avant; et, pour cela, nous crûmes devoir assembler un conseil de guerre. Il fut décidé que, l'ennemi pouvant aboutir au poste de Bonneville par quatre endroits différents (car on supposait le Valais de leur parti et on comptait déjà que l'Hôpital et Conflans étaient en leur pouvoir), on se porterait au pont de Menoge et que là on s'établirait dans la position avantageuse et dans le cas de mettre à couvert l'armée. Nous prîmes toutes les mesures à Cluses pour garantir nos magasins; l'un de nous, soutenu par deux compagnies de chasseurs et un piquet de cavalerie, fut chargé de les mettre à couvert; mais n'ayant pas trouvé des voitures en quantité suffisante, il fut obligé de se borner à faire transporter les munitions et à mettre le feu au très petit magasin à fourrage qui s'y trouvait. A Bonneville, nous crûmes devoir faire une réquisition pour emporter la caisse du district; nous l'avons assurée, ainsi que tous les magasins qui se trouvaient dans cet endroit. Le poste de Menoge semblait devoir nous donner la plus grande sécurité. Nous comptions déjà sur le retour de la troupe. Nous y avons passé la nuit. Mais, le matin, au moment que nous étions à reconnaître les postes et que l'armée avait été formée en bataillons, quelques hommes lâches ou perfides parurent s'effrayer à la vue de nos patrouilles qui étaient à la découverte et crièrent : « Voilà l'ennemi! Sauvons-nous! » Témoins du désordre qui se manifestait, voyant le peu de fermeté dans une partie des gardes nationales, dont déjà quelques-uns jetaient les armes, nous nous pressâmes en gémissant, et malgré nous, à suivre le mouvement de retraite. Cependant, nous entreprîmes d'exhorter la troupe à reprendre le poste que nous venions de quitter. Quelques partis seraient bien revenus sur leurs pas, mais la fatigue, jointe aux insinuations de quelques habitants qui leur disaient qu'ils seraient placés plus avantageusement sur le pont de Sierne, nous fûmes obligés de céder encore. Nous l'occupons, ce poste, et la troupe promet et jure d'y mourir plutôt que de sortir. Nous espérons qu'elle tiendra ses serments, et nous l'espérons d'autant plus que, délivrés, par la suite, de la plupart des lâches qui ont causé notre retraite, nous n'aurons point à craindre de voir le soldat entraîné. Quant à nous, plutôt que d'abandonner les postes qui nous avaient été confiés, nous nous serions donné mille morts. Mais nous n'avons pas désespéré de la chose publique; nous avons compté sur les braves gens qui nous restent. Nous nous sommes promis de reprendre notre revanche.

Les commandants provisoires de l'armée
du Haut-Faucigny,

DUBOY.   Henri SARRET.

Copie de la lettre écrite aux Jacobins de Paris par le citoyen Marius Martin, datée de Carouge, le 23 août 1793.

———

Société des Amis de la Liberté et de l'Egalité, séante aux ci-devant Jacobins Saint-Honoré, à Paris.

COMITÉ DE CORRESPONDANCE

Citoyens frères et amis,

Je vous écris actuellement de Carouge, puisqu'enfin les patriotes sont obligés de sortir du bourg de Chêne et se replier sur Carouge, puisqu'enfin nous sommes vendus. Nos montagnes sont en insurrection ; chaque heure, chaque moment, nous voyons avancer l'ennemi, et presque point de forces à leur opposer ; nos demandes sont infructueuses. C'en est fait ; au premier moment, je me verrai forcé de tout abandonner, mes effets, etc. Mais n'importe, je ne me soumettrai jamais aux Piémontais ; j'abandonnerai tout pour rejoindre nos braves Français. Le temps me presse et vous dira aussi si vous m'avez fait l'amitié de répondre à ma lettre qui vous portait mes certificats de civisme, etc. Voici quinze jours que nous n'en recevons aucune.

Signé : Votre frère, Marius MARTIN.

Pour copie conforme :

GAILLARD,   Armand CARAFFE,
Président.   *Secrétaire.*

————

Genève, le 21 août, à 10 heures du soir.

Le sang a coulé tout aujourd'hui dans la vallée de Chamounix. J'ouvre ma lettre pour vous donner une triste nouvelle. Les Chamougiens et les patriotes des environs ont été attaqués par la trouée. Le courrier qui apporte cette nouvelle est parti à midi, pendant que l'action était très chaude. Je ne puis en dire le résultat pour ne rien hasarder.

Ma lettre part demain de grand matin, par la voie ultérieure de Saint-Claude. Je vais tâcher de faire ouvrir les portes de Genève pour avoir des nouvelles ultérieures.

Le 22, à 4 heures du matin.

Genève a fait fermer ses portes et braquer le canon. Elle est dans l'effroi. Nous avons été battus hier dans la vallée de Chamounix. L'ennemi a surpris les forces de Carouge, fondu sur elles, les a divisées; elles fuient... elles répandent l'effroi dans les campagnes... ces campagnes sont sans armes. Et que mérite le commis chargé de nous donner les armes que nous avons demandées si souvent, si vainement et depuis tant de mois? Des armes qu'un clubiste genevois avait arrêtées et qui nous venaient de nos propres ennemis. Le cœur saigne à la vue ou de ces profondes perfidies ou de cette nullité des commis chargés de ces détails. Car il ne peut entrer dans l'ensemble des affaires ministérielles.

Pour copie conforme :

DEFORGUES.

———

Paris, le 3 septembre 1793.   (Minute.)

Le Ministre de la guerre au Ministre des affaires étrangères.

J'ai reçu, mon cher collègue, avec votre honorée du 31, copie de celle du résident de la République française à Genève, qui mande que nos troupes ont été battues dans le Haut-Faucigny, vallée de Chamounix.

Suivant les rapports des commandants de ces troupes, il paraît que ces forces avaient été évacuées par l'effet d'une terreur panique. J'ai donné des ordres pour la recherche des coupables.

Le Ministre de la guerre.

———

INJONCTION CIRCULAIRE

Aux Communautés de Samoëns, Morillon et Samoëns et La Rivière.

———

La sûreté publique et particulière étant menacée partout également, et chaque paroisse ayant le même intérêt de prendre les armes, celles susdites agiront, aussitôt la présente reçue, avec la plus grande vigueur et fermeté à cet égard. Nous regarderons comme suspectes et rebelles celles qui, dans les circonstances actuelles, voudraient s'y refuser, soit en général, soit en particulier; et nous ne leur accorderons, de même qu'à tous les peuples armés pour la cause commune, aucune aide secrète ni protection.

Lesdites communautés, sous peine de responsabilité, particulièrement de leurs syndics et conseils, châtelains et vice-châtelains, mettront tout en usage pour faire armer tous leurs individus, retiendront une garde nécessaire à la sûreté de leur passage et le surplus ira se réunir au contingent des troupes et du peuple rassemblé à Taninges, principalement les carabiniers desdites communautés, lesquelles communautés mettront aussitôt tout en œuvre pour se procurer des munitions, soit du Valais ou des endroits les plus à portée.

Nous rendons responsables de toute négligence à cet égard les syndics, conseils, châtelains et vice-châtelains et autres, à qui il appartiendra, l'autorisant à prendre tous les moyens les plus urgents et les plus prompts à cet effet, qu'ils jugeront convenables.

Fait à Mieussy, le 20 septembre 1793.

Signé à l'original, par le commandant (1) de Veirier, au cantonnement de Mieussy, et contresigné par M. Pralon, commis.

Par extrait conforme à l'original consigné à l'administration du district de Cluses :

Le 1er octobre 1793, l'an II de la République française, une et indivisible.

REYDET, *président.*

Sallanches, le 30 septembre 1793, l'an II de la République française, une et indivisible.

Le Représentant du peuple français Simond à la Convention nationale.

Citoyens collègues,

Hier 29 septembre, la déroute a été complète dans l'armée piémontaise au district de Cluses. L'ennemi avait fait construire une redoute au-dessus de la ville de Sallanches, entre la

---

(1) Piémontais.

montagne et la rivière, sur une élévation qui dominait la
route de Chambéry et du Valais. Un général imbécile, Santerre,
en avait fait l'attaque le 18, fit tuer quelques républicains, en
mécontenta beaucoup d'autres par le peu d'ordre qu'il mit
dans ses dispositions, et l'armée fut obligée de se replier.
Avant hier, après avoir renvoyé ce général, j'ai proposé
l'attaque de la redoute, qui était le point central de communication dans les trois districts qu'occupait l'ennemi. Il avait
reçu renfort, la veille, de cinq cents hommes et trois pièces de
canon; il devait se porter le lendemain sur Annecy, s'il n'était
attaqué. Notre armée, forte de mille six cents hommes, s'est
avancée sur trois colonnes vers l'ennemi. Celle du centre
marchait avec l'artillerie, précédée d'éclaireurs, pour fouiller
le bois et découvrir les embuscades; celles de droite et de
gauche ont gravi les montagnes pour tourner l'ennemi, et,
après dix heures de route, l'ennemi a été surpris dans tous ses
postes, excepté ceux de droite qui n'ont été inquiétés que
très tard, à cause des embarras qui ont empêché notre colonne
d'avancer.

L'artillerie s'est conduite comme partout; elle a été d'une
adresse et d'un courage au-dessus de ce que j'en pourrais dire.
Deux compagnies franches de Rochellais, une partie du
4ᵐᵉ bataillon des Basses-Alpes et du 5ᵐᵉ du Rhône se sont
conduits en sans-culottes, sans frayeur. Le combat a duré
trente-six heures, avec un feu un peu ralenti pendant la nuit
du 28 au 29. Nous avons eu d'abord un hussard emporté d'un
boulet de canon, un volontaire et un lieutenant de tués et
douze blessés. Le 29 au matin, le citoyen Sarret, capitaine
aide-de-camp à l'armée des Alpes, a prévenu l'adjudant-général
Verdelin que, d'après ce qu'il avait vu des dispositions de
l'ennemi retranché sur plusieurs lignes, la place ne pouvait
être emportée que d'assaut, et il a été arrêté de suite qu'il
serait tenté par tous les volontaires qui voudraient se présenter.
Mais la Convention n'entendra pas sans intérêt que, sous le
commandement de ce jeune militaire, tous les volontaires ont
voulu marcher et ont couru sur la redoute en criant: « Vive la
République ! Vive la Convention ! Vive Sarret sans-culotte ! »
Le 6ᵐᵉ bataillon de la Gironde a fait des prodiges de valeur; à
chaque instant, on voyait rouler sur les rochers les corps des
satellites du Piémont qui s'étaient embusqués pour nous
surprendre. Tous les avant-postes ont été refoulés sur la
redoute. Sarret a fait dire à l'adjudant-général Verdelin de
presser les feux sur la redoute qu'il allait attaquer; à l'instant,
l'artillerie s'est avancée de cent cinquante pas plus près, et les
volontaires se sont mis en avant. Dans une demi-heure, la
redoute et les bois qui la couvraient ont été jonchés de cadavres,
et les volontaires de la Gironde et Rhône-et-Loire y ont arboré
l'étendard de la République une et indivisible.

Je suis également pressé d'assurer la Convention que, si la veille nous avons eu quelques blessés, trois morts et des chevaux tués sans aucun succès, hier nous n'avons eu qu'un seul homme blessé et aucun de mort en obtenant une victoire bien complète. J'ai vu le citoyen Sarret dans la redoute, couvert de poussière et de sueur, tout noir de la fumée de la poudre, couvert des baisers de ses frères d'armes, mêlant à son courage la modestie si rare en pareille circonstance, et la tenue d'un sans-culotte, s'apercevant à peine parmi ses camarades et ne cherchant qu'à s'échapper.

Nous avons fait plusieurs prisonniers, parmi lesquels sont des officiers, sous-officiers et un capitaine du génie, qui avait fait construire la redoute, les retranchements et les chemins couverts qui les défendaient. Il a été pris à son poste, en se battant comme un désespéré.

Nous tenons quelques émigrés, quelques révoltés, et, tandis que la commission militaire les juge, les pionniers font leurs tombes, et, jusqu'à présent, ils ont bien préjugé leur sentence. Le nombre des morts est extraordinaire pour le nombre des ennemis que nous avons eu à combattre; et, si la colonne de droite ne fut arrivée trop tard, il n'en échappait aucun. L'ennemi vivait du jour au jour, et nous a très peu laissé de provisions de bouche et militaires. Il attendait un renfort de cavalerie et nous avons les magasins de foin et d'avoine qu'il avait faits pour la recevoir. Nous avons quelques mulets et autres bagages. Il nous arrive à chaque instant des prisonniers et des déserteurs. Vingt hussards du 1er régiment et douze cavaliers du 8me les ont chargés d'une manière étonnante dans leur déroute; ils ont laissé sur la redoute deux pièces d'artillerie, avec lesquels ils se défendaient dans la retraite des quatre autres. Mais nous savons déjà que nous les aurons et qu'ils les ont enterrés à quatre lieues plus loin, dans leur fuite, vu qu'ils sentaient l'armée à leur poursuite, et il nous vient à l'instant un canonnier déserteur qui promet de les découvrir. Il y avait à la défense de la redoute quinze à dix-huit cents miliciens, un bataillon de Genevois, une compagnie de Maurienne, une compagnie d'Ernest suisse, un bataillon de Novare et un de Turin. Les deux derniers ont été houspillés d'importance et l'auraient été davantage s'ils n'avaient fui; mais on cherchera l'endroit où ont existé les autres troupes; tout est tué ou prisonnier. Les habitants des trois à quatre cantons des environs ont tous pris les armes pour arrêter les fuyards, pensant faire par là leur paix avec la République, dont ils ont sacrifié les intérêts à ceux d'une prêtraille sanguinaire et menteuse; mais les coupables d'entre eux payeront les sueurs de nos volontaires et toutes les contributions extraordinaires, que j'impose sur les communes qui n'ont pas voulu prendre les armes contre les Piémontais, sont en espèce sonnante; le peu de cas qu'ils ont fait jusqu'à présent des assignats me porte à croire qu'ils n'en ont pas.

Je dois dire aussi qu'une compagnie révolutionnaire de la garde nationale d'Annecy s'est fort bien conduite et nous a fait raison d'un poste avancé, tandis que celle de Chambéry fouillait près du Valais, dans l'extrémité septentrionale du Mont-Blanc, des maisons où s'étaient enfuis des émigrés échappés et des prêtres réfractaires !

Je fais faire tous les jours des souliers pour nos volontaires qui gravissent les montagnes; j'en enverrai un échantillon au comité des marchés et l'on verra que, quand l'ouvrage est surveillé, la fourniture en dure trois fois plus et ne coûte pas davantage.

Je fais partout descendre les cloches, et, au moyen d'une mine de cuivre dont j'aiderai l'exploitation déjà en activité, nous aurons de quoi faire à peu près sept à huit cents pièces de canon de tout calibre. Nous aurons aussi de très bon fer et en grande quantité. J'ai découvert une mine de charbon de terre, sans aucun alliage de soufre, à portée d'une mine de fer, dont le minerai est de première qualité.

La révolte de quelques habitants du Mont-Blanc, combinée avec les Piémontais, les fonctionnaires publics français traîtres à leur patrie, les royalistes de Lyon, ceux de Marseille et de Toulon et les fédéralistes de Bordeaux, ne sera pas sans fruit pour la République. Il s'est fait un petit supplément à la première émigration, et le total des biens nationaux dans ce département sera à peu près de 50 à 60 millions. Les Piémontais sont actuellement cernés de toutes parts. Ils nous ont abandonné dans vingt-quatre heures onze lieues de terrain. Ils sont à peu près tous confinés dans la majeure partie du district de Moûtiers et dans celui de Saint-Jean-de-Maurienne. Mais les douze à quinze mille hommes qu'ils y ont y périront de faim et de froid, ou ils seront massacrés, si nous pouvons les atteindre dans leur fuite.

Je répète à la Convention nationale le nom du citoyen Sarret, capitaine. Elle n'aura jamais un homme plus intrépide à récompenser; il va toujours à la guerre avec une carabine, sans sac et sans cheval, et, hors la place de général en chef, je ne connais aucun poste que ce digne républicain ne remplisse avec succès et honneur.

Je préviens aussi la Convention nationale que, sous peu de jours, le département du Mont-Blanc paiera toutes ses impositions en nature. Les Genevois et les Suisses pompent toutes nos subsistances par la contrebande. Je vais faire surveiller particulièrement aux frontières de leur côté, et je mettrai en réquisition pour les Pyrénées ou pour l'Amérique tous les individus soupçonnés de ces détestables agiotages.

Ph. Simond.

Le Commandant des troupes du Faucigny au citoyen Ministre de la guerre.

Au quartier général de Saint-Martin, le 2 octobre 1793, l'an II de la République, une et indivisible.

Citoyen Ministre,

Victoire! Vive la République! Vive la liberté! L'ennemi en déroute cherche un asile dans ces rochers, et l'arbre de la liberté, replanté de nouveau, se balance déjà sur toutes les contrées insurgées.

Instruit que l'ennemi se fortifiait au pont de Saint-Martin et que déjà il avait environné de retranchements le poste de Miribel, je me suis mis en marche sur trois colonnes. Celles de droite et de gauche, fortes chacune de 300 hommes, parties de Cluses, le 28, aux approches de la nuit, devaient s'emparer des hauteurs, tandis que je m'avancerais à la tête de la colonne du centre pour faciliter leur attaque à l'aide du canon. En effet, le lendemain, dès la pointe du jour, je me suis avancé. A mon approche, les premiers postes de l'ennemi se sont repliés jusqu'à une redoute qu'ils avaient établie en avant de Miribel, de l'autre côté de la rivière, dont le feu était dans le cas de m'incommoder. Je me suis empressé de les repousser de ce poste avantageux et de le faire occuper par nos troupes. La colonne n'étant plus arrêtée dans sa marche, je me suis avancé à une demi-portée de canon de la redoute de Miribel. J'ai commencé l'attaque par un feu très vif.

Les colonnes de droite et de gauche, ayant eu à gravir par des sentiers affreux, à travers des précipices, n'avaient pu parvenir encore à leur destination. La colonne de gauche, commandée par le citoyen Sarret, après avoir marché toute la nuit, était parvenue, en se frayant un chemin au moyen de la baïonnette, à travers les rochers que nul être n'avait franchis, sur les hauteurs qui dominent la redoute de Miribel.

L'ennemi, prévenu de sa marche par un poste avancé, l'attendit en bataille en nombre supérieur, sur un plateau couvert par des rochers et des précipices et dont il fallait s'emparer pour se porter sur Miribel. Les soldats de la République, après un combat très opiniâtre, mirent l'ennemi en déroute, et, franchissant les précipices, le contraignirent à se retirer dans les forêts et rochers qui le couvraient. Deux fois, à différentes reprises, fort de l'asile qu'il s'était favorisé, il s'est rallié; deux fois, il a été repoussé jusque dans sa dernière retraite. Le feu a été vif jusqu'à la nuit et les succès de cette journée ont beaucoup favorisé ceux du lendemain.

Le 29, à 6 heures du matin, le feu a commencé avec vivacité. L'ennemi, sentant l'importance des hauteurs, avait renforcé par un nombreux détachement la troupe qui avait été trois fois

repoussée la veille. Mais rien n'a arrêté l'intrépide Sarret;
il a dissipé cette phalange en se disposant par un feu très vif,
la baïonnette au bout du fusil. Il s'est précipité sur la redoute;
au même moment, j'ai fait redoubler mon feu. L'ennemi,
déconcerté, chassé de ses retranchements, a été complètement
mis en déroute, et, ne pouvant se rallier, il s'est retiré par le
passage du Bonhomme, dans le plus grand désordre, laissant
un grand nombre de soldats derrière lui, égarés dans les
montagnes. Nous avons perdu très peu de monde; parmi les
morts se trouve un lieutenant. La perte de l'ennemi a été très
considérable; toutes les hauteurs de Miridel sont teintes de son
sang et jonchées de cadavres. Nous avons fait deux officiers
prisonniers et environ cinquante hommes de troupes de ligne
Piémontais, qui ont été accueillis par les soldats de la République avec fraternité, sans y comprendre un grand nombre de
rebelles qui, pris les armes à la main, ont été fusillés, aux
termes de la loi. Nous avons pris une pièce de campagne de trois
livres de balles, trois pièces de moindre calibre, des caissons,
vingt-cinq mille cartouches, cinq caisses de gargousses.

L'ennemi s'est évadé par Saint-Gervais et par Mégève. Si la
colonne de droite était descendue à sa destination et avait pu
donner, il ne se serait point échappé un seul homme. Mais des
difficultés considérables, un chemin très risqueux, la firent
rétrograder. Nonobstant, j'aurais pu parvenir à couper la
retraite à l'ennemi si, parfaitement servi par ses ingénieurs,
il n'avait pris la précaution de rompre le chemin en plusieurs
endroits et inutiliser par là notre cavalerie.

La présence du citoyen Simond, représentant du peuple, sa
fermeté et le courage qu'il a montré dans les rangs, qu'il n'a
point quittés, a beaucoup contribué à la défaite des Piémontais.
Sous ses yeux, tous nos soldats républicains ont été des héros,
toutes nos troupes se sont très bien conduites. Nous devons
le succès à l'intelligence et à la bravoure du citoyen Sarret.
L'armée entière réclame son avancement, et, aux cris de :
« Vive la République » ! elle y mêle celui de : « Vive Sarret !
Récompense Sarret ! »

On trouve journellement des munitions que l'ennemi a été
obligé d'abandonner. Dans ce moment-ci, on vient de découvrir
douze grandes caisses qui étaient cachées dans la redoute de
Miribel, et, après de vives recherches, nous sommes parvenus
à découvrir les quatre pièces de canon qu'il avait emportées et
enterrées près Notre-Dame-de-la-Gorge, que la neige et la
vivacité de notre poursuite ne lui ont pas permis d'emporter
au delà du Bonhomme.

Je suis très fraternellement

Le commandant des troupes du Faucigny,
Charles VERDELIN.

NOTICE

Sur la campagne du Faucigny (1)

Anne-Jacques de Montesquiou, général commandant une division de 25 mille hommes de l'armée française, dite l'armée des Alpes, personne douée d'un génie vaste et d'un rare mérite, mais beaucoup plus politique et royaliste que guerrier et républicain, ne pouvant plus contenir l'ardeur d'attaquer dont brûlait la partie de son armée campée depuis longtemps à Cessieux, près du fort de Barreaux, à la distance d'environ cinq lieues de la ville de Chambéry, dans un camp marécageux, dépourvue de vivres, et secrètement prévenir M. le gouverneur de Chambéry, le chevalier de Perron, du jour de l'attaque, ce qui lui donna le temps de faire évacuer ses effets et de donner ses ordres pour retenir les chevaux de la poste nécessaires à sa retraite.

On attaqua les avant-postes la nuit du *21 au 22 septembre 1792*, pendant qu'il pleuvait à déluge; ils furent emportés sans résistance; la nouvelle parvint à Chambéry; le gouvernement partit en donnant le *Sauve qui peut*.

Les troupes de S. M. le roi de Sardaigne étaient éparses en différents postes; elles eurent ordre de se replier, partie sur le Mont-Cenis et partie par les Bauges et par les gorges du haut Faucigny; elles s'arrêtèrent au Petit-Saint-Bernard.

Une colonne de 10 mille Français, assez mal armés et excédés par la faim et par la pluie qu'ils avaient essuyée, entra dans la ville de Chambéry, capitale de la Savoie, à 7 heures du matin, le 22 septembre 1792.

(1) Archives de Breil (Alpes-Maritimes). — L'auteur de cette relation est un officier de l'armée sarde, probablement le comte Guigue de Revel, dont on verra le rôle actif dans cette campagne.

Bonne partie du peuple, déjà française par sympathie de caractère, mécontente du gouvernement piémontais, reçut l'armée française avec joie.

Le Sénat, le corps municipal de Chambéry et quelques nobles, se voyant ainsi délaissés par la force armée de leur bon roi, prirent le parti d'aller au-devant de l'ennemi qui s'était déclaré d'y entrer comme libérateur et non comme conquérant, lui firent hommage des clefs de la ville et prêtèrent serment de fidélité à la nation française.

Une proclamation du général précéda le gros de l'armée; elle était conçue en ces termes :

« Le général de Montesquiou, etc.,

« Au nom de la nation française, guerre aux
« despotes, paix, liberté, égalité aux peuples. »

Des danses publiques, des repas, des chansons patriotiques, accompagnées par une nombreuse musique, suivirent cette proclamation.

On planta le prétendu arbre de liberté, en assurant le respect le plus inviolable pour les propriétés et l'indépendance de la Savoie, moyennant qu'elle ne se redonne pas à ses anciens maîtres.

Quantité de personnes proscrites par les lois sardes pour cause de démocratie, dont quelques-unes avaient été pendues en effigie, entre autres le fameux médecin Doppet, qui par la suite a été promu au grade de général, se rapatrièrent et prêchaient la démocratie, etc.

Des hommes astucieux et ambitieux de prééminence, sous le prétendu niveau de l'égalité, joints aux missionnaires des Jacobins de Paris, établirent d'abord des clubs, soit des sociétés populaires, et s'emparèrent de l'esprit du peuple.

On établit provisoirement une administration et on érigea la Savoie sous le nom de département des Allobroges, et, pour ne point heurter les personnes employées des différentes branches de l'administration, on laissa subsister les gens en place jusqu'à ce qu'ils recueillirent toutes les notices nécessaires pour bien connaître la force et le produit de la Savoie;

ils abolirent toute espèce de servis et droits seigneuriaux et ne laissèrent subsister que l'imposition de la taille.

Il n'était pas nécessaire, dans ce temps-là, d'autres impôts pour leurs besoins, puisque les munitions délaissées par l'armée sarde nourrirent pour six mois l'armée française.

L'Assemblée nationale qui gouvernait pour lors la France ne paraissait pas mettre beaucoup d'intérêt à garder le pays des Allobroges ; cependant, comme il fallait donner une existence politique à cette nation, elle l'invita à émettre son vœu sur sa constitution.

On convoqua des assemblées générales pour nommer des députés de chaque commune auprès de l'Assemblée des Allobroges à Chambéry et des représentants du peuple à Paris, pour déclarer à l'Assemblée nationale des Français leurs vœux.

Des égoïstes ambitieux ayant eu l'adresse de cacher aux yeux du peuple leurs propres intérêts, sous l'apparence du bien public et d'un patriotisme épuré, briguèrent et obtinrent la place de représentants, et, revêtus du pouvoir nécessaire, ils se concertèrent et demandèrent à la nation de faire partie intégrante de la République française, ce qui fut accordé et reçu avec grande pompe.

Les Savoisiens, devenus Français, ne croyaient guère à leur régénération : ils gardaient en général, au fond de leur cœur, une préférence pour leurs usages et un attachement à leur roi ; mais, travaillés sans cesse par les avocats et les suppôts des Jacobins dans les clubs, éblouis par les effets d'une égalité et liberté nouvelles, qui les affranchissaient des dîmes, des servis et soumettaient à leur industrie toute sorte de commerce, même le sel et le tabac, ci-devant objets de contrebande, ils étouffaient souvent les sentiments que leur inspirait la croyance dans laquelle ils étaient du retour de la domination du roi de Sardaigne.

Ils restèrent dans cet état de léthargie jusqu'à ce que, par un décret de mort contre les contrevenants, la Convention décréta en Savoie le cours des assignats comme monnaie sonnante, qu'on organisa la garde nationale et par des élections forcées, qu'on força les prêtres à l'émigration par le second serment civique et qu'on dépouilla les églises des argenteries et les clochers des cloches pour en faire des canons.

Pour lors, l'esprit de parti éclata par des insurrections partielles dans différentes communes, notamment dans les vallées de Thônes, du haut Faucigny et du haut Chablais. (Voir la note A plus loin.)

D'après ces dispositions des gens de la campagne, quelques seigneurs, désireux de s'acquérir de la gloire, conçurent le projet de chasser les Français par les armes. La religion a été le levier principal pour soulever cette masse d'hommes courageux, bons et attachés à leurs anciens principes.

Les curés n'avaient pas manqué d'exciter le zèle des âmes pieuses en quittant leurs paroisses et ils avaient réussi à les déterminer à mourir pour la défense de la religion et de leur roi.

On fit répandre dans les chemins et dans les villes des brochures de controverse en forme de catéchisme pour confondre les faux principes de religion annoncés par les Français.

Mʳ Paget, évêque de la ville et du diocèse d'Annecy, ayant été un des premiers à s'émigrer à Turin, M. l'abbé de Thiollaz, prévôt de ce même diocèse, tint sa place jusqu'au mois de février 1793.

Il fit une invitation circulaire à tous les curés de refuser le second serment civique qu'exigeait la Convention française. (Voir la note B plus loin.)

Le patriotisme français étant ainsi combattu dans les campagnes et même dans les villes, le prétendu *Arbre de la Liberté* ne trouvait plus guère de soutiens que dans les villes de Chambéry, Cluses, Thonon et Carouge, parmi les gens du barreau et les marchands, qui, s'étant trop aveuglément abandonnés aux appas de l'égalité française, craignaient le retour de la domination de la Maison de Savoie, et ne cessaient de réclamer auprès de la Convention des décrets sur l'indivisibilité du territoire français.

Les auteurs du projet de contre-révolution, et principalement M. le marquis de Cordon et M. le marquis de Sales, chargés pour lors de la correspondance de Savoie avec notre cour depuis Lausanne, forts de l'enthousiasme des montagnards, animés par les contre-révolutionnaires lyonnais, avec lesquels ils étaient en correspondance, se trouvant encore assurés de l'aide de la majeure partie des gens riches et des gens de l'ancien régime résidant dans les villes, présentèrent un tableau un peu exagéré de ces moyens au roi, le sollicitèrent et obtinrent de faire pénétrer en Savoie les armées du Mont-Cenis et du Petit-Saint-Bernard, qui, suivant les vues du Ministère et des administrateurs piémontais, ne devaient se tenir que sur la défensive pour empêcher l'invasion d'eux dans le Piémont.

Pour favoriser le projet, il était nécessaire qu'un corps d'armée suffisant occupa les gorges du haut Faucigny pour empêcher que l'armée de Tarentaise, commandée par S. A. R. Monseigneur le duc de Montferrat, ne fut tournée. On imagina de profiter des dispositions secrètes du gouvernement de Berne, qui, à cause de sa neutralité avec la République française, ne pouvait ouvertement favoriser les vues hostiles de la cour de Turin.

Il était cependant impossible de faire pénétrer des troupes dans le Faucigny sans emprunter le territoire du Valais qui fait partie de la ligue suisse. On négocia cette affaire avec LL. EE. de Berne et les gouverneurs du Bas-Valais, et on tomba d'accord de faire passer 250 soldats déguisés en muletiers, avec 800 mulets chargés d'armes et de munitions de guerre cachées dans des caisses qu'on aurait supposées remplies d'outils.

Il s'agissait de trouver une personne adroite, sûre et courageuse, qui voulut se charger de cette commission, que le bureau de la guerre, ni le roi, par

délicatesse, ne pouvaient autoriser. On connaissait
l'habileté de M. le comte Guigue de Revel; on jeta
les yeux sur lui.

M. de Revel, officier d'un mérite distingué, ci-devant
capitaine dans le régiment de Chablais, par un équi-
voque trop malheureux pour lui, fut accusé de quelques
propos de démocratie.

Il demanda inutilement plusieurs conseils de guerre;
les égards qu'on devait à ses accusateurs ne permet-
taient pas une justification éclatante. Cependant son
innocence et ses qualités étant reconnues par S. A. R.
Monseigneur le duc du Chablais, on le chargea du
commandement et de l'organisation des milices d'Aoste;
il fut donc dans la nécessité de quitter le corps de
Chablais et d'accepter la nouvelle charge, avec laquelle
il conservait sa paye et l'uniforme de son régiment.

Cet officier, quoique mécontent du traitement qu'il
avait reçu, se chargea de l'expédition dont il s'agissait,
qui n'étant pas ouvertement autorisée, ni ne pouvant
l'être, ne fut accompagnée d'aucune commission par
écrit.

M. de Revel, pourvu d'une somme de sept mille
livres, à la tête de 250 soldats des régiments de Maurienne et du Genevois, déguisés en muletiers, entreprit
son voyage vers la fin du mois de juillet 1793.

Il fut assez heureux jusqu'à Saint-Maurice, ville
du Bas-Valais, où un des mulets, ayant heurté contre
l'angle d'une maison, brisa une caisse. Dans l'instant,
la rue se trouva hérissée de baïonnettes et de fusils.
Le peuple criait *à la trahison*, et le résident français
auprès de cette ville, écumant de rage, demandait
vengeance au nom de la nation, courait de tribunal
en tribunal, et expédiait des estafettes ventre à terre
dans les villes de la Suisse, de la France et de la
Savoie, pour avertir les autorités constituées de ce qui
venait de se passer.

M. de Revel ne se déconcerta point; il demanda
d'être conduit devant M. le gouverneur; on le chercha

inutilement, puisque, sur le bruit de cette affaire, il s'était absenté pour ne point en être compromis.

En attendant, 250 mulets qui précédaient celui qui a brisé la caisse continuaient leur chemin; on arrêta les autres 50; mais un officier de douane subalterne, porté pour les intérêts de la cour de Turin, les tira d'embarras sous prétexte de les faire arrêter et conduire, ainsi que les muletiers, devant le gouverneur de la ville voisine de Montey ou Monthey, auquel appartenait le droit de connaître de cet événement en l'absence de M. le gouverneur de Saint-Maurice.

D'après cet accident, M. de Revel fit toutes ses diligences pour franchir le territoire valaisan; il passa de nuit la montagne de la *Tête-Noire*, et il arriva assez heureusement à Vallorcine, village limitrophe de la dépendance du haut Faucigny.

Il trouva chez le curé, qui, vu le peu d'accessibilité du pays, continuait ses fonctions quoique non assermenté par la nation, tous les secours que le local pouvait lui fournir tant en hommes qu'en nourriture.

Après quelques repos, il continua sa route jusqu'à Passy et de suite au bourg de Saint-Gervais, où il trouva M. le baron de Loche, major du régiment de Savoie, chargé du commandement de cette troupe; M. le marquis de Sales, capitaine dans le régiment de cavalerie dit les Chevaux légers, le rejoignit, ainsi que d'autres officiers du corps de Maurienne et du Genevois.

Les 250 prétendus muletiers, aussitôt stationnés, s'habillèrent de leurs uniformes et, dans peu, leur corps, grossi des milices, se trouva fort de 350 fusiliers.

Le tocsin de l'alerte avait déjà retenti dans toutes les sociétés populaires des Savoisiens français; on dépêcha depuis toutes les villes des corps volontaires de la garde nationale, qui se rallièrent à Sallanches, ville du Faucigny, pour attaquer et détruire le corps attaquant.

Le 14 août, les soldats de la Liberté attaquèrent ceux du roi sarde, avec un corps de 1,700 fusiliers,

60 carabiniers et 6 pièces de canon ; ils cherchèrent à tourner leur poste, soit le bourg de Saint-Gervais, qui se trouve sur une élévation presque isolée ; mais ils furent repoussés avec perte, et, craignant la poursuite, ils brûlèrent après eux un pont sur la rivière d'Arve, dit le pont Bonnant.

Il faut remarquer que cette troupe française n'était composée que de volontaires de nouvelle levée, soit des bourgeois qui s'étaient enrôlés dans la garde nationale.

La petite colonne sarde s'étant frayé une communication avec l'armée du duc de Montferrat, qui s'était avancée jusqu'à Moûtiers, pendant que l'armée de Maurienne, commandée par S. A. R. le duc d'Aoste, pénétrait aussi dans l'intérieur de cette province, paraissait assurer le succès des armes de S. M.

Les montagnards, notamment ceux de la vallée de Mont-Joie et de Sallanches, enhardis de la première victoire, formèrent un corps de milice d'environ 550 hommes, desquels on tira l'élite des chasseurs de chamois pour en faire des carabiniers, soit des éclaireurs.

M. le baron de Loche et M. de Revel formèrent un plan d'attaque pour prévenir les dispositions hostiles de l'ennemi qui se renforçait à Sallanches. On le présenta à S. A. R. le duc de Montferrat et à M. le général d'Argenteau. Il fut approuvé sous quelques modifications et S. A. expédia un corps de 300 volontaires de Montferrat, de la Reine et des différents corps commandés par M. le chevalier Maglione, de Montferrat et un piquet de 40 hommes de la marine, commandé par M. le marquis de Thônes.

Cette troupe doit être partie de Saint-Maurice ; on peut s'en informer de M. Apriau, des grenadiers royaux.

Cette troupe, jointe aux milices, formait un corps de 900 fusiliers.

Il fut décidé que l'attaque se ferait sur trois points dans la ville de Sallanches ; elle s'exécuta le 21 août 1793.

M. le chevalier de Maglione, ayant pour son aide,

de camp M. Gerdil, lieutenant-capitaine des grenadiers du régiment de Genevois, commandait la colonne du centre, qui devait marcher dans la plaine.

M. de Loche commandait la gauche et devait fondre sur la ville de Sallanches par les hauteurs, soit par les petits monticules qui la dominent; et il avait pour son aide M. le comte Guigue de Revel.

M. le marquis de Sales commandait la droite, et il devait s'avancer à la faveur des arbres par la montagne et occuper le grand chemin de Sallanches pour entrer dans cette ville ou couper la retraite à l'ennemi.

Les 40 hommes du marquis de Thônes devaient soutenir ses mouvements et amuser l'ennemi pour couvrir la marche du marquis de Sales.

La ville de Sallanches est située en plaine, à la gauche du fleuve Arve, à la distance d'environ 358 trabs de ce fleuve, au pied d'une chaîne de montagnes qui bornent le vallon du côté du couchant; le chemin tendant à cette ville est traversé par l'Arve, sur lequel existe un pont de maçonnerie, contigu au village de Saint-Martin. Ce village se trouve situé presqu'au pied d'un groupe de coteaux qui s'unissent en amphithéâtre aux montagnes de la droite.

La plaine du vallon est sillonnée par le cours dudit fleuve d'Arve et n'a guère que 400 trabs de largeur.

La première colonne, soit celle de la gauche, manœuvra fort bien; elle s'empara d'une hauteur qui domine la ville de Sallanches, et força l'ennemi à l'évacuer et à se ranger en bataille dans la plaine, le long du chemin; mais, pour y parvenir, il fut contraint de passer sous le feu inattendu de la colonne du centre, qui aurait été beaucoup plus efficace si elle se fût rangée en bataille immédiatement derrière la haie qui longe le chemin, au lieu qu'elle s'est portée derrière la haie postérieure à celle-ci, cependant à la portée de fusil.

La troisième colonne, malgré les diligences du chef, arriva un peu tard.

L'ennemi à Sallanches était fort d'environ 2,600 fu.:-

liers, de 40 cavaliers et de 6 pièces de canon du six livres de balles. Le feu commença dans la ville et dura environ trois heures; mais le combat principal eut lieu dans la plaine. Les décharges inattendues qu'il essuya en passant devant la colonne du centre produisirent beaucoup de désordres; les troupes de S. M. en profitèrent et, malgré la grêle des coups de mitraille dont elles étaient accablées, elles poursuivirent les Français de fort près.

Ce fut à cette époque que M. Gerdil, avec quelques volontaires de son corps, épiant le moment de la décharge d'un canon de l'ennemi pour s'y jeter dessus, il s'élança sur une haie qui lui couvrait la vue et fut en même temps atteint d'un coup de mitraille à la tête, qui l'étendit raide sur le carreau avec un de ses grenadiers, près le clos des Capucines.

M. de Thônes, qui ne devait s'avancer qu'avec la colonne de M. le marquis de Sales, étant venu aux prises avec un corps d'environ 200 hommes, le chargea d'un feu si vif qu'il l'obligea de se replier sous Sallanches et le poursuivit vigoureusement.

Les bataillons de l'ennemi, ralliés près le village de Saint-Martin, se préparaient pour se ranger en bataille sur le pont dont j'ai parlé ci-devant; mais ayant aperçu que la colonne de M. le marquis de Sales s'avançait à grands pas contre eux, se voyant pris entre deux feux et voyant qu'un corps de carabiniers embusqués par M. de Revel dans les broussailles en delà du grand chemin faisait culbuter dans l'Arve ceux qui, étant poursuivis, cherchèrent leur salut en l'égueyant (1), la déroute se mit parmi les héros de la Liberté.

Nos troupes leur enlevèrent une flamme, une pièce de canon, 15 chevaux de train, un excellent mulet de selle, deux caissons, leur mirent hors de combat, entre blessés et morts, 280 hommes et en firent 20 prison-

_____

(1) C'est-à-dire passant à gué.

niers ; avec un peu de cavalerie, on leur aurait enlevé tout le convoi d'artillerie.

Les renforts des volontaires rejoignirent leurs corps respectifs ; le reste des troupes de S. M., excédées de fatigue, arrêtèrent leurs poursuites à la ville de Clrses, éloignée d'environ quatre lieues de celle de Sallanches, et poussèrent les postes avancés jusqu'au pont de Marigny, éloigné d'une lieue et demie de Bonneville.

La terreur panique avait si bien doublé nos forces aux yeux de l'ennemi, qu'il a cru avoir combattu contre 6,000 hommes et il ne s'est pas même jugé en sûreté à Bonneville, qui est éloigné de six lieues et demie de Sallanches. Il avait établi son camp dans une plaine au delà de cette ville, et de suite il l'a transporté à deux heures plus loin, soit sous Vétraz, près de Carouge. La nouvelle de la victoire des troupes sardes fut tellement exagérée que les membres du Directoire de Chambéry désemparèrent ; la garnison de la ville d'Annecy eut ordre de se retirer à Chambéry et de là dans l'intérieur de la France. On fit en même temps évacuer sur le fort de Barreaux, en delà de Chambéry, tous les magasins des villes de Carouge, Annecy, Aix et Chambéry. A l'égard de l'évacuation des magasins, elle avait commencé quelques jours auparavant.

A l'époque de la défaite de Sallanches, les royalistes de la ville d'Annecy, sous prétexte de l'exportation du grain, firent insurger le peuple, prirent les armes, arrêtèrent le convoi qui transportait le blé, firent mettre bas l'arbre de la liberté et arborer les drapeaux, la cocarde et les insignes de l'armée du roi de Sardaigne, convoquèrent les gens de la campagne, firent sortir des prisons les nobles et les royalistes, brisèrent le club et rétablirent l'administration sur l'ancien pied.

Ce parti était déjà fort de 600 fusiliers ; ils étaient conduits par M. le chevalier de la Fléchère, ex-colonel du régiment de Genevois, commandant en chef, aidé par un architecte de Turin, établi à Annecy, et par un marchand de cette ville ; il eut le dessous par la mort du chef et par défaut de munitions.

9

Les Sans-Culottes, soit les partisans des Français de Bonneville, demandèrent une forte garnison, dont les patrouilles ne cessaient d'attaquer l'avant-poste de Marigny, auquel les troupes sardes ne pouvaient fournir que 200 hommes; après différents combats, les Français l'ont emporté et les troupes de S. M. se retirèrent presque sans perte, avec leur colonne, à Cluses.

Cette colonne était composée de :

> 300 hommes du bataillon de Novare.
>   60 hommes de Maurienne.
> 120 hommes de Genevois.
> 500 milices.
> 100 carabiniers, soit chasseurs.
> —————
> 1,080

On n'avait d'autre artillerie que la seule pièce de canon, ni d'autres munitions que 75 burattons à balle et 120 gargousses à mitraille, qu'on avait enlevés à l'ennemi dans la bataille de Sallanches. Il n'y avait que quatre canonniers auxiliaires pour servir cette pièce, dont l'usage était d'autant plus mal aisé qu'il exigeait des manœuvres différentes de celles de notre école.

La ville de Cluses est située à l'extrémité d'un vallon, près la rivière d'Arve. Elle est bornée et dominée au levant et au nord par les hauteurs de deux chaînes de montagnes qui paraissent fermer le vallon de Sallanches et ne laisse entre elles qu'environ 200 trabs d'espace.

Cette ville aboutit à plusieurs défilés, motif pour lequel elle exige une forte garnison pour la garder. Cependant il était possible de s'y maintenir pendant quelque temps, moyennant des retranchements et des autres ouvrages de fortification de campagne.

M. le baron de Loche, qui commandait en chef, ainsi que les autres officiers, sentaient cette vérité, mais le défaut de moyens arrêtait leurs projets.

Le mauvais succès du parti royaliste d'Annecy ayant mis M. Giardin, architecte, dans le cas de s'émigrer, se trouvant de la connaissance de M. de Loche, de M. le comte de Revel et des autres officiers principaux de la colonne de Faucigny, ayant aussi quelque connaissance de fortifications, il se présenta dans la ville de Cluses à M. le commandant pour servir comme volontaire ; il fut reçu avec empressement, et, de concert avec M. de Revel, qui avait déjà conçu un plan de défense, il s'occupa du projet des ouvrages qu'on croyait les plus convenables. On convint d'abord d'étendre la ligne de défense de la ville de Cluses depuis la montagne de la droite, soit du côté de Châtillon, jusque au bord de la rivière d'Arve, distance d'environ quatre cents trabs, et de la fortifier de trois redoutes de gazons qui devaient se communiquer par un chemin couvert, et ceci indépendamment des hauteurs et des postes avancés qu'il fallait tenir.

On commença l'exécution de ce projet par la redoute qui était la plus essentielle, savoir celle qu'on établit près l'église des Cordeliers ; elle était flanquée par le clos de ces moines, où l'on avait pratiqué des créneaux, et commandait sur la plaine et sur le grand chemin.

Les paysans de tout âge et de tout sexe s'employèrent volontairement à cet ouvrage. M. le chevalier Signoris, colonel de Novare, destiné pour le commandement en chef de la dernière colonne, arriva pendant qu'on travaillait à cette redoute ; il approuva le projet de défense et donna des ordres pour activer son exécution ; elle fut achevée le 17 septembre 1793.

Le 15 du même mois, l'ennemi, fort de 2 mille fusiliers, de 50 cavaliers et de 5 pièces de canon, s'est avancé sur trois colonnes contre Cluses. Aussitôt qu'on fut instruit de son mouvement, M. de Revel alla le reconnaître, ainsi que M. de Sales, et il se chargea de placer les postes ; et de suite chacun rejoignit le corps principal dans la redoute où se trouvait M. le commandant, le chevalier Signoris, le baron de Loche, etc.

Vers les six heures et demie du matin, l'ennemi a commencé le feu de son artillerie avec une telle vitesse, que dans 8 minutes on tira 58 coups. Un ricochet emporta le bras à une milice postée dans la redoute, brisa la cuisse d'une seconde et estropia une troisième.

Un coup de volée tua aussi une autre milice à peu de distance de la même redoute.

Le gros de l'infanterie de l'ennemi se tenait hors de portée; mais une colonne s'étant avancée par un mouvement de droite à gauche, elle fut aussitôt chargée d'un feu très vif de notre canon, placé en barbette dans la redoute, qui l'a rompue, et, s'étant jetée devant un corps de carabiniers empostés par M. de Revel derrière une haie, elle fut déconcertée et mise en déroute par le feu de ceux-ci. En entendant qu'on canonnait la redoute et que les troupes dont elle était garnie désiraient le moment de repousser l'ennemi, nos avant-postes soutinrent le feu de mitraille de deux canons et d'une colonne de 200 hommes qui avaient attaqué nos flancs.

Une pluie extraordinaire qui commença à deux heures après midi arrêta le combat de part et d'autre; personne de nos troupes ne bougea de son poste; l'ennemi se retira dans des granges çà et là et ne laisse qu'un piquet de 60 hommes pour garder l'artillerie.

A dix heures du soir, M. le chevalier Signoris, voyant que nos soldats étaient hors de combat tant par la pluie que par la fatigue, fit tenir un conseil de guerre; la majorité des officiers, eu égard à la pluie qui ne cessait de tomber, vota pour la retraite à Sallanches; il n'y eut que trois officiers, de Revel et quelques autres qui opinèrent contre, ou, pour le moins, ils prétendaient qu'on dût se cantonner à la Balme, petit village à l'ouverture de différentes gorges, éloigné d'une heure et demie de la ville de Cluses, et certainement ce projet avait son mérite.

A minuit, on effectua la retraite sur Sallanches avec armes et bagages. Le nombre entre les morts et les blessés de l'ennemi a été porté à 60; nous n'avons eu qu'un mort et trois blessés;

Aussitôt arrivés à Sallanches, MM. de Revel et

Giardin visitèrent le local et s'occupèrent d'un projet de retranchement d'un poste avancé, flanqué par l'Arve et la montagne sur une hauteur qui domine toute la plaine du vallon du côté de Cluses, appelée Miribel, et d'une redoute du côté opposé, sur la rive gauche de l'Arve, dans une éminence qui se trouve à demi-montagne, appelée Blancheville; les défenses de ces deux postes croisent tout le vallon et se trouvent à 3/4 d'heure environ en avant de la ville de Sallanches.

Le 17 septembre, à sept heures et demie du matin, l'ennemi, fort de 1,800 fusiliers et de trois pièces de canon, s'avançait contre la ville de Sallanches; il avait eu notice que M. Signoris, inquiet de sa position, comptait pousser sa retraite jusqu'à Mégève pour être plus près de l'armée piémontaise, et qu'il avait déjà fait avancer de ce côté le canon et 200 hommes de Novare. Ce ne fut qu'à force de sollicitations des citadins de Sallanches et des chefs des communautés qu'il consentit, fort à propos, de faire rétrograder les hommes et le canon.

M. de Revel, qui connaissait fort bien le local, le courage des milices et les ressources qu'on pouvait employer, se présenta à M. le commandant après avoir reconnu l'ennemi et demanda sa confiance, répondant sur sa tête du succès de cette journée; d'après son offre, M. le chevalier Signoris le laissa maître de disposer des troupes à sa volonté; il posta d'abord un corps de chasseurs dans un bois, sur la pente d'un groupe de monticules qui se joignent à la hauteur de Miribel et longent le grand chemin en amphithéâtre, mit un fort piquet sur Miribel, une grande garde à Saint-Martin, avec le canon qui battait de front ledit chemin; il imposta des carabiniers dans les broussailles en delà de l'Arve, sur l'avenue de Sallanches, un corps de réservo vers le clos des Capucines, etc.

Aussitôt que l'ennemi se trouva quasi à la portée du fusil devant le poste de Miribel, il s'est divisé en deux colonnes, l'une faisait feu et marchait de front; l'autre chercha de tourner Miribel en gagnant les bois;

précisément, elle tomba dans l'embuscade de nos carabiniers qui les repoussèrent avec toute la vigueur possible; en même temps, on fit monter, de Saint-Martin, le canon à Miribel, qui acheva de le forcer à la retraite; un fort piquet le protégeait et soutenait la charge de front dont il se trouvait *archellé* par la colonne commandée par M. de Revel, qui le suivait par la grande route, tandis que les chasseurs le battaient par le flanc droit, et M. le comte Castellani, de Novare, et Morel, de Genevois, le battaient aussi en le poursuivant dans sa route avec un détachement de 100 hommes, depuis la gauche, en delà de l'Arve, par une langue de terre qui s'avance dans ce fleuve et serre la vallée.

M. Castellani reçut à l'oreille une balle morte, qui le blessa légèrement; deux soldats restèrent sur le carreau, ayant été atteints par des coups de mitraille des canons de l'ennemi, qui ne cessaient de foudroyer contre ceux qui le poursuivaient, et dix à douze des nôtres restèrent blessés; on porte sa perte à 100 hommes, entre morts et blessés et un prisonnier de la Rochelle. Nos troupes ont encore tué, le 18, trois sentinelles des Français, depuis une hauteur qui domine le pont de Cluses, où ils se replièrent.

Cette attaque fit qu'on se dépêcha de faire les retranchements susdits de Miribel et de Blancheville; ils étaient presque finis.

Le 28 septembre, à 7 heures du matin, l'ennemi, fort de 2,600 hommes formés des 5me et 6me bataillons de la Gironde, de deux bataillons de Rhône-et-Loire, d'un bataillon des Basses-Alpes et d'environ 150 cavaliers et hussards, avec six pièces de canon, se présenta en avant de l'avant-poste de Miribel, ayant été arrêté dans sa marche par des larges et profondes coupures dans le chemin que M. Giardin a fait achever même sous le feu des tirailleurs, à l'aide de 25 carabiniers qui protégeaient les ouvriers.

Notre force ne consistait que dans 1,100 fusiliers et 5 pièces de canon, savoir : celle des Français, de six livres de balles; deux petits canons de montagne, que M. Bussolino, capitaine d'artillerie, avait amenés quelques jours auparavant; deux pièces de 4, que les paysans étaient allés chercher gratis au Petit-Saint-Bernard et avaient fait passer la montagne du Bonhomme à bras, avec étonnement de ceux qui connaissent ce local, et, finalement, 6 espingardes

Nos retranchements de Miribel étaient commandés par la hauteur de la montagne, où les passages étaient presque inaccessibles, et on avait placé un corps de 40 hommes de Novare pour garder ce poste.

Les Français commencèrent leur feu avec trois pièces, qui portèrent dans le retranchement où se trouvait un contingent de Novare, de Genevois, de Maurienne et de milices, en tout environ 400 hommes.

Quelques moments après, ils se divisèrent en cinq colonnes, dont l'élite gagna la hauteur qui flanquait le dit retranchement, et attaqua de vive force tous les passages. Le poste de Novare fut d'abord emporté. M. le chevalier Signoris, étant averti qu'une colonne de 400 Français tenait les cimes de la Forclaz, montagne sur la gauche de l'Arve, et menaçait de tourner les retranchements de Blancheville pour tomber sur Sallanches, s'y porta avec 300 hommes, et l'ennemi n'osa plus avancer.

Le combat sur la droite de l'Arve était engagé dans tous les postes avec une fureur terrible. L'artillerie battait en ruine nos retranchements depuis le grand chemin, ne pouvant s'approcher davantage par rapport aux coupures, et pendant qu'on se défendait contre le feu de la mousqueterie qui nous criblait de tous les côtés, notre artillerie, entre autres deux pièces de montagne, qu'on avait mise en avant et sous la protection de la batterie des retranchements de Miribel, empêchait par son feu l'avancement de l'artillerie et de la colonne ennemie, qui nous battait de front.

La nuit a arrêté le combat, mais les troupes de S. M. ayant perdu le poste principal qui défendait les avenues de la montagne, l'ennemi ayant reçu un renfort de 600 hommes, il se glissa à demi-pente dans le bois qui dominait notre retranchement, et il resta tranquille dans ce poste pendant toute la nuit, sans bouger ni faire du feu, malgré la fraîcheur de la saison.

Le 29 du même mois de septembre, aussitôt que le jour apparut, M. Bussolino fit faire un coup de canon; l'ennemi nous a répondu par un autre coup, sans autre, que nous avons jugé être des signaux; effectivement, dans l'instant, notre droite, soit la montagne, se trouva toute en feu.

La résistance de nos milices et de nos troupes fut vaine; ils furent forcés de gagner les hautes cimes des montagnes; la colonne et l'artillerie, qui nous battaient de front, s'avançaient à grands pas contre notre retranchement de Miribel, dont le feu de notre canon culbuta et emporta un hussard à cheval, qui s'était devancé sans doute à dessein de pénétrer dans le retranchement par un petit sentier qu'on avait laissé pour le service de l'ouvrage en attendant qu'il fût achevé.

La colonne qui avait gagné le bois nous plongeait de flanc et descendait aussi à grands pas pour se jeter sur nos retranchements qui étaient garantis pas un fossé imparfait, sans palissades. On dirigea en défense de ce flanc deux petits canons de montagne et les 6 espingardes. Les canons ne purent jouer que lorsque l'ennemi se trouvait presque en bas de la pente, vu qu'il leur fallait donner trop d'élévation; les plantes de sapin le mettaient à couvert de nos espingardes et de notre mousqueterie.

Les retranchements de Blancheville, en delà de l'Arve, étant battus en brèche par trois pièces, dont une de douze livres de balles, touchaient à leur ruine.

Vu le désavantage de notre position, M. le major du régiment de Genevois, baron Duverger, ayant eu l'avis des officiers principaux, prit le parti de faire retirer les siens du retranchement pour les poster derrière une maison qui leur servait de traverse et les garantissait des coups plongeants dont ils étaient assommés, afin de les mettre à même de faire une vigoureuse résistance au moment que l'ennemi aurait cherché de se jeter dans les retranchements.

Aussitôt fait le commandement de se retirer, un vol de perdrix n'aurait pas fui plus rapidement les coups d'un chasseur que cette troupe, et notamment quelques pelotons des soldats de Novare se débandèrent. Les officiers restèrent presque seuls dans la tranchée; le capitaine Bussolino, manquant de chevaux de traits, fit tous ses efforts pour faire retirer à bras et traîner dans la plaine les canons qui étaient en batterie; il avait réussi d'en faire retirer quatre; il fut enveloppé et fait prisonnier par les hussards qui, ventre à terre, avaient déjà coupé la retraite du côté de la ville de Sallanches, tandis qu'il donnait ses soins pour ramasser des hommes pour faire retirer le cinquième; il ne fut plus possible de rallier nos troupes.

L'ennemi, devenu maître des batteries de Miribel, y faisait flotter le drapeau tricolore, tandis que la cavalerie, élancée dans la plaine, sabrait les fuyards et que la mousqueterie, embusquée en delà des retranchements vers la ville de Sallanches, faisait passer par son feu tous ceux qui n'avaient pas gagné les cimes des montagnes et cherchaient à se retirer par la route ordinaire vers Sallanches.

MM. les comtes de Revel et Castellani, de Novare, s'étant aperçus parmi la mêlée et la fumée dont ils étaient couverts qu'un corps de hussards tenait les convois d'artillerie, composé de 13 mulets, lâchèrent leur coup de fusil et firent faire une décharge par quelques soldats qu'ils avaient ralliés autour de lui; un des hussards tomba mort et, tandis que les autres se dispersèrent contre notre troupe et les milices, le convoi se trouva délivré, et il suivit la route de Saint-Gervais, où se réfugia tout ce qui a pu échapper aux poursuites de l'ennemi.

M. le marquis de Sales se sauva sur son cheval à travers une grêle de coups de fusil, en passant par le village de Saint-Martin.

M. le chevalier Signoris faillit être tué par les siens.
M. Carron, officier de Genevois, fut fait prisonnier avec
40 hommes dans le moment que depuis le haut de la
montagne il se portait contre une colonne placée au
pied de cette montagne qui nous battait de front.

Cette malheureuse journée nous a coûté la perte
d'environ 200 hommes, entre morts, blessés et prisonniers.

L'ennemi paraît en avoir perdu environ 160, entre
morts et blessés; il fit d'abord passer par les armes
22 carabiniers, soit paysans, il fit brûler le château de
M. de Loche, dit des Rapilles, et, quelque temps après,
il décréta la démolition de la maison de M. de la
Fléchère, à Annecy, et des châteaux de M. de Sales;
on a d'abord procédé à la démolition de cette maison.

M. Bussolino, sur sa parole, fut relâché, après avoir
été comblé de politesses et avoir été nanti d'un certificat,
soit passeport, de Simond, représentant de la nation, et
du général Kellermann, très honorable.

M. Carron, comme Savoyard, fut mis en prison et
décrété de mort à Annecy; il se sauva à la faveur de
quelques amis de cette ville

On conduisit jusqu'à Notre-Dame de la Gorge les
quatre canons, M. de Revel ayant pris un soin particulier de la pièce des Français pour la faire traîner au
Combale, près d'Aoste, lieu de la retraite de nos
troupes; mais, manquant de moyens et étant poursuivis, on a pris le parti de les enclouer et de les
cacher. M. Giardin fit clouer et cacher les canons
dans la montagne; M. de Revel voyant sa pièce
abandonnée, la fit jeter dans la rivière de...... mais
bientôt les patriotes français, ayant été avertis par un
canonnier auxiliaire de Rockmondet (1), retrouvèrent
le tout.

Le projet était, si notre colonne de Faucigny n'eût
pas abandonné Cluses, que le 28 septembre l'armée

---

(1) Du régiment suisse de Rockmondet, à la solde du roi de
Sardaigne.

du duc de Montferrat se serait avancée par la vallée de Grisance et par le Reposoir, et l'aurait rejointe à Cluses pour pousser plus outre dans l'intérieur de la Savoie, en attendant que l'armée de Maurienne, jointe à une partie de celle du duc de Montferrat, aurait attaqué l'armée de Kellermann, campée à Conflans, qui ensuite de notre retraite s'est portée contre Lyon et l'a obligée à succomber.

A

Les commissaires français ayant paru à Thônes, chef-lieu de la vallée de ce même nom, pour organiser la garde nationale et mettre en cours des assignats, furent chassés par le peuple qui, s'étant émeuté, proclama hautement qu'il voulait retourner au roi de Sardaigne ; mais, prévoyant les suites de cette émeute, 13 paroisses, formant un corps de 2,500 hommes, se postèrent dans les cimes des montagnes qui dominent le chemin d'Annecy, se munirent de canons de bois de chêne cerclés de forts plés, firent des balles d'étain, n'ayant point de plomb, et résistèrent pendant 48 heures à 2,000 hommes que le général avait fait marcher contre eux depuis Annecy ; mais ayant été tournés par 200 cavaliers qui éguyèrent la rivière de Fier en faisant un détour de trois lieues, ils furent mis en déroute. On en arquebusa d'abord cinq ou six et on chassa les autres dans la cime des montagnes, où plusieurs périrent de faim ; en même temps, on donna le pillage à la ville de Thônes, malgré le général, et il dura six jours. Ensuite, la Convention condamna cette contrée à 40,000 livres et à la double taille, ce qui l'a ruinée.

B

M. de Thiollaz, en conséquence de sa lettre, fut emprisonné à Chambéry et condamné à la Guyanne ; on l'a traduit à Lyon pour suivre la route de sa punition.

Il fut délivré au moyen de 80 louis et des bons offices de son perruquier Mathieu. Il fut réarrêté à Nantua, reconnu et conduit à Marseille pour la Guyanne, et il eut le sort, une seconde fois, d'être délivr' par le même.

LA VALLÉE D'ABONDANCE EN 1793

EXTRAIT

DE

L'ABBAYE ET LA VALLÉE D'ABONDANCE

Par le chanoine MERCIER

Annecy 1885. — *Page 289.*

Le bruit s'étant répandu en Savoie qu'une puissante armée d'Austro-Sardes allait venir déloger les Français de notre pays, des émissaires des Piémontais vinrent y souffler la révolte et organiser la résistance armée aux troupes de la République. La vallée de Thônes, en mai 1703, donna le signal de l'insurrection ; Annecy eut sa *bagarre* anti-révolutionnaire, que quelques-uns payèrent de leur tête et plusieurs de leur liberté. Le Haut-Faucigny, la vallée d'Aulph étaient en pleine insurrection et sous les armes. Ce le d'Abondance s'associa au mouvement réactionnaire.

Le moment paraissait favorable. Les deux compagnies des volontaires des Basses-Alpes, qui étaient cantonnées dans la vallée d'Abondance, reçurent l'ordre d'aller rejoindre le corps d'armée qui faisait le siège de Lyon. Leur départ fut un grand soulagement pour la vallée ; quelques jeunes gens allèrent se poster sur la hauteur de Bellegarde et se donnèrent le tort de précipiter des blocs sur la route par où s'en allaient ces soldats inoffensifs et sans défiance.

On se crut délivré de la Révolution ; on commença par abattre les arbres de la liberté et par brûler les insignes qui les pavoisaient ; on sonna le tocsin pour appeler aux armes les habitants valides, afin d'aller rejoindre le corps des Piémontais, qui s'était établi à Cluses ; on ouvrit un registre pour inscrire les volontaires; on fit des quêtes pour les défrayer et les récompenser. L'Allobroge François-M. Folliet (1), devenu juge de paix à Abondance, fut traduit à Cluses, soit comme otage, soit comme patriote vendu à la France. La municipalité nommée par les commissaires de la République fut dissoute et remplacée par l'ancien conseil; le maire, J.-P. Sallavuard, dut quitter son écharpe; le notaire Folliet (2), ancien châtelain, reprit ses fonctions au nom du roi sarde. Tout cela se passa sous l'égide de cent cinquante soldats piémontais, qui étaient venus de Cluses occuper la vallée d'Abondance et y remettre les choses sur l'ancien pied. On organisa une garde pour fermer les avenues de la vallée, à la Fiogère et sur d'autres points qui pouvaient donner accès aux Français. Le nommé Borret, commandant du poste de Morgin pour le Valais, vint passer plusieurs jours au chef-lieu d'Abondance pour organiser, discipliner et exercer lui-même ces volontaires. Il avait même, au besoin, promis des armes à la vallée. Outre les braves qui gardaient ces nouvelles Thermopyles, une trentaine de jeunes gens étaient allés s'enrôler dans le corps de Piémontais qui, de Cluses, se disposaient à marcher sur Annecy et Carouge.

Pendant cette échauffourée, Carlin Maxit et le jeune Barnabé Folliet (3), lequel, sans être terroriste, s'était montré chaud partisan de la France, avaient jugé prudent de se mettre en lieu de sûreté.

L'illusion ne fut pas longue pour les royalistes de la vallée. En septembre 1793, les républicains, qui venaient d'avoir raison de l'héroïque résistance de Lyon, étaient rentrés en Savoie, nombreux et furieux. Toute l'espérance mise dans les Austro-Sardes se dissipa; le corps piémontais, qui occupait le Haut-Faucigny, fut, à son tour, battu à Miribel, près de Sallanches. Tout se débanda; les volontaires, qui s'étaient enrôlés à Cluses, regagnèrent leurs foyers ou passèrent la frontière.

Dès lors, ceux qui défendaient le passage de la Fiogère cessèrent toute tentative de résistance. Quelques-uns, des plus compromis, émigrèrent. Les Piémontais, après l'échec de Miribel, avaient gravi les sommités des Alpes pour se reformer et se recruter. Un piquet de ces soldats s'était réfugié à

---

(1) François-Marie Folliet, avocat, membre du Comité de législation de l'Assemblée des Allobroges, bisaïeul de M. André Folliet, député de la Haute-Savoie depuis 1871. Un de ses fils, Louis, était chasseur dans la Légion allobroge.

(2) Parent éloigné du précédent.

(3) Grand-père de M. André Folliet, député. Il avait 19 ans, étant né en 1774, et servait au 5e bataillon de volontaires du Mont-Blanc, levé en juin 1793, ce qui se concilie difficilement avec sa présence à Abondance en août et septembre.

Abondance, prêt soit à se rendre à un nouvel appel de leurs chefs, soit à rentrer en Piémont par le Saint-Bernard. Ce qu'ayant appris, le commandant français en Savoie dirigea un détachement de quatre cents hommes sur Abondance, et un nombre égal de Français arrivés à Saint-Jean-d'Aulph devaient contourner la montagne de Chaufleuria, en longeant les frontières du Valais pour cerner cette poignée de fuyards piémontais. Révérend Blanc, qui était rentré à Abondance et qui a écrit ces intéressants détails, ne marque pas si les Piémontais réussirent à s'échapper.

La contribution de guerre dut être considérable, car la petite commune de Reyvroz, assez inoffensive, avait été cotée à 709 livres et la vallée de Thônes à 40,000 livres.

Carlin Maxit était rentré dans sa commune et les autorités françaises furent rétablies dans la vallée.

DOCUMENTS DIPLOMATIQUES

Concernant la violation de la neutralité suisse par un corps de soldats piémontais, entré ensuite en Faucigny (août 1793).

DOCUMENTS EXTRAITS DES ARCHIVES DU MINISTÈRE DES AFFAIRES ÉTRANGÈRES DE LA RÉPUBLIQUE FRANÇAISE.

---

12 août 1793. — Le citoyen Helfflinger, résident de France en Valais, annonce au ministre des affaires étrangères, la violation du territoire valaisan par les Piémontais; il envoie copie des réclamations qu'il a adressées le même jour à M. de Courten, commandant en chef les troupes de la république du Valais; à M. Sigristen, grand-bailli du Valais.

13 août. — Le citoyen Noulavie, résident de France à Genève, écrit au citoyen Barthélemy, ambassadeur de France en Suisse, et au résident en Valais pour lui faire part des mesures prises dans le département du Mont-Blanc pour repousser l'invasion, notamment des levées d'hommes faites dans les districts de Carouge, Chambéry, Annecy et districts voisins, sur la réquisition du général commandant en Tarentaise.

Soulavie adresse le même jour une note au Comité de sûreté de la république de Genève, disant que les Piémontais ayant violé le territoire valaisan pour pénétrer en Savoie, le résident de la République française demande à Genève de prêter ou de vendre au district de Carouge quatre canons avec caissons garnis et 200 fusils, et de mettre à sa disposition quelques canonniers de bonne volonté.

14 août. — Le Comité de sûreté de la république de Genève répond qu'il ne peut faire droit à cette demande sans violer la neutralité.

Barthélemy, ambassadeur de France, au bourgmestre Kilchsperger, à Zurich.

Baden, le 13 août 1793. — Je m'empresse, M. le bourgmestre, de vous adresser ci-joint une relation dont le sujet est infiniment délicat, car il ne tend à rien moins qu'à compromettre la neutralité de la république du Valais envers la France et, par conséquent, celle de tout le corps helvétique. J'invoque, Monsieur, la sagesse de l'Etat de Zurich et, par lui, celle de ses co-alliés, etc.

Barthélemy à Deforgues, ministre des affaires étrangères.

Baden, le 17 août. — ...... Le citoyen Helflinger m'envoie copie de la relation qu'il a dû vous adresser le 13. Ce transport d'armes, de munitions et de vivres, par le territoire valaisan et venant du Piémont, si le fait se vérifiait, serait un événement très extraordinaire et nous prouverait qu'en bien peu de temps les intrigues des prêtres seraient parvenues à détruire les sages dispositions que le gouvernement du Valais a tâché de manifester au milieu des circonstances difficiles où il se trouve....

Au reste, il s'agit d'éclairer promptement l'événement qui vient d'avoir lieu. Je l'annonce au Corps helvétique et particulièrement à Berne qui, par sa position, a des rapports plus intimes avec le Valais.

Je dis que ce fait ne tendrait à rien moins qu'à compromettre hautement la neutralité de la république du Valais envers la France et celle de tout le Corps helvétique....

Quelque effarouchés que le gouvernement et le peuple du Valais se montrent sur les changements que nous trouvons convenables d'effectuer dans la mission française à Saint-Maurice, je ne puis me persuader que leur frayeur les égare au point d'oublier leurs intérêts et de laisser entrer notre ennemi sur leur territoire pour arriver jusqu'au nôtre...

Barthélemy à Deforgues.

19 août. — De nouveaux rapports du citoyen Helfflinger me prouvent que les habitants du Valais se conduisent comme des insensés, et qu'après que nos ennemis et les malveillants les ont horriblement effrayés sur les projets auxquels ils ont cherché à attribuer la cause de notre changement diplomatique en Valais, ils ont lestement profité de cet égarement de l'imagination pour pousser à une entreprise faite pour provoquer à des hostilités et mettre fin à la neutralité.

On voit, par les mesures sages et actives que le citoyen Helfflinger avait prises pour être instruit de tout, avec quelle prestesse le convoi piémontais s'est présenté, avec quelle promptitude le marquis de Sales est arrivé de Lausanne, et comme il a été promptement suivi de quelques dragons (bernois) qui, disait-on, devaient conduire sur la frontière du territoire du roi de Sardaigne Rotondo, détenu au Château de Chillon. Ce marquis de Sales est un agent du roi de Sardaigne, qui est établi depuis assez longtemps à Lausanne, occupé à intriguer obscurément avec le bailli (d'Erlach, bailli bernois de Lausanne), et à acheter en Suisse tout ce qui pouvait convenir au service du Piémont, comme chevaux, draps, toiles, etc. Il s'est très souvent trouvé en concurrence avec nos commissaires....,

Une lettre particulière, qui vient aussi de bon lieu, m'avertit que toute cette trame a été concertée entre M. de Buol (agent autrichien), le marquis de Sales et M. d'Erlach, bailli de Lausanne. Ces trois personnages ont cru que le moment était favorable pour amener une sérieuse contestation et pour entraîner le canton de Berne, objet constant de leurs vœux.

J'ai souvent parlé de ce bailli d'Erlach, homme ardent et ambitieux, grand ennemi de notre Révolution, se croyant capable de pouvoir contribuer à la renverser en attirant la Suisse dans la coalition et ne rêvant qu'au moyen d'y précipiter son canton. Il est l'homme de confiance de l'avoyer Steiger; il a déjà plus d'une fois compromis la République, et, plus d'une fois aussi, elle s'est trouvée embarrassée pour contenir la tête extrêmement inquiète de cet agent. Il n'a plus qu'un mois à rester en place; le temps de son bailliage va expirer; il paraît qu'il a voulu finir d'une manière brillante et que c'est à ses manœuvres qu'est dû le mouvement de quelques dragons (bernois).

Je m'attends que toute cette intrigue va faire grand bruit à Berne, et que, lorsque le Grand Conseil en prendra connaissance. Il saura, comme il est déjà arrivé plusieurs fois, ramener dans la bonne voie le Conseil secret, qui est toujours porté à abuser de la confiance et des pouvoirs étendus qui lui ont été remis, il y a quelques années.

Je vais écrire à mes correspondants de Berne pour les éclairer sur la marche perfide qu'on cherche à faire tenir par l'Etat.

Je vais de nouveau dénoncer au Corps helvétique, en termes décents et convenables, celle que le Valais paraît décidément vouloir préférer. Je passerai aussi un office particulier au gouvernement de Berne sur le même sujet. Ce canton, en général, est sage, calculé et plus éclairé que les autres; aussi je ne lui crois point l'intention de compromettre sa neutralité....

L'Etat de Berne à la République du Valais.

Berne, 19 août. — Différents avis nous apprennent qu'un convoi piémontais a pénétré par le territoire de votre république jusqu'en Savoie.

Cet événement, qui nous est aussi confirmé dans ce moment par votre lettre amicale et confédérale du 14 de ce mois, de même que par les pièces jointes, exige incontestablement l'attention de tout le Corps helvétique et doit, par les suites qu'il pourrait avoir, exciter de justes inquiétudes.

Nous nous empressons, en conséquence, de vous communiquer la cop ci-jointe de la dépêche qui nous est parvenue, et nous ne doutons pas que vous ne fassiez tous vos efforts pour éviter toutes les démarches qui pourraient affaiblir la neutralité adoptée et observée religieusement par tout le Corps helvétique et qui pourraient, par conséquent, vous mettre dans l'embarras, ainsi que toute la Suisse. Nous ne doutons pas non plus que vous saurez détourner de votre mieux et avec sagesse les suites de cet événement....

Barthélemy à Deforgues.

Baden, 20 août. — Envoie le document adressé par Berne au Valais et ajoute : Je crois de plus en plus que tout ceci est l'affaire de quelques intrigants, qu'on a entouré le gouvernement du Valais de terreur et qu'à l'abri de ses préjugés, de sa faiblesse, on aura risqué une démarche éclatante, afin d'entraîner lui et la Suisse dans un précipice. Mais comme je suis d'opinion que la Suisse ne veut point changer de système, je ne doute pas que son intervention ne devienne efficace pour éclairer le Valais sur ses torts et pour lui rendre quelque énergie.

Deforgues à Barthélemy.

Paris, 21 août. — Vous êtes sans doute informé, citoyen, qu'un détachement de 250 Piémontais non armés, mais suivis de 180 mulets chargés de munitions de guerre, a franchi le mont Saint-Bernard, traversé une partie du Valais et s'est rendu par Trient dans la Savoie.

Le citoyen Delhorme a apporté cette nouvelle à Paris et l'a consignée dans la lettre dont je joins ici la copie.

Vous y verrez, ainsi que dans les pièces que j'ai reçues depuis du citoyen Helfflinger et dont je vous envoie également copie, qu'il est vraisemblable qu'on était prévenu en Valais, et même à Berne, de l'arrivée de ce détachement; qu'on n'a opposé aucune résistance à son passage, et que M. de Courten, commandant les troupes valaisanes, n'a pas considéré cette entreprise des Piémontais comme une violation du territoire helvétique.

Cette violation est manifeste. Si M. de Courten a été autorisé par le gouvernement du Valais à n'y mettre aucun empêchement, la conduite de ce gouvernement doit être déférée au Corps helvétique comme une infraction à la neutralité qui nous a été solennellement promise. Si M. de Courten, au contraire, a agi contre le vœu de son gouvernement, il doit être destitué et puni comme un traître.

Dans l'un et l'autre cas, le Corps helvétique doit sentir plus que jamais la nécessité de faire respecter son territoire et de prendre à cet égard les mesures les plus promptes et les plus sûres. S'il ne manifestait pas hautement le mécontentement qu'il doit éprouver de ce qui vient de se passer, et s'il ne mettait pas le plus vif empressement à prévenir toute nouvelle invasion de la part des Piémontais, nous serions fondés à ne plus respecter sa neutralité et à traverser nous-mêmes le territoire du Valais pour entrer en Piémont, sans qu'il pût s'en plaindre.

Barthélemy à Deforgues.

Baden, 21 août. — Hier au soir, deux députés du département du Mont-Blanc sont arrivés auprès de moi pour m'entretenir de l'événement du Valais.... Ils m'ont beaucoup tranquillisé en m'assurant que leur département est en mesure de contenir efficacement l'escorte piémontaise et les paysans auxquels elle a apporté des armes....

Instructions pour le citoyen Dubuisson, allant en Suisse.

Paris, 22 août. — Le citoyen Dubuisson se rendra du pays des Grisons dans le Valais. Il distinguera le haut du bas Valais. Le bas Valais étant sujet du haut, il y a entre l'un et l'autre une cause permanente de division. Le haut Valais ne paraît pas avoir de dispositions favorables à la République française. Il faudra sonder les causes de son éloignement pour nous; examiner si elles ne dériveraient pas de l'intention qu'on nous suppose de soustraire le bas Valais à sa domination, ou si l'on doit seulement les attribuer à l'influence de la maison d'Autriche et au crédit des personnes en possession des places du gouvernement.

Il s'appliquera dans le bas Valais à connaître les vraies dispositions du peuple à notre égard. Elles nous étaient avantageuses au commencement de la Révolution, mais la suppression du clergé en France, la déportation de nos prêtres et de ceux du Mont-Blanc, dont un grand nombre s'est réfugié dans ce pays, sont des circonstances qui paraissent les avoir altérées. Il examinera quels sont les moyens pour ramener les esprits en notre faveur.

Il aura surtout à prendre des renseignements sur le fait du passage des deux cent cinquante Piémontais qui, suivis de cent cinquante mulets chargés de munitions de guerre, viennent de traverser une partie du Valais pour entrer dans le département du Mont-Blanc. Il aura à savoir si cette violation du territoire helvétique n'est pas l'effet d'un concert entre les Piémontais et le gouvernement du Valais; si l'Etat de Berne, allié du Valais, n'a pas eu connaissance de ce projet et ne l'a pas favorisé. Il examinera si l'on n'a pas à craindre une nouvelle entreprise de ce genre; si les bas Valaisans et les troupes destinées à la garde de leurs frontières ne seraient plus disposés à s'y prêter.

Le citoyen Dubuisson voudra bien faire part aux citoyens Barthélemy et Helfflinger de tous les renseignements qu'il recueillera dans les différentes parties de la Suisse qu'il aura à parcourir.

Instructions pour le citoyen Cassat, allant en Suisse.

Paris, le 23 août. — Le citoyen Cassat se rendra à Genève et dans le pays de Vaud.

Il prendra connaissance à Genève de l'état actuel des choses et de la disposition des esprits. Il examinera quels sont les différents partis qui divisent les habitants de cette ville, quels sont les meneurs de ces partis, leur force, leurs moyens et leur objet, quelle est l'opinion que l'on a de l'Assemblée nationale et de l'acte constitutionnel qu'elle a présenté; quelle est son influence, celle des comités chargés provisoirement du gouvernement et celle des différents clubs. Il prendra des renseignements sur les intelligences que le roi de Sardaigne pourrait avoir à Genève, sur les suites qui pourraient en résulter et sur les moyens de les prévenir. Il verra quelle est l'opinion dominante à l'égard des rapports à établir avec la France, dans quel sens cette opinion peut avoir été modifiée par l'effet des revers que nous venons d'éprouver, et de quelle manière on y considère l'insurrection des Lyonnais et des Marseillais. Enfin, il examinera quelle est la conduite politique et privée du citoyen Soulavie, et quelle opinion on a de lui dans les comités et les clubs.

Le citoyen Cassat se rendra de Genève dans le pays de Vaud. Il aura à porter la plus grande attention sur les vues qui dirigent les préposés du gouvernement de Berne; il examinera si, dans leur conduite, ils ne se laissent pas influencer par le roi de Sardaigne et les émigrés; s'ils n'auraient pas été en dernier lieu prévenus par les deux cent cinquante Piémontais qui ont traversé le territoire valaisan pour entrer en Savoie, et quelle part ils pourraient avoir eue à l'exécution de ce projet. Il s'attachera à connaître l'esprit et les vues des émigrés qui sont répandus dans ce pays, et cherchera à savoir s'ils ne sont pas en rapport avec le roi de Sardaigne et nos autres ennemis; s'ils n'ont pas des chefs, des conciliabules...

Barthélemy à Deforgues.

Baden, 24 août. — Ce qui s'est passé le 11 de ce mois dans le Valais, citoyen ministre, occupe vivement toute la Suisse, mais particulièrement le Directoire (helvétique)..... Je suis bien porté à croire que le gouvernement valaisan a été dans cette circonstance plus négligent que complice. Il s'est fié sur la difficulté des passages. Cette difficulté même a servi les Piémontais. Ils sont arrivés à l'improviste.....

Voici trois lettres de Berne qui vous feront voir que cet événement a excité une vive agitation dans ce canton....

Vous voyez par la lettre cotée première qu'on m'y parle des émigrés retirés dans le pays de Vaud, au sujet desquels j'ai assez souvent des explications avec les magistrats bernois. Elles les ont déterminés à en faire un recensement pour me prouver qu'ils ne sont pas en grand nombre.

Quant aux émigrés du département du Mont-Blanc dont j'ai également fait mention, la lettre de Berne établit une distinction qui porte sur un point délicat de droit public. Nous dirions à Berne : « La Savoie fait partie intégrante de la République française parce que ses habitants se sont réunis à nous. » Berne nous répondrait : « Je ne combats point ce droit, mais il ne peut être décidé que par la paix, puisqu'un des objets de la guerre est de vous obliger à restituer ce nouveau département au roi de Sardaigne. » Au reste, sans entrer dans cette question, je continuerai d'inviter le canton de Berne de surveiller et de contenir les émigrés et prêtres du Mont-Blanc aussi longtemps qu'ils s'occuperont de l'agiter et de le déchirer par leurs pratiques....

Frisching, trésorier de Berne, à Barthélemy.

Berne, 21 août. — L'embauchage de dix dragons bernois à Lausanne pour le service du roi de Sardaigne a été fait par un nommé Bergier, de Lausanne. Les perquisitions les plus sévères seront faites pour approfondir cette affaire et les fauteurs s'en trouveront mal.

Kilchsperger, bourgmestre de Zurich, à Barthélemy.

Zurich, 20 août. — Le bourgmestre fait connaître le sens général des lettres bien expressives projetées par le Conseil secret de Berne, tant pour la république du Valais que pour les cantons suisses, au sujet du passage des Piémontais en Valais.

Deforgues à Barthélemy.

Paris, 28 août. — Je vois que l'on considère en Suisse l'événement qui vient de se passer en Valais comme un acte qui compromet le Corps helvétique et qui doit exciter son attention. Mais je ne vois pas que l'on s'occupe assez vivement des mesures à prendre à l'égard du roi de Sardaigne et des Autrichiens pour prévenir de nouvelles tentatives du même genre du côté du Piémont ou du Haut-Rhin. Cependant l'entreprise que les Piémontais viennent d'exécuter avec tant de facilité est de nature à exciter toute la sollicitude des cantons. Ce ne sont pas de froides et lentes démarches qui peuvent satisfaire la République française : il faut que nous puissions compter sur la neutralité du Corps helvétique et, pour y compter, il faut que nous lui voyions déployer tous les moyens nécessaires pour repousser les ennemis dans toutes les parties du territoire helvétique par lesquelles ils pourraient tenter de pénétrer dans les départements de la République.

Barthélemy à Deforgues.

Baden, 28 août. — .... Je vois qu'à Berne beaucoup de personnes bien intentionnées ou impartiales ne sont pas éloignées de penser que le gouvernement du Valais n'a pas été prévenu de l'invasion piémontaise et qu'on a tout simplement abusé de sa faiblesse et de sa négligence. On croit que les officiers employés à la garde des frontières avaient été gagnés. Je suis impatient de connaître la justification que le Valais adressera aux cantons et les explications que le citoyen Helflinger me donnera à ce sujet, afin que, dans le cas où il n'obtiendrait pas une réparation convenable, je puisse, conformément à vos instructions, agir de mon côté soit pour dénoncer au Corps helvétique la conduite du gouvernement valaisan, soit pour demander la destitution et la punition des officiers prévaricateurs employés par lui....

C'est aujourd'hui que le Grand Conseil de Berne s'assemble pour connaître de l'événement du Valais et de la part qu'il est bien évident que quelques employés bernois y ont eue.

Comme il n'est guère douteux qu'ils n'aient été secrètement appuyés par des membres du Conseil secret... vous croirez facilement qu'il règne à Berne la plus violente fermentation... Il s'agit ici d'un combat très animé entre ceux qui cherchent à sauver le bailli de Lausanne et ceux qui préfèrent sauver l'honneur de leur république, qu'il a horriblement compromis, d'autant plus que sa conduite fait un contraste frappant avec celle du bailli de Vevey qui s'est hâté d'arrêter ces dragons qu'on faisait bien gratuitement servir de vils instruments à la la plus révoltante intrigue. Je dis bien gratuitement, car il est connu que la plupart de ces soldats, aussitôt qu'ils se sont aperçu du service odieux qu'on voulait leur faire faire, ont témoigné la plus vive indignation. Ne nous pressons donc pas d'accuser l'Etat en masse. Voyons d'abord ce qu'il prononcera... Je suis fort aise d'apprendre que le colonel Weiss soit arrivé à Berne pour la séance d'aujourd'hui. Je m'attends qu'il traitera sans ménagement et avec toute la vivacité qui lui est naturelle et l'avoyer Steiger et le bailli d'Erlach, et l'entreprise souterraine et dangereuse par laquelle ils ont voulu forcer la France à cesser de mettre confiance dans la neutralité helvétique. Je joins ici une lettre de Berne qui renferme des détails intéressants sur ce nouvel ordre de choses. Ils le sont d'autant plus pour moi depuis que je me suis entretenu avec le citoyen Fleury, qui, après avoir traversé tout le pays de Vaud pour se rendre en Valais, l'a retraversé de nouveau, ainsi que le canton de Berne, pour venir de Saint-Maurice ici. Il a rencontré partout de très bonnes dispositions pour vivre en paix et bonne harmonie avec la France, des regrets et des plaintes très vifs contre la faiblesse et la négligence du Valais, qui ne tendaient à rien moins qu'à exposer la Suisse, et une forte indignation contre les intrigants bernois qui ont trempé dans le complot. Il a bien positivement trouvé affiché dans toutes les auberges, par ordre du gouvernement (bernois), le signalement de Bergier et l'injonction de l'arrêter partout où on le découvrirait. C'est cet homme qui était plus particulièrement chargé de diriger la marche des dragons qui ont apparu dans le Valais....

Barthélemy à Deforgues.

Baden, 31 août. — Tout porte à croire que le Valais n'a péché que par négligence et par faiblesse. J'écris au Corps helvétique pour lui faire sentir que le Valais se doit à lui-même et à toute la Confédération de punir les employés infidèles. J'inviterai le Corps helvétique à observer combien il va nous devenir difficile de mettre désormais confiance dans les mesures prises par le Valais pour la garde de ses passages et combien cet objet est de plus en plus important et délicat pour tous les cantons....

Deforgues à Barthélemy.

Paris, 2 septembre. — Il n'est plus possible de douter... que le bailli de Lausanne n'ait eu la plus grande part à l'introduction des Piémontais dans le Mont-Blanc par le Valais. Il est bien constant que c'est de lui que Bergier a reçu l'ordre d'escorter avec dix dragons le convoi de 150 mulets chargés de munitions. Il reste à savoir s'il a été autorisé à donner cet ordre et par qui. C'est un fait qu'il est très important d'éclairer et je vous prie de faire sentir à l'Etat de Berne l'intérêt qu'il a lui-même à débrouiller ce mystère d'iniquité, auquel sans cela nous pourrions croire qu'il n'est pas étranger. Si le bailli a donné l'ordre de son propre mouvement, il a trahi les intérêts de son souverain et ceux de tout le Corps helvétique : sa punition doit être éclatante.

Barthélemy à Deforgues.

Baden, 2 septembre. — Vous avez vu, citoyen ministre, que les premières pièces de la justification du Valais sont bien misérables. Je suis assuré que celles qui ont suivi ne le sont pas moins. Cependant rien n'annonce jusqu'ici que le gouvernement ait été d'intelligence avec nos ennemis ou avec les intrigants qui les ont favorisés. Tout, au contraire, tend à prouver qu'on a abusé de sa faiblesse et de la stupidité du peuple qu'il régit. Mais au moins cet incident... a fortement agité la Suisse; il a attiré de toutes parts des reproches au Valais. Celui-ci sera plus vigilant et plus attentif à ses devoirs. Il n'est pas naturel qu'on veuille en Piémont essayer une nouvelle surprise, après que la première a si mal réussi. D'ailleurs, dans un mois, tous les passages vont être fermés par les neiges. Le Valais, à ce qu'on m'assure de Zurich, a augmenté le nombre de ses milices destinées à le garder. Il a écrit au roi de Sardaigne pour se plaindre et pour demander satisfaction de la violation de son territoire. Moi, de mon côté, j'ai annoncé au Corps helvétique que la République française ne doutait pas que le gouvernement valaisan ne s'empressât de punir l'infidélité manifeste de quelques-uns de ses employés et qu'il ne prît incessamment les mesures les plus faites pour prévenir toute surprise ultérieure....

Ce n'était pas un moindre devoir pour Berne de prendre en considération l'événement du 14 août, puisqu'il s'y trouvait compromis par l'apparition en Valais de quelques-uns de ses dragons. Le gouvernement bernois, qui a de l'aplomb et de la consistance, était intéressé par le sentiment de sa dignité et de son honneur à se justifier aux yeux des autres cantons.

Aussi il est certain que dans tout l'Etat de Berne on a vivement ressenti le tort qui résultait pour la réputation du canton de la part qu'il semblait avoir eue dans l'inconduite du Valais. C'est dans ces conditions que le Grand Conseil de Berne s'est assemblé le 28 août. On y a été unanime pour regretter la cause de sa présente délibération. Le bailli de Lausanne aurait-il si bien caché ses manœuvres qu'on n'a pu acquérir de preuves suffisantes de son concert avec le marquis de Sales, agent du roi de Sardaigne; ou bien ce bailli, ayant des amis accrédités et étant apparenté aux principaux membres des deux partis qui divisent la République, a-t-on pensé que ce serait entreprendre une chose bien hardie, bien difficile que de l'attaquer? que ce serait s'exposer à une subversion intérieure quand la situation de la Suisse est si périlleuse! On n'a pas nommé le bailli d'Erlach. Il ne faut pas trop s'en étonner en pensant à la politique interne des petites républiques. Souvent des considérations personnelles réunissent sans délibération, sans explication, à une même opinion, les plus ardents antagonistes. Tout le poids de la vengeance du Conseil souverain est tombé sur un nommé Bergier, aide-major des dragons, écuyer du manège de Lausanne et aide-de-camp du bailli... On a décrété que les dragons qu'il a cherché à séduire et qui étaient retournés d'indignation sur leurs pas, aussitôt qu'ils se sont aperçus qu'on voulait les faire servir à une trahison, seraient remerciés au nom de la République....

Deforgues à Barthélemy.

Paris, 9 septembre. — .... Si le gouvernement du Valais s'est plaint au roi de Sardaigne de la violation de son territoire par ses troupes, s'il a augmenté le nombre des milices destinées à la garde de ses passages, il est à croire que les Piémontais ne tenteront pas une nouvelle invasion; cependant, il est à propos d'exciter à cet égard toute la surveillance des cantons et de celui de Berne en particulier. Les mauvaises dispositions qui se montrent dans le Valais et la conduite qu'il vient de tenir repoussent la confiance et ne permettent pas qu'on s'en rapporte entièrement à lui du soin de prévenir dans ce pays une nouvelle violation du territoire helvétique.

Je ne puis voir qu'avec peine que l'Etat de Berne se soit borné jusqu'à présent à sévir contre l'officier de dragons qui avait donné l'ordre d'escorter le convoi militaire des Piémontais dans le Valais, sans qu'on ait fait usage contre le bailli de

Lausanne des preuves qu'on pouvait avoir de sa coopération à l'attentat commis par les Piémontais. Tâchez de vous procurer une copie de la lettre de ce bailli à celui de Vevey, et si, comme il est vraisemblable, elle dépose contre lui, vous auriez à en faire usage près de l'Etat de Berne, et à lui exposer la nécessité de ne pas laisser impuni un crime par lequel on a compromis nos intérêts et l'honneur du Corps helvétique...

Barthélemy à Deforgues.

Baden, 9 septembre. — C'est un objet très chatouilleux à traiter vis-à-vis du gouvernement de Berne que la part que le bailli de Lausanne doit avoir eue dans l'entrée en Valais des dix dragons bernois. Ce bailli est très rusé; il en a fait assez pour que nous ne puissions guère douter de sa manœuvre; mais il aura eu grand soin de ne pas donner prise ouvertement sur lui; et alors, ayant contre lui de forts soupçons, mais non des preuves positives, nos accusations n'auraient d'autre effet que de nous jeter dans l'embarras et d'indisposer contre nous tout le monde à Berne, même parmi nos partisans dans le Grand Conseil, ceux qui sont apparentés à M. d'Erlach et qui, n'aimant point ses intrigues, lesquelles ont presque toujours pour objet de provoquer une rupture avec la France, ne voudraient cependant pas concourir à son déshonneur. Nous courrions risque de lui donner un plus haut degré d'importance et de lui fournir plus de moyens de nous nuire. Car jusqu'ici son inquiète activité s'est agitée en vain : la raison et le calme du Grand Conseil ont constamment renversé ses pratiques. Le temps de son bailliage va expirer. Il sortira de place dans le courant de ce mois. Alors nous n'aurons plus grand'chose à craindre de lui, et l'état de Berne y gagnera beaucoup du côté de la tranquillité.

Au reste, il s'en faut bien que je renonce à faire suivre de près, autant qu'il pourra dépendre de moi, la conduite que le bailli d'Erlach a tenue dans l'affaire du Valais, afin de parvenir à acquérir des preuves certaines contre lui....

Une autre considération m'arrête dans ce moment. J'ai des ménagements à garder envers la personne qui m'a instruit de tout ce qui s'est passé dans cette affaire. Je crois bien qu'on n'ignore pas à Berne la correspondance qu'elle a avec l'ambassade; et peut-être qu'une dénonciation de notre part contre le bailli de Lausanne compromettrait cette personne....

Sur les vives plaintes que j'avais portées au Directoire helvétique relativement à la levée qui se fait clandestinement en Valais d'une troupe de 200 hommes pour le roi de Sardaigne, le bourgmestre en charge de Zurich m'a envoyé hier, par exprès, une lettre dont je joins ici copie. Elle prouve de plus en plus le zèle avec lequel le Directoire s'occupe de tout ce qui peut maintenir la bonne harmonie dans les divers points où elle serait exposée à recevoir des atteintes.

Venet à Deforgues.

Lausanne, 24 septembre. — L'affaire du 15 entre les Français et les Piémontais près de Cluses est absolument éclaircie. Les premiers ont enlevé le pont de Marignier entre Cluses et Bonneville, après une canonade qui a duré depuis huit heures du matin jusqu'à onze heures. Cet échec a forcé les ennemis à se replier sur Cluses, tandis que les Français se retiraient à Bonneville. Mais pendant la nuit, les Piémontais ont abandonné Cluses, où les Français sont entrés le lendemain, sans obstacle. On assure que ceux-ci étaient décidés de leur côté à quitter Bonneville si les Piémontais s'y fussent présentés, n'étant pas en état de résister et trouvant plus avantageux d'attirer l'ennemi sur la lisière du Faucigny pour pouvoir les cerner. Il n'y avait à cette action que des tourbes de paysans aux ordres du marquis de Sales et des détachements des régiments de Maurienne et de Genevois....

On savait, dès le 22, à Lausanne, les détails des victoires remportées par les Français sur les Piémontais dans la Tarentaise et du côté de Nice. Ces avantages, sans être bien considérables en eux-mêmes, puisque les armées respectives ne sont pas fortes, n'en dérangent pas moins tout le plan de campagne du ministère sarde. Les neiges abondantes qui couvrent les Alpes depuis quatre jours vont forcer les Piémontais à battre en retraite, et cette retraite même ne s'exécutera pas sans de grandes pertes. A en croire les lettres de Genève, il arrive des renforts à l'armée piémontaise, qui jusqu'à présent n'a été que de neuf mille hommes. La retraite de Cluses n'a été qu'une ruse de guerre, et les Français qui ont été à la poursuite en avant de Sallanches y sont tombés dans une embuscade et y ont été fort maltraités. En un mot, selon les mêmes avis, on devrait s'attendre à un choc formidable et décisif avant que la saison force au retour par les montagnes. Mais les lettres des officiers suisses au service du Piémont s'expriment tout autrement et annoncent la plus grande détresse. On peut les en croire lorsqu'ils font l'effort d'en convenir.

Deforgues à Barthélemy.

Paris, 4 octobre. — .... Je fais part au ministre de la guerre de vos observations sur le Valais et je l'engage à recommander aux officiers qui commandent nos troupes dans le Mont-Blanc de surveiller attentivement ce pays, mais d'user à son égard de tous les ménagements possibles et de prévenir par ce moyen les écarts auxquels une défiance déplacée et trop de rigueur pourraient le porter....

Mission du citoyen Dubuisson.

Compte rendu au citoyen Deforgues, ministre des affaires étrangères.

..... Je me rendis en Valais. Je trouvai ce gouvernement humilié du passage furtif des Piémontais, alarmé des succès de la maison d'Autriche et blessé du ton impérieux qu'elle a pris envers les Grisons.

..... Enfin, je me suis de plus en plus convaincu que la tentative des Piémontais deviendrait heureuse pour nous, en ce qu'elle avait mis sur leurs gardes tous les habitants de ces défilés et découvert toutes les trames que les émigrés et les prêtres du Mont-Blanc, réfugiés en Suisse, ourdissaient contre la tranquillité du pays qui leur servait d'asile.

Venet à Deforgues.

Lausanne, 6 octobre. — La reprise de Sallanches par les Français n'est plus douteuse. Elle a eu lieu le 29 du mois dernier. Les Piémontais ont pris si précipitamment la fuite qu'on n'a pu leur faire que quarante prisonniers. C'est Signoris, général sarde, qui commandait cette colonne. On assure que les paysans rebelles le conjuraient de repasser en Piémont avec ses soldats italiens et de leur laisser le soin de défendre la vallée de Chamonix....

Venet à Deforgues.

Lausanne, 14 octobre. — Il n'est pas inutile de savoir ce que les Piémontais répondent à ceux qui leur reprochent la mauvaise combinaison de leur dernière entreprise en Savoie, et le peu de courage de leur armée. Il y a dans cette ville de Lausanne un officier général de S. M. sarde qui débite avec un grand air de conviction que l'Angleterre ayant témoigné son mécontentement à la cour de Turin de ce qu'on y comptait trop sur la garantie des Anglais pour la restitution de la Savoie et qu'on ne faisait de son côté aucun effort pour rentrer en possession de ce pays que les Français semblaient abandonner, le roi de Sardaigne avait cru devoir y faire défiler des troupes et échauffer les habitants pour complaire à ses alliés et faire cesser le reproche d'inaction, mais que les généraux avaient des ordres secrets de ne pas s'avancer trop indiscrètement et de se tenir toujours à portée de repasser les montagnes pour la défense du Piémont, à laquelle se bornent toutes les sollicitudes du roi de Sardaigne. Si cet officier a bien rendu les intentions de son maître, comment le justifiera-t-il d'avoir inhumainement sacrifié des milliers de paysans qu'il avait attachés à sa cause et qu'il trompait lâchement, qui eussent pu, enfin, être immolés tous à la vengeance des Français, si ceux-ci eussent été moins généreux? Il est bien plus vraisemblable que le plan concerté entre le Piémont et les insurgents du midi de la France a été déjoué par le courage et la vigilance des patriotes français et que cet entortillage politique couvre mal la lâcheté des troupes piémontaises.... Les cent cinquante Piémontais demeurés dans la vallée d'Abondance, ne pouvant ni repasser les montagnes, ni obtenir passage par le Valais, sont renvoyés tout uniment avec des passeports de leurs officiers, trois jours de paie, et deviendront ce qu'ils pourront (1).

Venet à Deforgues.

Lausanne, 20 octobre. — .... On a encore à regretter que la vérité ait été blessée dans un rapport inséré dans plusieurs papiers patriotiques (de Paris), au sujet de la défaite des Piémontais à l'entrée de la vallée de Chamounix. Il y est dit que les Français ont eu à combattre le régiment suisse d'Ernst et un autre fourni par les Genevois. Il est certain que le régiment bernois d'Ernst n'est pas sorti du canton de Berne et qu'il est réparti paisiblement dans le pays allemand autour de cette capitale; il n'est pas moins vrai que les Genevois n'ont fourni aucun corps au roi de Sardaigne : un simple coup d'œil sur la situation politique de Genève démontre l'invraisemblance et l'impossibilité de la chose. Mais on aura confondu ce prétendu régiment genevois avec un bataillon du régiment du Genevois, contrée voisine du Faucigny et du Chablais, lequel régiment est un corps de milices provinciales conservant les noms des pays qui les fournissent et, effectivement, il se trouvait un bataillon du régiment du Genevois parmi les troupes sardes, comme il s'en trouvait des régiments de Maurienne, de Montferrat, etc. ....

Barthélemy à Deforgues.

Baden, 23 octobre 1793. — Barthélemy vient de recevoir officiellement la note du Corps helvétique relative à la violation du territoire valaisan par les Piémontais. Cette note lui a été transmise par M. Landolt, statthalter de la république de Zurich. Elle est faite par la chancellerie de Zurich au nom du Louable Corps helvétique et porte que la violation du territoire valaisan par un convoi piémontais a été le résultat d'une surprise. Le Corps helvétique et le Valais feront respecter la neutralité.

---

(1) Voir plus loin la notice sur la vallée d'Abondance en 1793.

Barthélemy à Deforgues.

Baden, 26 octobre 1793. — .... Le sort ne nous a pas été favorable à Berne : c'est lui, car il y a eu à cet effet un ballottage qui vient de faire entrer dans le Conseil secret M. d'Erlach, ci-devant bailli de Lausanne.... (1)

---

(1) L'armée de la République française retrouva le bailli de Lausanne à la tête des troupes bernoises lors de la campagne de 1798, en Suisse. Le général Charles-Louis d'Erlach fut massacré à Wichtrach, le 5 mars 1798, par ses propres soldats, miliciens de l'Oberland révoltés pendant la déroute qui suivit les combats du Grauholz et de la Neuenegg.

QUATRIÈME PARTIE

OPÉRATIONS EN TARENTAISE

Le général de brigade Badelone, commandant les troupes de la Tarentaise, au général Kellermann, commandant les armées des Alpes et d'Italie.

Mon général,

Le 16 août, à six heures du matin, l'ennemi, au nombre de deux mille, s'est porté à Bonneval, pour enlever le poste de Versoye; un brouillard épais a favorisé sa descente jusqu'au pont d'où la compagnie de chasseurs du 1er de l'Isère a eu peine à se retirer, ayant été presque surprise. J'ai sur-le-champ envoyé deux compagnies de grenadiers du 4e bataillon, qui n'ont pu arriver assez tôt pour empêcher l'ennemi de passer le pont, mais qui l'ont arrêté sur la route du Châtelard. L'ennemi se portant toujours en force au delà du pont, j'ai fait soutenir nos grenadiers successivement par un détachement de cent hommes et de trente du camp, avec un renfort de cartouches.

Une autre colonne ennemie de 1,800 hommes a poussé au-dessus de Versoye et s'est jointe à un détachement venant du col de l'Allée-Blanche, pour attaquer mes postes du Glacier et du Chapieu, que je ne pouvais secourir, étant intercepté. Ils se sont repliés sur Beaufort, où ils ont résisté. Ma droite a été attaquée par environ mille hommes, venant tant du Mont-Cenis par Digne que de la Crozette, qui se sont portés sur Villaroger, gardé par deux cents chasseurs. Après un très long combat, pendant lequel j'ai envoyé un renfort de cinquante hommes et des cartouches, ma garnison du Villaroger a fait sa retraite sur la crête de la montagne de Montrigon pour défendre toute surprise contre ma batterie de droite; voyant que l'ennemi ne voulait pas m'attaquer en face, qu'il cherchait seulement à me tourner de tous côtés, j'ai fait dégarnir mes deux redoutes, qui ne me servaient à rien et auxquelles on paraissait en vouloir, et j'ai fait passer mes canons de position en arrière du camp.

Sur l'après-dîner, voyant de forts détachements du Petit-Saint-Bernard, et se former dans la plaine de Séez, j'ai fait couper le pont de communication.

A 6 heures du soir, quelques pelotons voulant s'approcher du pont abattu ont reçu une douzaine de coups de canon, qui leur ont tué quatre hommes et dispersé le reste comme une fourmilière. Je vis, à l'arrivée de la nuit, que l'ennemi gagnait en nombre considérable les hauteurs sur mes flancs et que son projet était d'aller plus loin, puisqu'il était suivi de mulets chargés. J'ai fait passer le bataillon de grenadiers au camp sous le Bourg. Nous avons été sous les armes toute la nuit, et, pendant ce temps, manquant de chevaux, j'ai fait partir pour Villette la moitié de ma grosse artillerie. Le retour de mes chevaux sur les quatre heures du matin m'a donné la faculté de faire passer le reste de mon artillerie et des équipages.

A 8 heures du matin, ayant reçu l'avis que le poste du Chapieu se repliait en bon ordre, et me voyant environné d'ennemis qui gagnaient toujours sur mes derrières, n'ayant qu'un bataillon de grenadiers, un de chasseurs, et trois autres, dont il manquait les grenadiers et chasseurs, contre un ennemi fort d'environ 7,000 hommes, j'ai fait rentrer mes différents détachements et je me suis replié sur Villette, ayant presque toujours l'ennemi sur les flancs. J'ai eu deux hommes tués et quelques blessés. L'ennemi a été très mal-traité. Sans un guide du pays, qui m'a conduit une patrouille de vingt-cinq hommes dans une embuscade préméditée, l'ennemi ne m'aurait pas pris un seul homme. Tous les montagnards de ce pays, qui regrettent leur ancien esclavage, conduisent des bataillons piémontais par des chemins et sur des montagnes inaccessibles. Ils ont toujours des mulets chargés après eux. Nous les dépostons, sitôt que nous leur montrons la baïonnette; mais nous craignons à chaque instant l'enlèvement de nos vivres et de nos petits postes.

Le 18, le général divisionnaire Dubourg m'écrivit de Conflans une lettre que je reçus à deux heures de la nuit, qui me marquait de faire promptement ma retraite, parce qu'il devait être attaqué et qu'il n'avait aucune force pour défendre un poste qui me couperait entièrement mon armée, s'il était emporté. Le 19 au matin, j'ai abandonné le détroit du Ciex et Moûtiers, après avoir fait partir toute l'artillerie et les bagages. Mais ayant reçu à moitié chemin avis qu'il n'y avait plus d'inquiétude et que l'ennemi ne paraissait plus, j'ai tout de suite arrêté ma marche; j'ai fait reprendre possession de

Moûtiers. Mais les grenadiers, en allant reprendre le détroit du Ciex qu'ils occupaient le matin, furent avertis par les éclaireurs que les ennemis s'en étaient emparés. Il y eut alors une affaire assez sérieuse entre le bataillon des grenadiers, les chasseurs du 8e bataillon d'infanterie légère et l'ennemi, que la nuit fit cesser. Nous eûmes quatre grenadiers tués et vingt-cinq blessés, ainsi que quelques chasseurs. L'ennemi a été des plus maltraités; nous savons sûrement qu'il a eu trois cents hommes hors de combat, dont les deux tiers de tués. Le 4e bataillon de grenadiers, commandé par Chambarlhac, s'est comporté en héros, ainsi que les chasseurs qui ont donné. Ils nous ont rapporté quantité de fusils et gibernes et sabres. Nous sommes sous Conflans, où nous espérons disputer le terrain pied à pied et remonter, s'il nous vient du renfort. Nous n'avons jamais rien laissé en arrière.

Signé : BADELONE.

Pour copie conforme :

Le général d'armée des Alpes et d'Italie,

KELLERMANN.

20 août 1793 (?).

Du 21 août 1793, l'an II de la République française.

Supplément à l'instruction déjà donnée au général Dubourg et au général Badelone, relativement à la défense de la Tarentaise.

Le général Kellermann ayant rassemblé le général Badelone, le citoyen Lecomte, chef de bataillon du génie; le citoyen Chambarlhac, chef du 4e bataillon de grenadiers; le citoyen Méric, commandant le 8e bataillon d'infanterie légère, et le citoyen Boyer, adjudant-général, il a été décidé de défendre l'Arly, en tenant une position en arrière, à un quart de lieue, par le chemin qui conduit à Montmélian, tenant les hauteurs de gauche par le 8e bataillon d'infanterie légère. Dans cette disposition, bien reconnue par le général Badelone et préparée par lui, le passage de la rivière sera défendu par les postes avancés. L'ennemi forçant le passage, on s'avancerait dessus avant qu'il fût formé; le 8e bataillon d'infanterie légère ne quitterait pas sa position, afin de tenir toujours le flanc de la ligne et celui de droite de l'ennemi.

11

Dans la supposition que, malgré les efforts des troupes de la République, l'ennemi les forçât dans cette position, les troupes se retireraient dans le plus grand ordre, sur deux lignes, le bataillon du 8ᵉ d'infanterie légère couvrant toujours la gauche, en prolongeant les hauteurs. L'armée marchera dans le plus grand ordre et le plus grand silence, les pièces de position prendront les devant, pour être placées sur le plateau de Montailleur, où l'armée se formera en bataille et attendra l'ennemi. Dans cette seconde position, on enverrait un fort détachement par le col du Frêne pour tenir les Beauges; des détachements tenant le col de Tamié, Ugines, tiendront ferme, et, s'ils étaient forcés, ils avertiront le camp de Montailleur, et se replieraient sur Faverges, ainsi que le poste d'Ugines, et se porteraient à Annecy.

Dans la supposition que ce mouvement détermine l'armée placée à Montailleur de se retirer sur Montmélian, dans la crainte d'être tournée par les Beauges et par Chambéry, mais, cette troisième position éprouvant infiniment de difficultés, pouvant être coupée sur Barraux, l'armée se replierait dans la position reconnue en avant de cette place et y resterait jusqu'à nouvel ordre; mais il en sera détaché deux bataillons partant de Montmélian pour soutenir Chambéry; et, si les troupes de la gauche placées à Tamié et à Ugines, arrivées à Annecy, étaient forcées à la retraite, elles se replieraient, par Alby et Aix, à Chambéry, dans le cas qu'elles puissent s'y rendre, avant d'être coupées de cette place; et, si ce mouvement éprouvait des difficultés, elles se replieraient sur Rumilly, et de Rumilly à Seyssel, où elles resteraient jusqu'à nouvel ordre.

Le mouvement de la Maurienne sera communiqué au général commandant la Tarentaise, afin que la retraite respective soit combinée de façon à arriver en même temps, soit sur Montmélian ou Barraux.

Quant à l'extrémité de gauche, qui comprend le Faucigny et le Chablais, c'est au général commandant la Tarentaise à envoyer ses ordres relativement au mouvement qu'il serait obligé de faire.

KELLERMANN.

ARMÉE DES ALPES. — DÉPARTEMENT DU MONT-BLANC.

→⚔← État des troupes sous le commandement du général de brigade Badelone, commandant en Tarentaise. ⚔←

Situation du 7 octobre 1793, l'an II de la République.

RÉGIMENTS ET BATAILLONS	SITUATION	Effectif	Présents aux drapeaux	HÔPITAUX Du lieu	HÔPITAUX Externes	Congés ou permissions	Prisons	Détachés	Égal à l'effectif	Manque à l'appel	CHEVAUX Effectif	CHEVAUX Présents	CHEVAUX Malades	CHEVAUX Détachés	CHEVAUX Égal à l'effectif
1er bataillon de grenadiers.	Séez.	586	376	»	57	2	2	144	586	1	»	»	»	»	»
6e bataillon de grenadiers.	Saint-Maurice.	507	325	»	87	»	3	57	507	»	»	»	»	»	»
2e bataillon du 79e régiment.	Saint-Maurice.	754	389	»	83	2	8	63	754	»	»	»	»	»	»
1er bataillon de l'Isère.	Saint-Maurice.	813	403	»	116	»	»	294	813	»	»	»	»	»	»
8e bataillon d'infanterie légère.	Saint-Maurice.	650	409	»	73	7	14	47	650	»	»	»	»	»	»
1er régiment de hussards.	Saint-Maurice.	205	79	»	»	»	»	417	205	»	198	78	4	117	198 (1)
Artillerie.	Saint-Maurice.	61	61	»	»	»	»	»	61	»	87	87	»	»	87 (2)

Observations. — (1) Il est mort deux chevaux. — (2) Un conducteur, trois haut le pied, deux ouvriers, deux pièces de 8, cinq pièces le 4, deux petites pièces piémontaises avec leurs munitions, une pièce d'une livre avec ses munitions, quatre caissons de 8 (dont trois approvisionnés), cinq caissons de 4 (dont trois approvisionnés), une prolonge chargée de 20 boîtes à mitraille.

Certifié par nous véritable : *L'adjudant-général, chef de bataillon,*

BOYER.

Au Bourg-Saint-Maurice en Tarentaise, ce 8 octobre, l'an II de la République, une et indivisible.

RAPPORT

*Sur les opérations du corps piémontais opérant
en Tarentaise en 1793.* (1)

Mgr le duc de Montferrat doit avoir pris le commandement
de l'armée de la vallée d'Aoste vers le 10 à 12 du mois de
mai de l'année 1793.

Le général d'Argenteau l'avait devancé de quelques jours.
Le quartier général fut d'abord à la cité d'Aoste, ensuite à la
Thuile ou soit au hameau de la Golette, dépendant de ce
village, éloigné de l'Hospice de 2 heures 1/2.

RÉPARTITION DES TROUPES

1° *Au Saint-Bernard.* — Le camp de la Thuile fut formé
par les régiments de Turin, de Montferrat, de la marine, des
grenadiers royaux qui donnaient le détachement au Saint-
Bernard, qui se relevait de 15 en 15 jours, parfois de 20 en
20 jours, composé d'un bataillon, outre un autre bataillon au
baracon de L'Eau-Rouge.

2° *Au Combal et Courmayeur.* — Au poste du Combal, il
y avait ordinairement deux bataillons, Novare et les grenadiers de Chamousset. Rochemondet devait être destiné au
poste de Courmayeur.

Au col du Mont, en tête de Val-Grisance, était le bataillon
de la Légion légère.

Au Combal. — Le poste du Combal est sur l'avenue du
col de l'Allée-Blanche, venant du Faucigny par le vallon des
Chapieux; par la droite, il tient au Mont-Blanc, qui est
inaccessible à cause des glaciers; par sa gauche, il appuie à la
montagne de Larvittille ou Larp-Viell; celle-ci étant acces-
sible, on y avait établi un poste avec des retranchements et un
baracon. La gorge du Combal était fermée par une digue
formant une retenue qui produit un lac contre l'avenue du
Faucigny.

Sur le bord du lac, on pratiqua des retranchements pour
empêcher l'ennemi d'approcher de la digue. Ce poste était
gardé habituellement par un bataillon, outre les milices; en
dessous du Combal est un petit hameau où campaient des
troupes en soutien du poste, quand la saison est mauvaise,
car dans la belle saison tout campait au Combal, gardé par un
bataillon; on avait fait des retranchements et des baracons,
gardés comme on a dit ci-devant.

(1) Archives de Breil. — Pièce n° 40, B.

Les trois cols Saint-Bernard, du Mont et de l'Allée-Blanche n'avaient point de communication directe; il faut s'y rendre par le fond des vallées qui conduisent à ces cols; il faut une journée pour communiquer de l'un à l'autre.

Les troupes souffrirent considérablement à l'Hospice et à la Thuile, où elles étaient cantonnées trop à l'étroit. Les grenadiers royaux surtout perdirent beaucoup (1).

Les troupes, pour entrer en Savoie, se rassemblèrent sur le Petit-Saint-Bernard, où elles campèrent pendant deux jours avant l'entrée; on y réunit celles du col du Mont, qu'on laissa, gardé par les milices.

Ce rassemblement fut de 11 bataillons, outre un à l'Hospice; celui de Novare doit être descendu dans le Faucigny; pour former le 14me, il n'y a qu'à supposer celui qui se trouvait aux postes du Petit-Saint-Bernard.

On partit du Petit-Saint-Bernard le soir du 16, à 8 heures, sur deux colonnes. Cette armée, commandée par Monseigneur, descendit par le Petit-Saint-Bernard et fut prendre sa position sur la montagne au-dessus du village de Séez. L'autre, commandée par d'Argenteau, prit à la droite, se porta au Mont, pour tomber sur le hameau de Bonneval, dans le vallon où était un poste français de 250 hommes.

Les grenadiers royaux faisaient partie de cette colonne; ils formèrent une colonne particulière qui devait prendre en flanc le détachement de Bonneval et un autre en avant de ce village, de 250 hommes. De sorte que dans ce vallon il y avait 500 Français; ces postes furent culbutés; on croyait de les faire prisonniers; mais la pluie et le mauvais temps ayant fait manquer la précision du mouvement, donnèrent lieu aux Français de se sauver, en perdant leurs équipages.

Ensuite, les grenadiers royaux, réunis au corps de d'Argenteau, à Bonneval, prirent la montagne, à la droite du vallon, pour tourner la redoute du Châtelard, appuyant la disposition des Français campés à Saint-Maurice. Cette manœuvre s'exécuta sur quatre colonnes, ayant toutes pour but de tourner la redoute du Châtelard en même temps. M. le baron de la Tour, qui, de la vallée de Maurienne, était passé dans celle de Tignes, prit le poste de Villaroger.

Après la prise de ce poste et celui de Bonneval, les Français, se voyant exposés à leurs flancs, ou soit qu'on leur gagnait les hauteurs dominant les redoutes appuyant leur position de Saint-Maurice, prirent le parti de les abandonner dans la nuit, retirant leur artillerie et leurs bagages. Les grenadiers royaux s'avancèrent à Saint-Maurice, et les Français, campés en arrière

_____

(1) Voir à ce sujet : *Un Homme d'autrefois*, par le marquis Costa de Beauregard, p. 179.

de ce village, se trouvant exposés, se retirèrent par le fond de la vallée.

Après l'évacuation de Saint-Maurice, Monseigneur s'avança et toutes les troupes campèrent à Saint-Maurice, et chargea M. de la Tour de faire son avant-garde ; on resta deux jours à Saint-Maurice.

Les Français firent quelque résistance à Saulcette, dont le baron de la Tour les chassa, attaquant de front deux de leurs pièces de canon, où il y eut une quarantaine d'hommes entre tués ou blessés. Après cette attaque, les Français se retirèrent jusqu'à Conflans et les troupes du roi s'avancèrent jusqu'à la Roche-Cevins, à trois heures de Moûtiers et une de Conflans. Le poste de Cevins fut gardé par les grenadiers royaux. Le quartier général de Saint-Maurice passa à Villette et après à Moûtiers, où il resta jusqu'à la retraite, d'où il partit le 1er octobre.

Les notions des causes qui nécessitèrent la retraite de la Tarentaise sont contenues dans le journal du baron de la Tour et dans les notes sur les affaires du Faucigny. De Moûtiers, on vint camper à Séez, où l'on resta un jour et une nuit jusqu'au 2 octobre, pour protéger la retraite de l'artillerie.

Dans la journée du 2 (1), les Français poursuivirent l'arrière-garde faite par les grenadiers royaux et l'on se battit toute la journée à Saint-Germain. C'est dans cette occasion que Sazzia gagna la croix.

Le 4 octobre, la troupe se retira sur le Saint-Bernard, épuisée de fatigue et de faim, où l'on reprit les premières positions, et l'on passa en quartier d'hiver le 5 ou 6 de novembre, et l'on garda pendant l'hiver le Saint-Bernard ; au col du Mont, on laissa une cinquantaine de volontaires, qu'on pourvut de provisions.

_____

(1) Ou plutôt du 3, d'après ce qui précède et d'après les documents français. Pinelli dit même le 4.

CINQUIÈME PARTIE

OPÉRATIONS EN MAURIENNE

MÉMOIRE

*Des renseignements que peut donner le capitaine Ratel
sur l'armée des Alpes dans le département
du Mont-Blanc.*

Dans le courant du mois de mars dernier (1793), j'attaquai le grand Mont-Cenis. J'étais déjà auprès de la première redoute de l'ennemi et qu'il venait d'évacuer; je reçus ordre du commandant Larcher de me replier sur Lanslebourg (plus communément nommé Lansbourg). Je n'avais jusqu'à ce moment perdu qu'un seul homme, et encore était-il péri par son imprudence. Sans cet ordre de se replier, j'ose assurer que le Mont-Cenis était à nous, sans qu'il nous en coûtât presque rien.

Quelques jours après, je fus joindre le général Ledoyen à Neuvache, pour de là aller à Bardonnèche. Nous descendîmes sur deux colonnes; l'une passa par Val-Étroite et l'autre par le col de l'Échelle. Cette première était commandée par Ledoyen, qui me fit descendre seul par le col de l'Échelle pour aller joindre l'autre colonne, dont il me donna le commandement et qui approchait de Mélezet. Ma colonne avança donc dans l'espérance que celle de Ledoyen viendrait nous seconder, ce qui n'arriva pas; car, au contraire, il fit faire halte à sa troupe, et, lorsqu'il eut appris que nous poursuivions l'ennemi, il nous fit donner l'ordre de battre en retraite.

Il se fit une seconde attaque au même endroit quelque temps après et sur trois colonnes. L'une, que je commandais passa par le col de Fréjus; la seconde, commandée par Ledoyen, passa par le col de la Roue, et la troisième, composée de partisans, passa par Val-Etroite. Lorsque nous fûmes arrivés à Bardonnèche, il nous fit encore faire halte, et me défendit expressément d'aller plus loin.

Dans le courant du printemps dernier, je fis observer au général Ledoyen que les Piémontais faisaient un chemin depuis le Mont-Cenis à la montagne de Sollières. Je lui observai que, par ce chemin, ils pouvaient amener de l'artillerie sur cette montagne et battre les redoutes de Termignon et de Sollières. Il a vu lui-même, d'un endroit où je l'avais conduit, travailler à ce chemin. Je lui disais qu'il était bien facile de les en empêcher. La seule réponse qu'il me fit fut de me dire de les laisser faire et que ce chemin ne pouvait être fait d'un an. L'expérience a cependant prouvé que ce chemin a été fait au plus tard dans deux mois, et que l'artillerie avancée sur cette montagne nous a forcés à évacuer Termignon et Sollières. La seule précaution qu'il eut après que je lui eus fait ces observations fut de faire couper les ponts du Champ, au-dessus de Lanslebourg et celui de Termignon. Ces trois ponts coupés nous ôtaient toute communication avec l'ennemi, nous empêchaient de voir ses ouvrages et ses manœuvres, et leur laissaient tous les moyens de travailler à son aise.

A peu près dans le même temps, je fis observer au même Ledoyen qu'il était important pour nous d'occuper le mont Iseran; je lui dis que nous pourrions le garder avec trois cents hommes. Je lui dis que, si nous ne l'occupions pas, les Piémontais y viendraient immanquablement passer; que, de là, ils s'empareraient facilement du poste d'Entre-deux-Eaux et se porteraient sur la Tarentaise, que nous serions bien vite forcés d'évacuer, ce point de communication entre nous étant perdu. Je lui faisais observer que ce passage nous était autant nuisible en ne l'occupant pas, qu'il était avantageux; je lui ai fait voir jusqu'à soixante mulets qui y passaient, chargés de fromage et beurre pour le Piémont. Il me promettait de semaine en semaine de me donner du monde pour occuper ce poste; mais il a si bien tardé à le faire que l'ennemi est venu l'occuper, y a fait passer beaucoup de troupes, qui se sont emparées du poste d'Entre-deux-Eaux et se sont, de là, portées en Tarentaise.

Encore dans le même temps, la garnison de Lanslebourg était composée de mille hommes. Ledoyen en fit sortir huit cents, et il n'y en laissa par conséquent que deux cents. Dès cette époque, nous étions continuellement fusillés par l'ennemi qui était sur nous, et, étant en si petit nombre, nous ne pouvions nous défendre.

Les redoutes au-dessus de Termignon ne pouvaient avoir été faites que pour battre les poissons dans la rivière; car leur position était si mauvaise qu'elles pouvaient être battues de tout côté, tandis que plus haut il se trouvait un plateau situé naturellement de façon à pouvoir empêcher l'ennemi d'avancer; car de là on pouvait le battre de quatre côtés. Quoique ces postes fussent mauvais, on aurait cependant dû au moins faire la figure de pouvoir s'y défendre. Au contraire, on commença à en sortir deux pièces de canon, qu'on fit reculer à Sollières, et le lendemain les deux autres, qu'on fit reculer à Bramans, en observant qu'auparavant on avait déjà fait descendre les troupes.

Avant notre retraite de la Maurienne, soit dans le courant du printemps, j'avais reconnu tous les postes et les forces de l'ennemi sur le Mont-Cenis. J'avais mené plusieurs fois avec moi le secrétaire du chef du Bataillon franc (de la République) et plusieurs officiers. Dès que j'eus fait toutes ces découvertes, je fis faire, suivant mes connaissances, un plan d'attaque pour le Mont-Cenis. Il me fut ordonné de le porter à Termignon, où se trouvaient les officiers généraux de l'armée. Dès qu'on l'eut vu, on me dit qu'on le prendrait en considération; on le garda et je me retirai. Deux jours après que j'eus remis ce plan, Lacroix, aide de camp du général Ledoyen, vint à Lanslebourg me dire que je ne m'avisasse pas de donner d'autres plans du Mont-Cenis, ni d'en remettre à personne, ou sinon que je m'en repentirais et qu'on me mettrait en lieu de sûreté. Je voulais en envoyer un au département; cette menace m'en a empêché.

Je n'ai pas besoin de dire que la retraite de la Maurienne par les troupes de la République, depuis Bramans jusqu'en bas, s'est faite sans tirer un coup de fusil, sauf au bois du Naut; que le général Ledoyen a dit plusieurs fois et a fait dire que, le jour que nos troupes ont quitté Lanslebourg, il fallait que Lanslebourg fût évacué à cinq heures après midi et que les Piémontais y arriveraient à cette heure-là. Je pense que ce sont des faits connus de tout le monde. Il a dit à moi-même et à mon épouse qu'il fallait nous dépêcher à faire partir nos meubles et qu'à cinq heures, nous devions être hors de Lanslebourg.

Lors de notre retraite, j'étais avec dix-huit cents hommes sur la partie droite de la rivière en descendant. J'occupais des positions très avantageuses sur les montagnes du Bourget, de Modane et Saint-André. Le général Ledoyen était pour lors à Saint-André; je restai quelques jours sur ces montagnes, sans que l'on me donna aucun ordre ni nouvelle. J'écrivis à Ledoyen que je savais certainement que le général Devins était à Aussois, avec seulement cinq compagnies de grenadiers, un obusier et une pièce de 4; je demandai à Ledoyen la permission d'aller chercher ce Devins, ce que je pouvais faire sans courir le moindre risque, vu que je pouvais leur tirer dessus sans qu'ils m'aperçussent; je le suppliai de ne pas désemparer de Saint-André et que trente mille hommes n'étaient pas capables de me débusquer des positions que je tenais. Toute sa réponse fut un ordre de me replier de suite sur Saint-André. J'y arrivai à neuf heures du soir et il nous fit partir à l'instant pour Saint-Michel, où nous arrivâmes à deux heures du matin.

Dans le courant du mois de septembre, étant à Aiguebelle, j'en partis seul, n'ayant point d'ordre pour faire partir ma compagnie; je passai par le col de Saint-Hugon et je fus joindre le commandant Constantini sur les montagnes au-dessus de Saint-Remy. Je le fis descendre avec sa troupe jusqu'au village du même nom, et lui fis observer qu'il était important de ne pas quitter ce poste. Je lui fis voir la position de l'ennemi. Je lui fis voir qu'il ne pouvait pas être attaqué et donc être tranquille. Je revins à Aiguebelle prendre ma compagnie pour la conduire à Saint-Remy. Elle partit avant moi, qui étais resté en arrière pour prendre les ordres du général Kellermann. J'arrivai à Saint-Remy sur environ minuit. Quelle fut ma surprise de n'y trouver personne, et de voir qu'on eut quitté ce poste important sans aucun motif. Constantini en était reparti avec les quatre cents hommes qu'il commandait pour regagner les montagnes, et où il ne pouvait se battre qu'avec des ours. Il avait évacué Saint-Remy sans tirer un coup de fusil et sans avoir été attaqué. Le commandant Herbin, qui était descendu à Saint-Léger, fit arrêter ma compagnie qui marchait à Saint-Remy, en disant à mon lieutenant que l'ennemi l'occupait et en avait chassé Constantini. Le lendemain, ledit Herbin se replia avec sa colonne sur Saint-Alban. Je demande de qui ils ont reçu l'ordre d'évacuer ces deux postes, et ma compagnie seule, composée seulement alors de vingt hommes, resta à Saint-Léger. La colonne d'Herbin était de six cents hommes avec deux pièces de canon. J'eus beaucoup de peine à trouver ma compagnie, que je ne rejoignis que le lendemain à cinq heures après midi. Nous repartîmes sur-le-champ pour revenir à Saint-Remy, où j'étais tout seul à la barbe de l'ennemi. Il arriva le lendemain une compagnie de partisans et nous fûmes ensemble attaquer le poste du Replat, au-dessus de Saint-Remy; je repoussai l'ennemi jusqu'au-dessus de Saint-Alban-des-Villards et nous bivouaquâmes au-dessus de Saint-Etienne-de-Cuines. Le lendemain, ayant reçu un renfort du commandant Hocquard, qui s'était avancé à Saint-Remy, je fus attaquer l'ennemi qui occupait les montagnes au-dessus de Saint-Alban et de Saint-Colomban-des-Villards, sur la frontière d'Allevard, et nous leur fîmes évacuer le même jour quatre montagnes; nous nous reposâmes un jour à Saint-Colomban; j'y reçus ordre d'aller à la découverte du côté de Valloire et l'on me défendit expressément d'avancer du côté de l'ennemi. Dans ma marche, je découvris l'ennemi;

je l'attaquai entre Saint-Colomban et Saint-Jean-de-Maurienne ; l'ennemi recula, et lorsque nous fûmes sur la montagne, on nous y laissa deux jours dans l'inaction, au lieu de nous permettre de poursuivre ces lâches qui avaient déjà évacué Saint-Jean. Ces deux jours écoulés, je continuai ma route, et je poursuivis encore l'ennemi jusqu'à Alblez-le-Jeune, où nous restâmes jusqu'au lendemain que nous vinmes joindre la grande route pour aller à Saint-Michel, où nous restâmes un jour et demi.

Le général Dornac avait ordonné à Ledoyen de partir à trois heures du matin pour aller attaquer le mont Charmaix, et il ne partit qu'à midi, preuve qu'il ne cherchait que les moyens de laisser partir l'ennemi. Il cherchait encore de faire prendre à sa troupe de grands détours et la faire passer par des chemins impraticables. En voici une preuve : il voulait nous faire passer par derrière Valmeinier et au-dessous de la chapelle de Mont-Thabor, ce qui ne pouvait se faire sans risquer de perdre beaucoup de monde. Etant arrivés aux montagnes du Freney, nous fîmes halte. Je dis à Ledoyen que j'allais voir de mes propres yeux si l'ennemi occupait encore le mont Charmaix, et nous convinmes que, s'il y était, je tirerais un coup de pistolet, et que, si au contraire j'en tirais deux, l'ennemi avait évacué. Ledoyen ne devait donc plus faire une route très pénible, d'autant plus qu'elle devenait parfaitement inutile ; je fis mon possible pour l'en détourner et je conduisis la colonne par un chemin très praticable et beaucoup plus court. Etant arrivés au mont Carmet, Ledoyen me dit toutes sortes de grossièretés, étant fâché de voir que nous avancions. Le lendemain, nous devions partir à quatre heures du matin pour attaquer Saint-Pierre-d'Estravache et nous ne partîmes qu'à neuf heures. Notre colonne était composée de deux mille hommes. Ledoyen en fit descendre la moitié à Modane et le reste me suivit. Son ordre était de nous faire faire une route de deux jours, tandis que dans un on pouvait aller facilement où l'on voulait aller. Nous vinmes coucher au bois du Nant. Le lendemain, après une heure de marche, il nous fit faire halte. Je lui dis que, s'il était fatigué, il y avait là un chemin pour le conduire en droiture à Bramans, dont nous étions déjà maîtres ; il y descendit. Mais il était inutile qu'il emmenât avec lui quatre cents hommes, qui m'étaient d'une grande utilité, vu qu'après une heure et demie de marche, je joignis l'ennemi au pied du petit Mont-Cenis. Je fus moi-même avec cinq hommes découvrir leurs manœuvres, ce qui me réussit. Je vis que toutes leurs forces sur le petit Mont-Cenis étaient d'environ cent hommes dans un poste et une vingtaine dans un autre, avec deux petites pièces de canon. N'ayant pas assez de monde, je ne voulus pas exposer le peu qui me restait, et une heure après je reçus encore ordre de faire descendre deux cents hommes à Bramans et d'y venir moi-même. Les autres deux cents hommes restèrent à Saint-Pierre. Le lendemain, on y fit monter deux pièces d'une livre de balles, et, le surlendemain, on les fit redescendre.

Il est certain que Ledoyen a toujours cherché à faire faire de petites journées à ses troupes, qu'il a toujours cherché à leur faire faire des détours et à les faire avancer le plus lentement possible, notamment au col de la Madeleine, où il est resté plusieurs jours sans avancer, quoiqu'il n'y eut qu'une poignée de monde, qui se sauva bien vite au premier coup de canon qu'il lui plut de faire tirer.

Lacroix, aide de camp de Ledoyen, dans le courant du mois dernier, alla, sur le Mont-Cenis, accompagner un officier piémontais qui avait été fait prisonnier et qui se retirait. Cet officier traversa toute notre armée, seul et à cheval. Lacroix, en l'accompagnant avec le domestique de Ledoyen, fut souper à la Ramasse avec les officiers piémontais, et le domestique l'attendit à Lanslebourg.

Cet aide de camp a tant d'ascendant sur l'esprit de Ledoyen qu'il paraît totalement l'avoir changé. Notre retraite de la Maurienne a toujours paru lui faire plaisir, car il était fort gai, tandis qu'au contraire, il était d'une humeur enragée lorsqu'on repoussait les Piémontais. Il semblait principalement vouloir s'en venger sur moi, car il m'a menacé de me faire fusiller ou de me faire jeter en bas d'un précipice. A son passage à Saint-Michel en descendant, et en soupant avec plusieurs officiers, on parlait de moi. Ledoyen ne dit rien ; mais il se mordit les doigts en faisant signe que je m'en repentirais. Lorsqu'ils ont été arrivés à Chambéry, Lacroix a dit que j'étais un traître. Quelques jours après le départ de Ledoyen, un tambour du roi sarde apporta à Termignon une lettre adressée à l'adjudant-général Rey ; cette lettre lui fut remise à Modane, en présence de beaucoup de monde ; l'on vit que, sous cette enveloppe était une adresse au général Ledoyen, et l'on ne s'est point aperçu du départ de cette lettre qui était venue de Termignon à Modane par un hussard. Je rappellerai encore qu'un soir, en soupant à Aiguebelle, je rêvais ; l'on m'en demanda le motif ; je sortis de table et fis observer à un commissaire du département, le citoyen Pognent, que, si l'on ne faisait bien vite placer deux pièces de canon sur le plateau de Saint-Georges-des-Hurtières, sur la droite du pont d'Argentine, nous serions obligés d'évacuer ce poste et la redoute d'Aiguebelle. L'on fit monter ces deux pièces de canon, mais on les fit monter sans tire-bourre et l'on mit la mitraille en dessous.

Je rappelle aussi que, lors de notre retraite, on me laissa quinze jours au col de la Madeleine avec deux cent soixante-six hommes, qui occupaient deux postes. Ledoyen m'envoya l'ordre d'aller à la découverte, en me faisant dire qu'il me joindrait le lendemain avec huit cents hommes pour attaquer l'ennemi. Il ne vint pas. Je fus attaqué par mille hommes et j'eus toutes les peines possibles à faire faire la retraite à ma troupe.

Je dis encore que, lorsque je fus descendu de Saint-Pierre-d'Estravache, vers le milieu du mois passé, l'on me laissa plusieurs jours à Bramans avec la moitié de la compagnie, sans me rien dire ; l'autre moitié était à Modane. L'on nous occupait à faire des correspondances continuelles, tandis que les hussards se reposaient. Après quelques jours, je demandai au général Ledoyen l'agrément de venir à Modane prendre des effets qui m'étaient fort utiles ; il me répondit que je pouvais aller au diable, moi et ma compagnie, que nous étions un tas de foutus gueux de Savoyards, que nous ne valions pas plus que les autres, et que je pouvais, non seulement aller à Modane, mais suivre jusqu'à Chambéry, si je voulais, qu'il n'avait pas besoin de nous.

Le département m'avait expédié cinq cents cartouches ; elles sont venues jusqu'à Saint-Michel ; on les a fait redescendre à Saint-Jean, si bien que, malgré toutes les perquisitions que j'ai faites, je n'ai pu les découvrir, et j'ai resté fort longtemps sans autres cartouches que celles que je faisais dans des moments de loisir. On laisse le poste de Bramans sans canon. Enfin, l'on doit voir avec regret que, malgré les bonnes intentions qu'on peut avoir, l'on se trouve toujours mal secondé.

Ce qui m'étonne, c'est que l'on n'ait pas cherché à couper les Piémontais dans leur retraite, ce qui était facile. Nous pouvions les couper à Saint-Michel par la colonne de Bressy (sic) et en faire passer une par les Encombres, laquelle pouvait avoir communication avec la précédente. Nous pouvions encore les couper à Modane par le chemin du mont Charmaix, par le col de Chavière ; Enfin, nous pouvions les couper par le col de Vanoise, dont le chemin aboutit à Termignon.

Nous pouvions avec très peu de troupes prendre le grand et le petit Mont-Cenis, attendu que les Piémontais y avaient peu de monde et très peu d'artillerie. Dans le courant du mois de brumaire, on a laissé à Termignon la troupe quatre jours, sans pain et sans farine, sans que j'aie pu en découvrir la cause. Après quoi l'on a envoyé de la farine qui n'était pas recevable.

Une observation qui mérite toute l'attention de l'administration, c'est que les troupes qui sont actuellement à Termignon, Bramans et les communes voisines, sont très mal équipées, quelques soldats manquant de souliers, d'autres de capotes.

Autre observation : Il y a à Serrières deux pièces de canon que l'on m'a dit que l'on voulait enlever et qui sont cependant très utiles dans ces postes, en attendant qu'il y ait de la neige ; et alors seulement on pourra les faire porter à Sollières.

Autre observation : A Saint-André, il y a deux pièces de canon qui ne sont d'aucune utilité et qu'il serait à propos de transporter à la redoute de Bramans, presque entièrement dégarnie d'artillerie.

Autre observation : Tous les mulets de la nation qui sont dans la haute Maurienne sont en très mauvais état et cela par pure négligence de la part des entrepreneurs. On les fait marcher sur la glace, non seulement sans être ferrés à glace, mais encore totalement déferrés, d'où il résulte que plusieurs sont boiteux et blessés.

Autre observation : Eu égard que les chemins sont très mauvais, on devrait faire porter les pains de munition à dos de mulet de Modane à Termignon; cependant on les fait porter par des fourgons, ce qui a failli de faire périr 10 mulets, les fourgons et les munitions, ainsi que je l'ai vu moi-même.

Lors de l'invasion des Piémontais, il y avait à Sollières beaucoup de farines, légumes, sel, pelles, pioches et autres effets, ma batterie de cuisine, mes meubles et linge; tout est devenu la proie des Piémontais. Cependant il était facile de faire tout descendre à Bramans, puisque les Piémontais ne sont entrés à Sollières qu'entre cinq et six heures, et qu'il y avait encore quarante mulets qui sont restés oisifs tout le jour. Dans notre retraite de Modane, on a fait jeter toutes les provisions de bouche et effets militaires dans la rivière, quoiqu'il fut très facile de les emporter, attendu que les Piémontais étaient encore bien loin, puisqu'ils ne descendirent que trois ou quatre jours après.

J'aurais bien d'autres observations à faire, mais je me borne à ce moment à celles qui précèdent, me réservant de vous donner d'autres détails dans un mémoire que je présenterai à l'Administration, heureux de pouvoir contribuer, en bon sans-culotte, au bien de la République.

Le capitaine commandant la compagnie des guides à pied,

RATEL, capitaine.

Nota. — Ce mémoire se trouve dans un petit cahier qui en contient un autre portant la date du 10 ventôse, à Termignon, l'an II (1er mars 1794). Tous deux sont en entier de la main du capitaine Ratel. Cette pièce est classée au 1er avril 1794, ce qui est une erreur. Le second mémoire portant sa date, aucune difficulté. Quant au premier, il est facile de reconnaître qu'il a été fait à la fin de brumaire, an II (15 au 20 novembre 1793). En effet, il a trait principalement aux événements de la campagne de Savoie, en août, septembre et octobre 1793. Il y est dit que Ratel a reçu l'ordre de descendre de Saint-Pierre-d'Estravache à Bramans le jour où les troupes de la (Maurienne atteignaient le pied du Mont-Cenis (8 octobre 1793), et que c'était *vers le milieu du mois* passé, c'est-à-dire, en effet, le 17 vendémiaire, an II. D'autre part, on indique qu'en brumaire, les troupes ont manqué le pain. Par conséquent, il y a là deux raisons pour assigner la date mentionnée ci-dessus à ce mémoire, qui, pour la commodité des recherches, devrait être classé en mars 1793, ou tout au moins en août de la même année, et non au 1er avril 1794.

Bramans, 14 août, l'an II de la République,
une et indivisible.

Le général de brigade Ledoyen au citoyen Kellermann, général en chef des armées des Alpes et d'Italie.

Bombardé du petit Mont-Cenis sans pouvoir me défendre, pressé de tous côtés et prêt à être tourné, je vais, général, faire ma retraite sur Modane ; mes forces, réduites extraordinairement par toutes sortes de maladie, une artillerie nombreuse et pesante que j'ai à traîner, et le manque de chevaux, ce qui m'oblige à faire ma retraite par échelons, sont les raisons qui m'ont déterminé à assembler un conseil de guerre, qui a arrêté à l'unanimité que je devais faire retraite.

Signé : LEDOYEN.

Pour copie conforme à l'original :

Le général d'armée des Alpes et d'Italie,
KELLERMANN.

A Aiguebelle, le 22 août 1793, l'an II de la République.

Informé que ma conduite est suspectée relativement à la défense de la Maurienne, je vous envoie, mon général, le précis de mes opérations.

C'est au commencement de juillet que vous me confiâtes le commandement de la Maurienne et je fus bientôt privé d'une partie des forces de cette vallée. Je n'en obtins pas moins quelques faibles succès sur les ennemis. Du 10 au 11 de ce mois, j'eus avis que l'ennemi se portait sur le poste d'Entre-deux-Eaux ; je donnai ordre de le renforcer, et je ne fus pas peu étonné d'apprendre, par une lettre du chef de bataillon Larcher, que les troupes s'étaient laissées surprendre, malheur dû peut-être à l'insouciance du citoyen Larcher, que j'ai suspendu et envoyé à Grenoble. Je craignais d'être tourné par ma gauche avec des forces supérieures; je crus devoir sauver mes batteries en avant de Termignon. Le 13, l'ennemi, maître de la montagne de la Ture, me jeta une grande quantité de bombes et d'obus; les troupes en furent un peu ébranlées. Je me voyais de plus en plus en danger d'être tourné; je résolus de sauver ma nombreuse artillerie et de faire ma retraite sur Bramans, et je mis en sûreté mes derrières, en plaçant des troupes sur les différents cols par où l'on pouvait m'inquiéter.

Tous les rapports s'accordaient à m'annoncer que les ennemis étaient en nombre très supérieur et avaient de la cavalerie, et leur artillerie, placée avantageusement, devait nécessairement écraser celle de Bramans. Je jugeai que le poste n'était pas tenable; j'assemblai un conseil de guerre; il y fut décidé d'évacuer Bramans. Je donnai donc ordre de faire la retraite, et elle s'exécuta le lendemain 15, dans le plus grand ordre, et l'armée bivouaqua à deux petites lieues au-dessous de Bramans, et j'établis un poste de cinquante hommes derrière le pont du Nant, que j'avais coupé. Il se replia sur moi en m'annonçant que l'ennemi avait rétabli le pont, qu'une colonne française s'avançait par le grand chemin, qu'une autre gagnait les hauteurs. Je m'avançai pour l'attaquer; je la forçai à reculer. Je lui fis quelques prisonniers et brûlai son pont à ses yeux. Pendant la nuit, il fit monter de l'artillerie entre les rochers et foudroyait nos troupes, sans qu'il fût possible de lui répondre ni d'aller à lui. Je tenais encore, cependant, lorsque je reçus une lettre du général Dubourg, qui me disait qu'il craignait que le général Badelone ne fût tourné et qu'il avait ordre de se replier sur Conflans. Cette retraite laissait ma gauche à découvert. J'assemblai un second conseil de guerre, où il fut résolu de se retirer sur Aiguebelle et de jeter deux bataillons à Valloire et Valmeinier. J'exécutai la retraite tranquillement, après avoir fait évacuer tous les magasins, sans rien laisser derrière moi, et jeter dans l'eau quelques farines cachées et que l'on ne put emporter, faute de moyens de transport.

Je suis actuellement à la Chapelle, prêt à attaquer, quand on le voudra, à la tête de mon armée. Si l'on me faisait le moindre reproche, j'en appellerais au témoignage des braves qui m'ont toujours vu à leur tête, et, sûr de ma conscience, je continuerai à servir ma patrie avec tout le zèle d'un vrai républicain.

Signé : LEDOYEN.

Pour copie conforme :

Le général d'armée des Alpes et d'Italie,
KELLERMANN.

A Aiguebelle, le 22 août 1793, l'an II de la République.

Supplément à l'instruction du général Ledoyen pour la défense de la Maurienne.

Le général Kellermann ayant rassemblé le général de division Dubourg, le général de brigade Ledoyen, le chef de bataillon du 5° de la Gironde, Camat, le citoyen Poguet, commissaire du département, pour aviser aux moyens de défendre le reste de la Maurienne, il a été convenu :

1° De tenir la position de la Chapelle, en s'occupant immédiatement à la retrancher et placer du canon où il sera nécessaire ;

2° Le bataillon de grenadiers occupera la crête de la montagne en avant des Hurtières, détachera deux compagnies avec les deux pièces, pour occuper le chemin des Hurtières qui tend aux Tuilles (?) ; le chemin sera reconnu en arrière, par lequel on peut arriver à la Rochette, de là à Barraux ou Montmélian ; ce sera même par cette route par laquelle les grenadiers feront leur retraite sur Pontcharra ;

3° Il sera établi un poste pour la sûreté de la gauche du camp de la Chapelle sur la hauteur de la montagne ; si l'armée se repliait, ce poste passerait la rivière à Aiguebelle ;

4° Si l'armée était forcée de quitter la position de la Chapelle, elle se portera sur la Charbonnière, près d'Aiguebelle, et y prendra poste pour y soutenir un second combat. Le bataillon de grenadiers, placé à Hurtières, suivant toujours la crête des montagnes, s'arrêtera à hauteur de l'armée, de manière à couvrir son flanc droit ; si le canon ne peut le suivre, il joindra l'armée et l'on détachera une compagnie de grenadiers, et la deuxième compagnie ira joindre le reste du bataillon ; le détachement de la gauche suivra aussi le mouvement de l'armée en suivant les hauteurs ;

5° Enfin, si l'armée était forcée de quitter sa position de Charbonnière, elle se retirerait sur Maltaverne ; les grenadiers continueraient de couvrir sa marche par le chemin qui conduit à Montmélian ou Barraux, suivant toujours les crêtes, et s'arrêteront à hauteur de Maltaverne pour couvrir la droite de l'armée, qui y prendra poste. Au reste, cette position ne sera prise que dans le cas où l'armée de la Tarentaise s'arrête à la position de Miolans. Si, au contraire, elle se repliait de Montailleur jusqu'à Montmélian, l'armée de la Maurienne irait la joindre à Montmélian en rompant le pont derrière elle ; le bataillon de grenadiers ira à Pontcharra, où il se retranchera. Dans cette dernière position des deux vallées, il sera détaché immédiatement deux bataillons pour se rendre à Chambéry, et les deux corps d'armée réunis gagneront, sur deux colonnes, la position de Barraux, la colonne de la Tarentaise passant par les Marches et celle de la Maurienne par le chemin derrière Montmélian ;

6° Il sera, dans tous les cas, établi une correspondance journalière avec le corps de troupe placé à Valloire, au nombre de trois bataillons. Je donne le commandement de ce corps de troupe placé à Valloire au citoyen Prisye, adjudant-général, chef de brigade, qui se rendra immédiatement par le chemin le plus sûr et avec la plus grande célérité. Si les deux bataillons venant du camp de Tournoux, passant par Briançon, avaient rejoint les deux qui sont à Valloire, il en détachera sur-le-champ un bataillon, le dirigeant, par le Bourg-d'Oisan, Vizille, sur Barraux, où il recevra de nouveaux ordres. Ce bataillon fera des marches forcées en brûlant deux étapes, qui lui seront payées.

KELLERMANN.

JOURNAL DÉTAILLÉ

Des opérations militaires en Tarentaise du corps de troupes piémontaises sous les ordres du lieutenant-général marquis de Cordon. (1)

Le 29 juillet 1793. — De la Ramasse. — Autorisé par S. E. le baron de Vins, j'ordonnai au major-général, baron de la Tour, de s'emparer du Bessans; il y marcha, dans la nuit du 29 au 30, avec un corps de 600 hommes et deux pièces de montagne; il détacha 120 volontaires, qui, par le mont Iseran, allèrent occuper les villages de Laval et de Tignes.

D'après des renseignements certains, m'ayant informé de la force et de la position de l'ennemi dans la haute Tarentaise, j'en instruisis S. E. le général de Vins, lequel m'ayant autorisé de tout entreprendre pour le chasser de Lanslebourg et de Termignon, j'en concertai les moyens, avec le général de la Tour et lui ordonnai de s'emparer d'Entre-deux-Eaux, où l'ennemi avait un détachement de 300 hommes.

Le 10 août. — Il marcha avec tout son corps à Tignes.

Le 11 août. — Il poussa ses avant-postes jusqu'au village des Brévières.

Le 12 août. — Il partit dans la nuit, attaqua et força

---

(1) Archives de Breil. — Pièce n° 42.

le poste d'Entre-deux-Eaux, où il fit un officier et deux soldats prisonniers.

Le 13 août. — Il revint à Tignes.

Le 14 août. — Il s'avança jusqu'à La Gurra, posta ses avant-postes à la Thuille, où S. A. R. le duc de Montferrat lui fit ordonner de marcher sur le poste de Villaroger, que l'ennemi avait fait occuper par un corps d'environ 300 hommes.

Le 15 août. — Il attaqua et emporta ce poste, où il fit deux 2 officiers et 31 soldats prisonniers.

S. A. R. le chargea de faire l'avant-garde de son armée avec un renfort de 150 grenadiers; il marcha, en conséquence, sur Saint-Maurice, Villette et le poste de la Saulcette. L'ennemi occupait ce dernier avec 1,500 hommes. Je passe sous silence les détails de l'attaque de ce poste, le général de la Tour en ayant fait lui-même la relation à S. A. R. et à M. le général de Vins, dont la prise de Moûtiers et du poste de Cevins fut les suites; il continua à être sous les ordres de S. A. R. jusqu'à l'époque dont je ferai mention dans la suite de ce journal, que je vais commencer à dater du jour de son départ pour Bessans, où je donnai des dispositions pour assurer la marche et les convois des vivres que je leur faisais passer.

Le 29 juillet. — Je fis occuper le village de Lanslevillard par une compagnie de grenadiers, qui poussa en avant-poste aux Champs, hameau intermédiaire entre Lanslevillard et Lanslebourg.

J'ordonnai d'ouvrir deux chemins, dont un à la gauche de la Ramasse, qui, longeant le bois, allait aboutir sur les hauteurs de Termignon; l'ennemi, qui occupait celle de la droite de l'Arc, devait ignorer cet ouvrage; on pratiqua le second au petit Montants; il côtoyait en arrière la montagne des Savallins et aboutissait, à son extrémité, sur les hauteurs dominant les retranchements et le village de Saint-Pierre d'Estravache; ces ouvrages avaient pour but d'y placer des batteries qui commanderaient les retranchements et le village ci-dessus, de même que celui de Termignon, que l'ennemi occupait en force et en avant duquel il en avait une de six pièces de canon.

Pour donner une idée plus juste du local, j'en joindrai ici le dessin sur lequel seront marquées les susdites batteries (1).

Je donnai des ordres en conséquence à M. le commandant de l'artillerie pour y faire transporter les pièces nécessaires, de même que pour faire préparer celles que je souhaitais faire descendre à la suite du corps de troupes que je destinais pour l'attaque de Termignon, ainsi que pour les vivres, qui devaient suivre immédiatement.

----

(1) Ce dessin n'existe pas dans les archives de Breil.

Le 10 août. — L'ennemi diminua de nombre à Lanslebourg et augmenta ses forces sur les hauteurs vis-à-vis la Ramasse, sans doute, d'après l'avis qu'il eut que le corps du général de la Tour était parti de Bessans et le projet d'envelopper les postes de Lanslevillard et de la Fresse.

Le 11 août. — Je fis renforcer dans la nuit ce premier de 3 compagnies de grenadiers et d'un contingent de fusiliers, commandées par un colonel, et le second par un certain nombre de volontaires; j'ordonnai à leurs commandants respectifs de pousser des avant-postes sur les hauteurs de leur flanc droit pour déjouer l'ennemi de son projet ou tout au moins pour avertir.

Le 12 août. — L'ennemi ayant longé la montagne par sa gauche dans la nuit du 11 se trouva vis-à-vis les deux susdits avant-postes, à la pointe du jour; ils se fusillèrent réciproquement; mais l'un d'eux ayant la hauteur sur l'ennemi, qui ignorait sans doute sa force, il se détermina à se replier sur celles de Termignon.

MM. Despins et de Bellon, officiers du régiment de Chablais et Saint-André de Sion, de celui de Savoie, qui commandaient lesdits postes avancés, se conduisirent avec beaucoup de fermeté et d'intelligence, et méritent des éloges; le premier fut blessé et pris prisonnier, et un soldat de son corps fut tué.

Le 13 août. — Ayant observé que Lanslebourg était abandonné et reçu avis qu'il y avait de grands mouvements à Termignon, que l'ennemi faisait placer son artillerie au delà de la rivière, qu'il s'y repliait lui-même et en faisait couper le pont, je préjugeai qu'Entre-deux-Eaux avait été attaqué et forcé ce matin même; ainsi que j'en étais convenu avec le général de la Tour, j'ordonnai, en conséquence, au commandant de l'artillerie, de faire jouer celle qu'il avait fait placer aux extrémités des deux nouveaux chemins, et à celui de la troupe détachée au petit Mont-Cenis, de se montrer sur les hauteurs qui avoisinent le plus les villages de Sollières et de Termignon. Les grenades royales produisirent tout l'effet possible par la surprise qu'elles occasionnèrent à l'ennemi, qui abandonna avec la plus grande précipitation le poste de l'Estravache et les Champs, qu'il occupait sur plusieurs lignes au delà de Termignon, pour se replier sur Bramans et Sardières.

Pour lors, j'ordonnai au brigadier de Fontanieu, qui commandait une forte avant-garde, d'aller occuper Termignon et de pousser ses avant-postes sur les hauteurs en avant de Sollières, ce qu'il exécuta à l'entrée de la nuit.

Le 14 août. — Ayant su que le général de la Tour était parti d'Entre-deux-Eaux, je me portai avec presque toute ma troupe, suivi de quelques pièces d'artillerie, à Termignon, d'où j'envoyai 200 hommes à Entre-deux-Eaux, un avant-poste au village du Châtel et un autre à la droite de Sollières.

Le 15 août. — Ayant été reconnaître l'ennemi, je m'aperçus qu'il avait abandonné Bramans, mis le feu à sa redoute et qu'il s'était replié à Villardin ; je le fis poursuivre par des volontaires, que je renforçai, dans la journée, par un bataillon de chasseurs.

Le 16 août. — Toute la troupe restée au petit Mont-Cenis m'ayant joint à Bramans, j'envoyai un détachement à Aussois, avec ordre de pousser des patrouilles le plus près de l'ennemi, afin de l'inquiéter et m'en faciliter la reconstruction du pont de Nant, à laquelle il chercha vainement à s'opposer avec deux pièces de canon et quelque infanterie, car notre perte se borna à deux blessés et sept soldats égarés.

Le 17 août. — Sentant l'importance de harceler l'ennemi dans sa retraite, je le suivis de près et fit placer deux canons dans le bois de Bramans, deux obusiers en avant du village d'Aussois, dont l'effet fut si complet, qu'il l'obligea de se retirer précipitamment à Modane, et dans l'après-midi jusqu'à Saint-André.

Le 18 août. — Informé que l'ennemi avait abandonné la redoute de Notre-Dame-de-Charmaix, sans doute après l'ordre que j'avais donné au major-général baron Chini de se montrer sur les hauteurs du col de la Roue, j'envoyai un bataillon de chasseurs s'emparer du village de Modane, et fis placer au-dessus quelques pièces d'artillerie.

Le 19 août. — Je renforçai cette batterie avec deux obusiers, qui eurent le plus grand succès.

Le 20 août. — J'allai reconnaître l'ennemi, et ayant appris qu'il avait abandonné Saint-André, je le fis occuper par un bataillon de chasseurs, avec ordre de pousser ses avant-postes jusqu'à Orelle.

Le 21 août. — Je renforçai le poste de Saint-André par 8 compagnies de grenadiers, sous les ordres du brigadier de Fontanieu, et je fis placer toute l'artillerie sur les hauteurs des Fourneaux.

Le 22 août. — Afin d'assurer ma gauche, je fis occuper la redoute de Notre-Dame-de-Charmaix par 200 hommes, avec ordre d'éclairer l'ennemi à Valmeinier et à Valloire.

Le 23 août. — Je fis occuper le hameau de la Buffaz par le bataillon des chasseurs ; comme le poste est intermédiaire à Saint-André et Saint-Michel, je jugeai devoir le renforcer de 7 compagnies de grenadiers, de deux pièces de 4 et de faire placer deux obusiers sur les hauteurs du village de Franco.

Le 24 août. — J'ordonnai à 7 autres compagnies de grenadiers de joindre les premières à la Buffaz, et j'envoyai un détachement de 300 hommes occuper le village de Beaune, sur le chemin des Encombres ; je m'occupai, dans ledit jour, de la reconstruction du pont de la Denise, ceux de Modane et de Saint-André étant rétablis depuis la veille.

Le 25 août. — Le général-major de la Tour, passant les Encombres, vint me joindre à Saint-Michel; il poussa ses avant-postes jusqu'à Saint-Martin-de-la-Porte, et le détachement revenu d'Entre-deux-Eaux alla occuper le hameau de Villette.

Le 26 août. — Ayant eu avis que l'ennemi avait abandonné Saint-Jean, j'ordonnai au général de la Tour de faire occuper Saint-Julien, Villard-Clément, Saint-Jean, et de pousser des avant-postes sur la droite, à Mont-Denis et Hermillon. Pour mieux assurer ma gauche et avoir plus aisément des notions sur la force de l'ennemi à Valloire, j'ordonnai au détachement du Charmaix d'aller s'emparer du poste de la Lauze (1), sur les hauteurs de Valmeinier, assez près de l'Aiguille-Noire, ainsi que du Galibier.

Le 27 août. — Je me portai à Saint-Michel avec tout le reste de ma troupe et j'y fis conduire les deux obusiers placés à Franco. Ayant eu avis que l'ennemi voulait attaquer ma droite par le col de la Madeleine, j'envoyai un détachement de 200 hommes à Saint-Jean de Belleville et un second d'égale force à Saint-Martin, et les fis soutenir par 3 compagnies de chasseurs, que j'envoyai de Plan-Villard.

Le 28 août. — Assuré que le poste de Valloire était occupé par un corps d'environ 3,000 hommes, je sentis la nécessité d'en déposter les Français; la faiblesse de mes moyens m'engagea à demander à M. le baron de Vins la permission de tirer de la vallée d'Oulx une partie des troupes aux ordres du baron Chini, pour seconder cette expédition, d'autant plus importante que je ne pouvais guère plus aller avant sans danger. Ce général, en sentant l'importance, m'obtint du roi la permission demandée; mais la perte de temps qu'occasionna cette demande et celle qu'exigea la mienne au baron Chini retardèrent l'arrivée de 8 compagnies de grenadiers qu'il m'envoya et qui ne me joignirent que le 6 septembre. Je leur avais indiqué une route, qui les aurait conduites sur Valloire; mais M. le baron Chini, informé qu'elles auraient été retardées par les neiges qui barraient les passages sur les hauteurs qu'elles auraient dû traverser, leur fit prendre celle du col de la Roue, par où elles vinrent me joindre à Saint-Michel, ce qui m'obligea de différer mon entreprise sur Valloire et de me contenter d'y faire harceler l'ennemi par des milices et quelques corps de volontaires.

Ceux de la Maurienne attaquèrent le village d'Albane; ils y perdirent deux hommes et firent onze prisonniers.

L'officier qui les commandait, n'étant pas assez fort pour

(1) La Loza.

tenir le poste, se retira et ramena les prisonniers à Saint-Julien; c'est à quoi je dus, pour le moment, borner mes tentatives sur Valloire, ayant été obligé de placer différents détachements sur les flancs et le devant de l'armée, qui se trouvait déjà très affaiblie par les maladies.

Le 29 août. — Instruit par mes éclaireurs que l'ennemi avait abandonné La Chambre, je fis rentrer tous les détachements de ma droite; j'en poussai plusieurs sur les hauteurs de Saint-Avre, Pallud, Montgellafrey, et renforçai celui de la Lauze. Je continuai de faire inquiéter le poste de Valloire par des milices et quelques volontaires placés sur les hauteurs d'Albiez et des Arves.

Le 7 septembre 1793. — Ne me désistant point du projet de faire une tentative sur Valloire, et empressé de seconder les vues de S. A. R. qui, par une lettre du 31 août, me témoignait l'envie qu'elle avait de pousser en avant, ainsi que le désir que j'en fis autant pour aller d'accord et la seconder, je cédai à cette idée, y joignant cependant celle de tromper l'ennemi, pour l'attaquer ensuite avec plus de succès. En conséquence, je feignis de marcher avec tout mon corps, tandis que j'en laissai un considérable à Saint-Jean, à portée de monter sur Valloire par les Albiez et Villard-Gondran. Le détachement que j'avais laissé aux ordres de M. de Soyrier pour la sûreté de Saint-Michel, de même que les 2 compagnies de grenadiers retranchées au pont de la Lauze et soutenues par quatre pièces de canons, devaient aussi coopérer à cette expédition.

Je me prêtai d'autant plus volontiers à ce mouvement en avant que j'étais informé que l'ennemi travaillait à jeter un pont sur l'Arc au-dessous de celui qu'il avait fait sauter à Argentine; je jugeai de mon devoir de m'y opposer, et ordonnai au général de la Tour de se porter avec une portion de l'artillerie, au village de la Chapelle, et de pousser ses avant-postes jusqu'à Epierre et sur les hauteurs du village supérieur d'Argentine.

Le 8 septembre. — Je fis en même temps placer deux pièces de canon au pont d'Hermillon et d'Amafrey et laissai deux compagnies de grenadiers à celui de la Madeleine, précaution que je jugeai nécessaire.

Le 9 septembre. — D'après l'ordre préventivement reçu de S. A. R. de déloger l'ennemi de Mont-Sapey, prévenu qu'elle m'enverrait un renfort de 1,200 hommes pour me faciliter la réussite de cette entreprise, je jugeai pour préalable d'envoyer 3 compagnies de chasseurs, 50 volontaires et 100 milices occuper les hauteurs de Saint-Alban-des-Hurtières, afin d'assurer ma gauche, de jalouser l'ennemi sur divers points, avec l'ordre précis au commandant de ce détachement de faire occuper le poste de Bergerel, du col de Merlet et d'y tenir ferme.

Le 10 septembre. — Quoique le susdit détachement fût assez fort, vu l'assiette de ces deux postes pour repousser toute attaque, je le fis encore renforcer par deux compagnies de grenadiers, afin d'attirer les forces de l'ennemi sur les cucherons. Dans cet espoir, j'ordonnai au général de la Tour de marcher dans la nuit sur Argentine, où il ferait établir une batterie, dont le feu pourrait empêcher l'achèvement du pont commencé.

Ma gauche, pour lors, jalousait l'ennemi, et ma droite étant complètement assurée, soit par le corps venu de Tarentaise, commandé par le major de Von, placé au Champet, soit par les volontaires qui occupaient les hauteurs d'Argentine, en conséquence, j'ordonnai au général de la Tour de s'emparer de ce village.

Le 11 septembre. — En exécution de cet ordre, le général de la Tour marcha dans la nuit avec tout son corps, renforcé par 8 compagnies de grenadiers, jusqu'au hameau supérieur d'Argentine, donnant l'ordre au commandant de l'artillerie qu'au point du jour les batteries fussent en état de détruire le pont déjà commencé; mais l'ennemi, sans doute instruit de mon projet, plaça, dans la nuit même, trois batteries si avantageusement et d'un calibre supérieur aux nôtres que, voyant par moi-même leur peu d'effet, j'ordonnai au général de la Tour de ramener sa troupe à sa première position, entre Argentine et la Chapelle. Cette canonnade de plusieurs heures ne nous coûta que deux grenadiers.

Le 12 septembre. — Les différents corps que j'avais laissés à portée d'inquiéter l'ennemi à Valloire me donnèrent avis qu'il en était parti 8 à 900 pour Briançon; mais, soupçonnant qu'il voulut par cette démarche me faire prendre le change, j'ordonnai au brigadier de Soyrier, qui commandait à Saint-Michel, de renforcer le détachement de Valmeinier, d'y envoyer deux canons de montagne, et des espingardes à celui de la Lauze.

L'ennemi ayant jugé par les feux des avant-postes que nous occupions, ainsi que la veille, la digue d'Argentine, cherchant à nous en déloger, augmenta et rapprocha, durant le cours de la nuit, ses batteries de notre flanc gauche; elles nous auraient certainement obligés d'abandonner ce poste; mais, ayant prévu le dessein de l'ennemi, je fis, pendant cette nuit même, placer deux obusiers et deux pièces de 8 sur une hauteur et couvrir cette batterie d'un épaulement, de manière qu'il ne résultât de part et d'autre qu'une très longue canonnade de nul effet, dans la matinée du 13.

Le 13 septembre. — M. de Soyrier m'informa, à dix heures du matin, que le commandant de Valmeinier lui donnait avis que le poste de la Lauze avait été attaqué et pris à la pointe du jour, nouvelle qu'il croyait d'autant plus vraie que c'était un officier commandé à ce poste qui l'en assurait de vive voix, lui ajoutant que l'ennemi avait aussi paru dans les environs de Sieu, mais que le feu de ses canons l'avait surpris au point qu'il s'était immédiatement retiré.

Le commandant de Saint-Michel m'envoya dans l'après-midi la relation que lui fit le baron Ricci, major du bataillon de la Reine, qui commandait le poste de la Lauze, par laquelle il m'informait que l'ennemi, au nombre de 500 hommes, l'avait attaqué à la pointe du jour; qu'après une tiraillerie de près de deux heures, il s'était retiré avec perte de 8 prisonniers; un seul soldat de Chablais fut blessé. Si la fermeté et l'intelligence de la conduite du major Ricci méritent des éloges, il en a beaucoup fait de l'activité, du zèle et de la bravoure de M. de Serre, capitaine-lieutenant du même régiment, auquel il attribua en grande partie son succès, n'ayant point oublié de rendre justice au courage de M. Pellion, lieutenant du régiment de Chablais et au comte Gasso, sous-lieutenant dans celui d'Ivrée.

Le 14 septembre. — S. A. R. m'ayant fait l'honneur de m'écrire de ne plus compter sur le renfort de 1,200 hommes qu'elle m'avait fait espérer et qui m'aurait été très utile pour ramener à moi les troupes qui gardaient mes flancs, persuadé que le poste d'Epierre ne pouvait être forcé, quoique défendu avec la moitié de monde que j'y en avais, je me déterminai d'effectuer mon entreprise sur Valloire.

En conséquence, j'ordonnai au général de la Tour de poster 13 compagnies, en avant d'Epierre, dans une espèce de redoute, et le surplus de la troupe dans une position qui ne pouvait être ni tournée, ni forcée, d'y placer encore deux autres pièces de canon et des espingardes pour la soutenir, ainsi qu'une autre batterie qui enfilât la chaussée, avec ordre de laisser ce commandement au brigadier de Fontanieu et de revenir, la nuit, à Saint-Jean, avec le reste de la troupe, pour s'y joindre aux 3 bataillons que j'y avais amenés, et en partir, dans la nuit suivante, avec moi, conduisant chacun une colonne à l'attaque combinée, comptant d'en former une 3ᵐᵉ par les détachements de la Lauze et Valmeinier.

Le 16 septembre. — Cette entreprise n'eut pas lieu, parce qu'environ midi, je fus avisé que les 6 compagnies de grenadiers de garde à la redoute d'Epierre, à l'approche de l'ennemi, avaient abandonné ce poste. Connaissant son importance, je jugeai de mon devoir d'y marcher d'abord, ordonnant au général de la Tour de m'y suivre avec tout son corps, ce qu'il exécuta.

Mais, arrivé au pont de la Madeleine, il fut instruit par un officier des grenadiers de Novare que le capitaine de ce corps, à qui la garde du poste du Bergeret était confiée, avait été attaqué et forcé. Le général de la Tour ordonna au commandant des chasseurs d'y marcher avec trois de ses compagnies, lui enjoignant de se joindre au détachement du col du Merlet, où il y avait aussi trois compagnies de cette même troupe, ainsi qu'à celui de Pré-Jourdan, où il y avait des volontaires et des milices, et de reprendre ce poste à l'ennemi.

L'officier chargé de cette entreprise ayant rencontré à Saint-Remy celui qui commandait au col du Merlet, qui se repliait ensuite de ce que ceux du Bergeret et de Pré-Jourdan l'avaient averti qu'ils avaient été forcés, ne jugeant plus possible de rechasser l'ennemi du poste perdu, envoya au général de la Tour un officier pour lui faire le rapport que le commandant du col du Merlet était à Saint-Remy.

Le général de la Tour, convaincu de toute l'importance de ce poste, et assuré que l'ennemi n'avait pas assez de forces pour résister à celles que cet officier avait ordre de réunir pour cette entreprise, lui fit répondre que, ne jugeant pas devoir rien innover aux ordres donnés, il eût à obéir sans délai et sans réplique.

A une demi-heure de là, cet officier envoya un capitaine de son corps rapporter au général de la Tour que, tous les postes de la gauche s'étant repliés, et sa troupe étant très fatiguée pour une entreprise quelconque, il la ramenait au pont de la Madeleine, où il attendait des ordres.

Le général de la Tour me fit aussitôt part de ce fâcheux accident qui, laissant ma gauche à découvert, me força de ramener les troupes à la position de Villard-Clément, quoique, grâce à nos canons, l'ennemi ne nous eût pas encore délogé du poste d'Epierre. Je fis occuper en même temps les hauteurs du Montvernier pour couvrir ma droite et ordonnai de faire sauter le pont d'Amafrey.

Le 16 septembre. — Je m'occupai de faire transporter les magasins de Saint-Jean à Saint-Michel, et fortifier mon flanc droit par des détachements, en en poussant même un jusqu'à Saint-Martin-de-Belleville;

Le 20 septembre. — Je fis porter deux canons de montagne et des espingardes sur la hauteur de Mont-Denis et envoyai des volontaires et des milices sur ma gauche, à Saint-Sorlin et à Saint-Jean-d'Arves, qui repoussèrent maintes fois l'ennemi et lui firent plusieurs prisonniers.

Le 21 septembre. — Sur des avis certains que l'ennemi en force s'approchait du col de la Madeleine, j'envoyai un lieutenant-colonel, des nouvelles troupes et des milices à Montvernier et à Montpascal, avec espoir, en fortifiant ainsi ma droite, d'assurer toujours plus le poste de la Madeleine.

Le 22 septembre. — Deux colonnes de troupes ennemies

de 3 à 400 hommes, venues de Valloire, parurent en même temps, sur les onze heures, sur les hauteurs de Montricher et sur celles de Saint-Martin-d'Arc, avec deux pièces de canon de 4; je leur fis tirer quelques coups de canon, qui les obligèrent à la retraite; nous n'eûmes ni tués, ni blessés, et nous fîmes deux prisonniers.

Le 23 septembre. — Connaissant l'importance du col de la Madeleine pour la communication de la Maurienne et de la Tarentaise, et sachant que S. A. R. l'avait occupé par 600 hommes, j'ordonnai au commandant de celui de Saint-Martin-de-Belleville, avec 300 hommes, de s'y porter immédiatement pour le renforcer. L'officier détaché à Montvernier eut ordre aussi d'y envoyer les deux canons de montagne qu'il avait à son poste; mais l'escorte qui les y conduisait fut obligée de rétrograder, ayant appris en chemin que nos troupes, s'étant retirées du col de la Madeleine, les Français s'en étaient emparés.

Le 26 septembre. — Je ne ferai pas le détail des événements qui ont déterminé le commandant du poste de la Madeleine à le céder à l'ennemi, n'ayant non seulement jamais reçu aucun rapport, mais ce n'est même que deux jours après que j'ai su positivement que les contingents de troupes auxquels la garde en était confiée se sont repliés, un à Salins, près de Moûtiers, et l'autre à Saint-Martin-de-Belleville.

Le 28 septembre. — Cette détermination me fit prendre celle d'envoyer, en soutien de ce dernier, un détachement de 100 hommes aux Encombres.

Le commandant du poste de Montpascal, voyant venir à lui, sur les six heures du soir, deux corps de troupes ennemies considérables, dont un menaçait de le tourner par le flanc droit et l'autre de l'attaquer de front, jugeant être de deux tiers plus faible que l'ennemi, se détermina à une prompte retraite dont il fit part, chemin faisant, au commandant de Montvernier, de qui il dépendait. Ce dernier, voyant son flanc droit totalement découvert par cette retraite, et la possibilité qu'avait l'ennemi de lui couper la sienne, au cas qu'il poursuivît le corps qui se retirait de Montpascal, se décida d'en faire autant; après avoir prévenu le major commandant à Pontamafrey du motif qui l'engageait, il se replia à Hermillon, où il joignit la troupe venue de Montpascal et se porta avec elle sur les hauteurs de Montandre et Mont-Denis, pour couvrir l'aile droite de l'armée, ainsi que je lui en avais donné l'ordre. Par une suite de ces dispositions, le commandant à Pontamafrey, avec trois compagnies de grenadiers, trois de chasseurs, retranchées et soutenues de deux obusiers et de deux pièces de 8, se replia aussi en arrière du pont d'Hermillon, que j'ordonnai qu'on fît sauter le lendemain.

Incertain si l'abandon du poste de la Madeleine variait ou

non la position de l'armée de la Tarentaise, je fis choix du chevalier de Buttet et l'envoyai auprès de S. A. R. pour l'informer des précautions que j'avais été dans le cas de prendre, lui demander des ordres, et les 1,000 ou 1,200 hommes qu'elle m'avait fait espérer plusieurs fois, souhaitant vivement de chasser l'ennemi, enfin, de Valloire, puisque pour lors il aurait été possible de tenir l'hiver en Maurienne; en conséquence, je fis occuper le village du Désert, intermédiaire du poste de la Lauze et de Valmeinier, par des volontaires et des milices; fis de même à celui de Pierre-Benoît, et plaçai deux compagnies de grenadiers à celui des Combes; je réitérai au baron Chini les ordres déjà donnés plusieurs fois pour la sûreté des cols de la Saume, de la Roue et de Fréjus.

Le 29 septembre. — L'abandon des postes importants de la Madeleine, Montvernier, Montpascal et Pontamafrey, me donnant des justes craintes pour l'aile droite de l'armée que j'avais l'honneur de commander, j'ordonnai au général de la Tour d'aller, avec un corps de 400 hommes, garder le passage des Encombres, où il bivouaqua jusqu'au 1er octobre. A cette précaution, j'y ajoutai celle d'un détachement de 100 hommes, sur les hauteurs du Villard-Clément.

Dans l'incertitude du renfort demandé à S. A. R., l'ennemi, occupant tous les postes ci-dessus et ignorant encore la détermination qu'elle prendrait, mais convaincu qu'il fallait se hâter pour en prendre une, et que la mieux adaptée aux circonstances était de réunir nos forces, sans attendre le retour du chevalier de Buttet, j'eus l'honneur de lui offrir de l'aller joindre avec tout mon corps de troupe, à l'exception d'un détachement que je destinai à escorter mon artillerie jusqu'à la Ramasse.

Ce corps, auquel on aurait joint les milices de la vallée de Suse, protégé par 25 pièces de canon, était suffisant pour la défense de ce poste; moyennant cette réunion, on pouvait aussi tenir tout l'hiver en Tarentaise, le Petit-Saint-Bernard, lorsqu'il est fréquenté, étant tout aussi praticable que le Mont-Cenis; mais des motifs particuliers engagèrent, sans doute, S. A. R. à ne pas agréer ma proposition.

Le 30 septembre. — Le chevalier de Buttet, de retour de Moûtiers, me dit que Mgr le duc de Montferrat, en suite de l'abandon du col de la Madeleine, et le corps de troupe qu'il avait à Beaufort étant menacé, il était dans l'impossibilité de reprendre le premier poste, encore moins de me donner aucun secours, et que, si je trouvais une position en Maurienne où je fus sûr de tenir, qu'il me conseillait de la prendre.

Le 1er octobre 1793. — Après le bruit d'une assez vive et longue tiraillerie du côté de Valmeinier, je ne tardai pas d'apprendre par une lettre du chevalier de Savoiroux, lieutenant du régiment de la Reine, que le poste de Valmeinier, où il était détaché sous les ordres du major de la Boissière, avait été surpris et forcé, que l'ennemi s'était emparé de deux pièces de canon de montagne, avait fait le commandant, deux autres officiers et environ 80, tant bas officiers que soldats, prisonniers ; il me mandait aussi qu'il avait rassemblé une centaine d'hommes de différents corps sur la montagne du Fourgeon (1), où il tiendrait ferme en attendant mes ordres. Plusieurs autres circonstances de la conduite de cet officier à cette époque méritent des éloges. Dans la persuasion que le poste de la Lauze, qui est inattaquable de front, ferait tête à l'ennemi, ses flancs étant de très difficiles abords et garnis de troupe, ayant surtout sa retraite assurée sur ses derrières, j'ordonnai au chevalier de Savoiroux d'y conduire celle qu'il avait réussi de rassembler, afin de renforcer ce poste qui était d'autant plus important dans ce moment que la retraite de l'armée pouvait dépendre de la résistance qu'on y opposerait à l'ennemi.

Le commandant de la Lauze ne l'envisagea sans doute pas ainsi, puisque j'appris, quelques moments après, qu'il s'était replié sur Saint-André ; à cet avis, un capitaine, qui avait joint le chevalier de Savoiroux, le détermina de descendre sur Franco.

J'ordonnai immédiatement au général de la Tour de venir en toute hâte, et par les hauteurs de la Buffaz, garder le pont de la Denise, que je fis occuper, en l'attendant, par 300 hommes ; il y arriva dans l'après-midi sur le tard et s'y retrancha.

Le 2 octobre. — J'ordonnai pareillement au brigadier de Fontanieu de retirer tous les avant-postes sur Villard-Clément, et qu'aussitôt que l'artillerie et les magasins de Saint-Jean seraient évacués, de se replier avec toute cette troupe à Saint-Michel ; il exécuta le tout, dans la nuit même, à l'aide du chevalier de Buttet et des autres officiers d'artillerie, qui tous ont constamment donné des preuves de talent et de beaucoup d'activité.

Je prévins aussi le baron Chini que le poste de la Lauze s'était replié, pour qu'il retirât celui du col de la Saume, et qu'il assurât toujours plus ceux de Fréjus et de la Roue et le débouché de la Vallée-Etroite, qui aboutissent sur Modane, en l'informant que j'envoyai 200 hommes à Notre-Dame-de-Charmaix, dont il pouvait disposer et rappeler à lui, selon les circonstances.

C'est dans cette position que me parvint la lettre de S. A. R. en date du 1er octobre, par laquelle elle me donnait avis qu'elle était obligée d'abandonner Moûtiers cette même

---

(1) Le Fourchon.

nuit, l'ennemi descendant sur Aime, par le col de Mont-Cormet, venant de Beaufort en Faucigny; ce col fut pris par les Français; il était gardé par un bataillon de la marine, commandé par le chevalier Prales (1); sa retraite étant coupée, elle désirait fort que je tâchasse de la protéger, en envoyant un corps de troupe dans la vallée de Bozel, sur Bellentre et Peisey.

Malgré la critique position où je me trouvais par cette même retraite et l'abandon du poste de la Lauze, préjugeant par la connaissance du local que S. A. R. voulait personnellement se retirer par la Maurienne, je me hâtai d'ordonner au général de la Tour de consigner la garde du pont de la Denise au brigadier de Berton et de partir en toute hâte, avec son détachement, pour Entre-deux-Eaux.

Il y arriva le 3, à la pointe du jour, et y apprit que S. A. R. et toute son armée s'était repliée sur le Saint-Bernard dans la journée du 2, de ce dont il me donna immédiatement avis. Par une suite de l'énoncé de cette même lettre, je me fis un devoir de soutenir le général de la Tour, en m'avançant moi-même à Termignon, avec ce que je pus rassembler de troupes à même de faire cette marche.

Le 3 octobre. — Je prévins le général de la Tour de couvrir le poste d'Entre-deux-Eaux de 300 hommes, dont il donnerait commandement à un colonel, et de se replier à Termignon avec le reste de sa troupe, mais d'ordonner préalablement, au commandant de celle de Saint-Martin-de-Belleville, d'aller à Pralognan, afin que ces deux corps pussent réciproquement se protéger.

J'ordonnai au brigadier de Fontanieu que, lorsque l'arrière-garde qu'il commandait aurait passé le pont de la Denise pour se porter sur Saint-André, il le fit détruire. A son passage sur celui de la Sausse, des patrouilles ennemies parurent sur les hauteurs, qu'elles abandonnèrent à la suite de quelques coups de fusil et de canon, qu'il leur fit tirer; dans cette journée et les suivantes, l'ennemi occupait déjà Saint-Michel, la Buffaz, Thyl, la Traversaz, et avait de l'autre côté des troupes sur Valmeinier.

Le 4 octobre. — Les troupes composant l'arrière-garde étaient toutes ce jour-là à Saint-André; leur commandant eut ordre de détacher trois compagnies de grenadiers au Freney, pour les gardes du pont et passages de la Montagne, et de pousser de l'autre côté des avant-postes aux granges de la Sourdière sur les aboutissants et chemin de Bissorte.

J'ordonnai aussi qu'on plaçât quatre pièces de 8 et un obusier pour balayer les hauteurs au-devant de Saint-André et enfiler

---

(1) Praly, d'après Pinelli (*Storia Militare del Piemonte*, t. 1, p. 804).

la grande route, ainsi que deux autres pièces au delà du pont qu'on devait brûler après la retraite des troupes.

Le 5 octobre. — Je donnai des ordres pour qu'on transportât à Lanslebourg le reste des malades de l'hôpital des Fourneaux et faire filer des troupes et de l'artillerie, dont je fis placer quatre pièces sur la hauteur en avant de Bramans, où l'ennemi avait construit sa redoute.

Le 6 octobre. — J'appris, par le colonel commandant Entre-deux-Eaux, que celui de Pralognan, ne s'y voyant pas en sûreté, s'était replié sur lui, et que, dans la journée, il serait à Termignon. Sur cet avis, j'envoyai immédiatement 100 volontaires et milices occuper le poste important de Pralognan, avec ordre, au cas qu'il fût forcé, de se retirer sur Entre-deux-Eaux.

J'ordonnai au brigadier de Fontanieu d'abandonner Saint-André cette même nuit, de faire filer toute l'artillerie à Lanslebourg, de détruire le pont du Nant et de faire faire halte à sa troupe à Bramans.

L'après-midi, j'eus avis que le commandant d'Entre-deux-Eaux se repliait sur les hauteurs de la Turra, et que le détachement de Pralognan l'y joindrait ; je l'y fis devancer par deux compagnies de grenadiers et un autre corps de troupe, aux ordres du général de la Tour.

Le 7 octobre. — Je renouvelai les ordres les plus précis pour l'évacuation de toute espèce de magasins, pour le transport de l'artillerie à la Ramasse et pour le placement des postes nécessaires à la ligne de défense du grand et petit Mont-Cenis.

Le 9 octobre. — Instruit qu'à la réserve des deux canons de retraite placés sur les hauteurs en arrière de Termignon, tout le reste était à sa destination, j'ordonnai au brigadier de Fontanieu de détacher de Bramans les troupes qui devaient occuper le petit Mont-Cenis et d'en partir lui-même avec le surplus pour venir à Termignon, d'où j'allai, avec toute la mienne, à Lanslebourg et de là à la Ramasse, ne laissant pour arrière-garde que les trois corps aux ordres du général de la Tour, du brigadier de Fontanieu et du colonel Portier, placés de manière à se soutenir réciproquement dans leur retraite, qui s'exécuta, celle des deux premiers, le 7 au soir, et celle du colonel Portier, le 8 au matin, jour que l'ennemi parut à Termignon.

Ma retraite s'étant faite sans aucune perte d'artillerie, munitions, ni magasins quelconques, aussitôt que toute la troupe fut à la Ramasse, je m'occupai à la placer le plus utilement et commandement possible; je visitai les retranchements, pris toutes les mesures nécessaires pour réparer les délabrements qui s'y étaient faits, comme pour faire les conditions que j'ai cru convenables.

Je n'ajouterai rien à ce que j'ai été dans le cas de dire dans des lettres particulières adressées au Bureau de la guerre à l'égard de Messieurs les officiers du haut état-major assciés à ce département; mais je saisis cette circonstance pour rendre au chevalier de Varax le témoignage de justice dû à son zèle, exactitude et intelligence; j'en dois dire autant de Messieurs de Bonne et de Fléchère, qui se sont aussi très bien acquittés de tout ce dont ils ont été chargés.

Pour quant au chevalier de Massongy, qui a pareillement servi en qualité de mon aide de camp, celle de mon neveu, m'imposant silence, je m'en rapporte à ce qu'en diront les autres.

————

A la suite de ce journal se trouvent également les deux états insérés comme pièces justificatives, sous les numéros 64 et 65, dans le volume sur « *Les Campagnes dans les Alpes pendant la Révolution* », par MM. Krebs et Moris.

SIXIÈME PARTIE

OPÉRATIONS PRÈS DE VALLOIRE

ARMÉE DES ALPES   No   CANTONNEMENT DE VALLOIRE

Situation des troupes cantonnées à Valloire à l'époque du 15 septembre 1798

OFFICIER GÉNÉRAL Commandant les armées des Alpes et d'Italie : KELLERMANN	NUMÉROS ET NOMS des BATAILLONS	OFFICIERS PRÉSENTS					SOUS-OFFICIERS, CHASSEURS ET VOLONTAIRES												HORS des OFFICIERS ABSENTS où ils sont et par quel motif	OBSERVATIONS
		Chefs de bataillon	Adjudants-majors et quartiers-maîtres	Capitaines	Lieutenants	Sous-lieutenants	Présents sous les armes	PRISONNIERS Aux hôpitaux externe	Chez les Piémontais	A Grenoble	A Briançon	Au fort de Pierre-Encise à Lyon et à Miolans	DÉTACHÉS A Miolans	aux dépôts A Grenoble	A Briançon	Partisans et pionniers	Total des absents	Force des volontaires		
Adjudant-général, chef de brigade, commandant les troupes de Valloire.	5e bataillon d'infanterie légère.	2	2	8	8	8	588	53	3	·	34	12	·	17	31	·	109	697	5 cap. maj. à Briançon / 1 cap. comp. de tenu. / 1 lieut. comp. de chas. / 1 lieut. comp. de chas. / 1-t. comp. de chas. / 1-t. maj. à Briançon	1 caporal / 3 canonniers / 2 pièces d'art. / un d'une bi- / vre de bataille / 4 coffrets con- / tenant chaque / cartouches / fusils à ... / tiré au bou- / lits prévent- / traille
	2e bataillon de Haute-Loire.	2	2	3	15	6	525	78	·	·	4	·	75	·	29	·	185	709		
	6e bataillon de l'Ain.	2	1	4	6	7	345	61	10	·	·	·	3 288 36	·	·	·	404	898	1 cap.-col. à E.-B. / 1 cap. comp. de chas. / 1 cap. au dépôt. / 1 cap. une partisane / 1 lieut. à l'hôpital / 1 s.-lieut. à l'hôpital	3 mulets / 6 mulets pour / le transport / de copistes.
	9e bataillon de l'Ain.	2	1	4	7	7	348	90	6	2	6	·	68	·	·	37	214	663	1 quart.-maît. à l'hôp. / 1 cap. absent par ordre / du général / 1 cap. comp. de chas. / 1 cap. à l'hôpital / 1 lieut. comp. de chas. / 1 s.-l. comp. de chas.	
		8	7	21	21	28	1,363	255	19	15	131	61	63	37	912	2,865				

Certifié conforme aux états de situation qui m'ont été fournis par les bataillons.

Valloire, le 17 septembre 1793, l'an II de la République française, une et indivisible.

L'adjudant-général, chef de brigade, commandant les troupes de Valloire,

G. PRISYE.

Valloire, le 3 octobre 1793, l'an II de la République française, une et indivisible.

L'adjudant-général Gilbert Prisye, chef de brigade, commandant des troupes de Valloire, au citoyen Ministre.

Citoyen Ministre, il appartient aussi à l'armée de Valloire, que je commande, de vous apprendre que les soldats de la Liberté ont terrassé les satellites du despotisme. Déjà, le Sarde doit cesser de se complaire dans un succès éphémère, qu'il n'a dû qu'à un concours de circonstances et de combinaisons profondément perfides, dont les suites devaient correspondre aux infâmes projets des aristocrates de Toulon et de Lyon.

Les troupes de la République ont montré dans cette partie ce que peuvent le dévouement à la cause commune et l'ardent désir de délivrer leur Patrie de ses ennemis. Ces troupes, réduites à un petit nombre de 1,600 hommes, ont soutenu avec une constance, digne des plus grands éloges, un service prolongé ici depuis le 18 août jusqu'à ce jour, dont on peut évaluer les fatigues par la considération d'un sol toujours couvert de frimas, où elles ont bivouaqué continuellement. Je laisse de côté le gravissement des montagnes les plus élevées, les marches pénibles répétées journellement pour repousser les attaques d'un ennemi quadruple en forces et muni d'une artillerie considérable, toujours en mouvement pour harceler et débusquer notre troupe.

Le 8 septembre, nos braves soldats chassèrent un gros de Piémontais réunis à des paysans de sept à huit villages, qui avaient gagné une hauteur d'où ils pouvaient écraser tous les cantonnements de notre armée. Il est inutile de vous dire que les Français se comportèrent en vrais militaires; mais il ne l'est pas de vous assurer qu'il a fallu l'intrépidité des César pour, avec un moindre nombre, débusquer l'ennemi d'une position tellement avantageuse que 100 hommes pouvaient y résister à une armée de 10,000, et qu'en comparant du petit au grand, ils avaient un Gibraltar à escalader.

Cette réunion de paysans aux Piémontais, dans cette affaire, peut faire connaître au ministre l'esprit qui règne dans ce point de la Savoie, peu digne de cette liberté, notre idole. Il deviendra plus sensible par la trahison bien noire des habitants du village d'Albane qui, avec quelques Piémontais, égorgèrent un petit poste que nous avions établi. Trois hommes y furent tués et dix faits prisonniers, nonobstant une résistance digne de vrais républicains, qui fit mordre la poussière à cinq des assassins. Eh! c'est pour de telles gens, pour cette espèce avilie, que nous donnons nos sueurs et notre sang? Non, j'ose le dire, le génie qui plane sur le sol de la liberté n'étendit jamais son cours dans la Maurienne. Au récit de cette atrocité, la fureur du soldat ne put se contenir, et, bientôt, fut enseveli sous la cendre ce repaire de féroces assassins.

L'inaction convenait peu aux soldats républicains, quoique cernés par des hordes nombreuses. Par plusieurs fois, ils ont inquiété les postes piémontais par des marches et des fausses attaques répétées, qui leur présageaient les suites d'une intrépidité toujours active; une artillerie formidable ne pouvait même intimider des Français qui ont osé, quoiqu'ils en fussent dépourvus, fatiguer le quartier général de l'ennemi à Saint-Michel.

Le 1er octobre a été, du côté de Valmeinier, signalé par une attaque véritable qu'a pleinement couronné le succès. Le plan que j'en avais combiné ne pouvait manquer de réussir avec des soldats tels que ceux qui composent cette armée, savoir: ceux des 4e et 6e bataillons du département de l'Ain, du 4e bataillon d'infanterie légère, ci-devant chasseurs corses, et du 2e bataillon de la Haute-Loire. Il suffira de vous dire que leur valeur s'est montrée à la plus haute période.

La veille, je me concertai avec les chefs de ces 4 bataillons, tous parfaitement recommandables par leur bravoure et un zèle infatigable. Il fut convenu entre nous que la retraite ne se ferait pour ceux qui ne devaient pas occuper des postes pris qu'après avoir pris, poursuivi et chassé l'ennemi au delà de ses retranchements.

Nous tînmes parole. Le soir, je fis partir une troupe sur sept colonnes pour se tenir prêtes à l'attaque des villages de Valmeinier, du Désert et de diverses cassines, où les Piémontais étaient retranchés, soit avec du canon et autres bouches à feu connues sous le nom d'espingoles, avec recommandation expresse de ne point s'amuser à consommer de la poudre, mais d'enlever chaque poste à la baïonnette, notamment les batteries. Toute la troupe, en conséquence, se porta avec moi à la hauteur du point d'attaque, où elle passa la nuit sur la neige.

A cinq heures du matin, je fis battre la charge; alors commença l'action, et jamais aucune ne fut suivie d'un plus glorieux succès. 800 hommes ont battu complètement et débusqué plus de 800 soldats piémontais, à eux joints 200 paysans au moins, de postes imprenables, s'ils eussent été occupés par des hommes libres. A six heures et demie, étaient déjà enlevés tous les postes ennemis, au nombre de huit. Deux heures après, furent en notre pouvoir 84 prisonniers, 3 officiers, dont un d'artillerie, un major piémontais et un porte enseigne, et le commandant général des paysans, appelé Maréchal, et

17 paysans pris les armes à la main, 2 pièces de canon de montagne du calibre de 4, leurs affûts et caissons bien garnis, une espingole, des mulets de convoi, du pain et du riz, réservés pour la subsistance de nos ennemis. Ces pièces ont été prises après six décharges à mitraille, dirigées sur les nôtres à une très petite distance.

Pendant sept heures, la charge a battu de toutes parts et par toutes les colonnes. Le Piémontais a été battu et chassé de toutes les hauteurs, d'où il aurait pu nous inquiéter. J'évalue sa perte à 50 hommes tués et autant de blessés. Je ne dois pas finir ma lettre sans rendre justice à chacun des chefs de colonne, qui ont fait preuve d'intelligence et de courage; j'ai aussi à m'applaudir de commander des officiers et des soldats si bien faits pour servir la République. Le courage est de tous le principal caractère.

Cette expédition n'a pas été tout à fait infructueuse. Déjà, cette armée qui devait se répandre dans le midi de la République montre le dos et marche à grands pas vers le Mont-Cenis. J'attends que l'armée de la Maurienne m'ait remplacé dans Saint-Julien, Saint-Michel et autres postes que j'occupe, pour travailler à les expulser tout à fait de cette contrée.

Je m'occupe dans ce moment-ci à faire réparer les ponts qu'ils ont fait sauter entre cette partie de l'armée et moi; sans cela, leur défaite serait déjà complète.

Puisse ce récit vous fournir les témoignages du zèle apporté dans cette partie pour le service de la chose publique, en dépit des intrigues et des efforts convulsifs de l'aristocratie; ce ne sera pas encore cette année que les Piémontais opèreront leur jonction projetée avec Lyon.

Il semble qu'un génie tutélaire présente son égide aux coups dirigés contre les soldats de la Liberté; il est de la plus exacte vérité de dire que, dans toutes les expéditions dont il est ici fait mention, la République n'a pas perdu un de ses défenseurs.

G. PRÈVE.

TABLE DES MATIÈRES

DEUXIÈME PARTIE

TROISIÈME PARTIE

QUATRIÈME PARTIE

SAINT-JULIEN. — IMPRIMERIE S. MARIAT.

www.ingramcontent.com/pod-product-compliance
Lightning Source LLC
Chambersburg PA
CBHW070635100426
42744CB00006B/694